★ 本书系河北省社会科学基金项目（编号：HB16XW002）研究成果

传 媒 与 文 化 书 系

网络视听生态治理研究

以价值网为视阈

杨状振 ◎ 著

中国传媒大学出版社
·北京·

前　言

网络视听是中国互联网行业中生态最丰盈、活力最丰沛的领域，每年上线网络的原创节目在334万条以上，接近网络在线节目总量的三分之一。同时网络文学、网络动画、网络音乐等网络IP（Intellectual Property）和线下市场的互动，也从根本上改变着我国传统影视与新闻媒体行业的业务布局、供求关系和价值链体系。

2011年网络IP剧《甄嬛传》的热播，催生了《琅琊榜》《花千骨》《芈月传》《盗墓笔记》《何以笙箫默》等网络IP剧的制作播出。此后，弹幕网站（AcFun、bilibili等）、在线视频、电影院线和电视台，把拥有大量年轻粉丝的网络原创IP改编成视听产品，实现"大视频""跨产业"联动，一时在网络视听领域蔚为大观。

网络IP及网络IP视听内容的繁荣，弥合了"产品"和"产业"间的断裂，并以网络IP自身为节点，实现了互联网产业、视听产业和移动视频新媒体之间的互利融合与价值链交叉。特别是在粉丝经济和网生代受众崛起的背景下，网络IP影视从偏居一隅走向正堂，并对传统影视产业形成内容反哺和价值链输出，成为视听行业运行的新常态。

这一新常态利弊参半。就产业本身而言，它冲决了讲究层级秩序和条块分割的传统价值链理论，形成了庞大周密的产业价值网体系；就社会影响而言，它放大了明星效应和青少年"成名成星"的想象，助长了本就浮躁逐利的社会氛围和情绪；就文化价值观而言，它被职场腹黑、权力宫斗、怪力乱神等叙事套路绑架，不利于主流价值观的养成和现代人格的培育。

对这一复杂现象或复杂场域的探究，基本上是基于传统媒体视角的媒体融合研究、基于传统产业链理论的影视发展战略研究、基于法律权益视角的知识产权保护研究、基于网络视频技术和流行营销理论的"互联网+"新业态研究展开的。无论哪一个方面，"互联网+"、网络视听和价值网都是其中绕不开的三个关键词。

从整体上看，上述方面的研究成果多数倾向于将这一新型视听体系，放置于传统工业社会形成的产业价值链中去进行审视，研究重点集中于对电视台、影视公司、视频网站的跨媒体营销、商业模式打造、内容资产管理和监管制度创新,如《博弈与平衡:网络音视频服务的规制研究》(2011)、《新媒体冲击下的影视整合营销》(2012)、《网络视频》(2013)、《中国影视文化创意产业发展创新研究》(2014)、《大视频时代》(2014)、《网络视频产业的业态融合与行业治理》(2014)、《中国网络视频年度案例研究》(2015)、《互联网+影视:打造多屏时代的影视生态圈》(2015)、《大视频浪潮》(2015)等。需要指出的是,将这些研究成果按年度排列,体现出的一个整体趋势是对该视听体系语态、业态和生态的日益重视。

此外,配合"互联网+"市场热点推出的图书,如《众包:微观时代》(2011)、《"魔"式为王:赢在移动互联网时代》(2012)、《互联网思维独孤九剑》(2015)、《互联网+:传统企业的自我颠覆、组织重构、管理进化与互联网转型》(2015)、《互联网+:从IT到DT》(2015)、《互联网+:跨界与融合》(2015)和*CONTENT RULES: How to Create Killer Blogs, Podcasts, Videos, Ebooks, Webinars (and More) that Engage Customers and Ignite Your Business*(Ann Handley & C.C. Chapman, 2012)等,则重点从市场操作层面,探讨了IP众筹、弹幕视频、管理结构转型、大数据应用、互联网商务创新等新对象、新问题。由于有厉以宁、林毅夫、巴曙松、马化腾等知名专家和行业领军人物的参与,这些研究在市场上的影响力要远比专门、小众的学术书籍大。

将"互联网+"与网络影视、网络视听产业结合起来,进行系统研究的中国网络视听大会和中国版权年会平行论坛,在行业实践层面的影响较为显著。第三届中国网络视听大会,以"大视频时代的创新与变革"为主题,深度聚焦视听行业核心生产力在"互联网+"时代的变革问题,并专设"'互联网+'影视及数字娱乐创新峰会"和"媒体融合发展台长论坛",对涉及网络IP影视产业发展的价值链变革问题、行业生态系统重构问题进行讨论。政府官员、行业领军人物、智库专家及高校学者的观点碰撞与对话,丰富了课题研究的理论视野和框架。

第八届中国版权年会平行论坛,则聚集了阎晓宏、孙悦、张凌云、王君、林苑中、孙丽、贾生亭等主管领导和行业翘楚,在"开放、颠覆、共赢:IP繁荣的深度挖掘"主题下,重点探讨了传统文化产业在"互联网+"时代,适应新的知识生产和传播方式,以开放的心态强化IP价值深度挖掘,以大数据技术筛选优秀网络IP的机制建设问题。

2019年1月,中国青年出版总社、北京名赫集团、新华文轩四川数字出版传媒有限公司,联合中国青年智库论坛、北京名赫文化传播有限公司、杭州师范大学文化创意产业研究院举办了"首届华语网络文学IP价值论坛"。论坛强调:网络文学近年来已经像互联网本身一样,创造出一个属于自己的表达空间和艺术领域,并在艺术创作、文化表达和价值传承中,成为引领时代发展的一面新旗帜,带动着网络文艺创作、传播的繁荣,甚至成为网络视听产业发展的主要源头活水。

同年3月,国家广播电视总局广播电视科学研究院、CCBN组委会(China Content Broadcasting Network,简称CCBN)联合主办的"文娱产业生态暨IP可持续化发展高峰论坛"在北京举行。论坛以扶植和发展高质量正能量IP为主旨,认为该概念已经深入广电行业并发展成为文娱产业的主要业务形态之一,考验着广播电视人对内容价值长尾效应的发掘和再生产能力。与此同时,阅文集团高级副总裁罗立从网络文学IP改编出发,提出了判断优质IP的三个标准——核心是情感的共鸣、基本要素是故事、表现形式是社会共识。他还谈到了网络文学IP改编为影视作品的四点基础和成功经验——一是优质IP可降低改编、制作难度;二是优质IP更容易出优秀影视剧;三是大量粉丝的参与可提高作品的传播热度;四是改编忠于原著是最好的改编方式。[①]

此外,基于方法论和理论创新视角的价值网研究,在基础理论成果上重要的论述还有大卫·波维特(David Bovet)和约瑟夫·玛莎(Joseph Martha)的《价值网》(Wiley, 2000)。《价值网》明确了价值网理论的基本概念,使价值理论突破了静态价值链的单向运动框架。以价值节点的快速发现、柔性生产和产业链的重组为核心,压缩传统产业链理论所强调的资本顺序流动成本,克服产业链理论横向协调能力的不足、条块分割严重的弊端,是价值网理论的重要贡献。简言之,相比传统的产业价值链理论,David Bovet建构的价值网理论更加强调了价值创造方式的网络化——无论资源与能力的组织方式,还是价值网各个环节及网上的各个节点,这和基于层级结构搭建起来的价值链理论形成了代际反差。

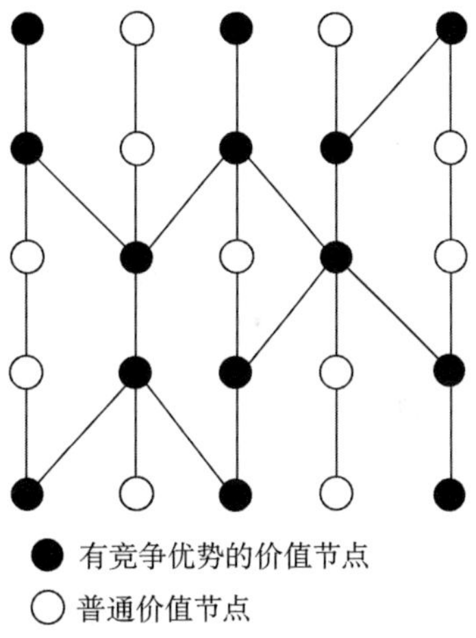

图0-1　价值节点与价值网

价值网理论研究相关成果从2001年之后陆续被引介到中国台湾和大陆地区,较有影响的系统性成果有迟晓英《价值网及节点价值链的系统研究》(2003)、吴海平《基于动态竞争优势的价值网理论研究》(2003)、李殿伟《基于价值网理论的电信企业商业模式研究》(2007)、孟琦《战略联盟竞争优势获取的协同机制研究》(2009)、于萍《价值系统形成与演变机理》(2013)、袁青燕《价值网竞争优势》(2015)。高薇华的

① 搜狐网·今日资讯.文娱产业生态暨IP可持续化发展高峰论坛在京隆重举行[EB/OL].(2019-03-23)[2019-07-08].http://www.sohu.com/a/303387346_120045428.

《由价值链到价值网:动漫产业的内生增长模型》(2013)、张新华的《我国数字出版价值网构建与优化研究》(2014)、魏彬的《数字出版价值网商业模式研究》(2012)、周滢的《内容平台:重构媒体运营的新力量》(2012)、朱旭光等人的《网络视频产业的业态融合与行业治理》(2014),则将价值网理论与21世纪中国文化产业和媒体发展结合到一起,体现出对价值网理论传统应用范围的超越。

围绕新时代网络视听生态治理,在价值网理论视阈下梳理、总结和再结构"互联网+"语境下中国影视媒体的产业价值链观念及其理论,不但可以回应业界和行业管理部门的实践关切,也可以以此为契机,探寻习近平总书记提出的"加快建设新型主流媒体、构建现代传播体系"的实现路径;同时,还可以为学科自身理论体系的更新、完善和发展积累知识。

目　录

第一章　网络视听产业与价值网理论

网络视听产业是媒体和内容产业中的重要一环,在“互联网+”语境下,甚至是传统影视业供给侧结构性改革中最为关键的一环。由于技术的不断进步,以及行业分工的不断细化,视频内容产业的参与主体越来越多,原有的产业链条开始不断地向四周扩张,这一过程伴随着大量的信息流、产品流、物流、资金流的交换和重组,并由此产生价值增值。原有的价值链及其价值节点,也在频繁的交流和重构中,由原来的线性模式向网络式结构过渡,并逐渐成为常态。传统视听产业围绕内容版权的流动、互联网新平台的构建,开始形成新的产业价值网体系。尽管由于产业组织内部科层结构和人员主体线性思维的制约,视听产业价值网发展尚不完善,尤其是完善的市场规制建设尚有滞后,但视听产业由价值链向价值网转型却已是确定无疑的趋势。

一、网络视听产业快速发展的 4C 因素

网络视听产业的发展离不开技术的进步,也离不开 21 世纪以来传统影视行业向互联网平台的业务拓展和融合转型。2003 年 10 月,时任中华全国新闻工作者协会主席的邵华泽在出席“2003 中国网络媒体论坛”的时候,曾发表讲话认为:“网络媒体这个具有方便、快捷、经济、互动、兼容等多种媒介形态,具有无限容量空间的新闻传播形态,无疑已经成为满足人民群众日益增长的信息需求的重要传播方式,成为党和政府高度重视的重要舆论阵地。”①

在新的信息传播形势下,无论是基于应对媒体融合、网络融合所带来的信息产业生态变革需要,还是基于强化主流视听媒体在网络平台上发挥舆论引导功能的需要,尽快推动传统电视媒体向新媒体领域进军,抢占网络传播平台和新兴舆论阵地,都成

① 邵华泽.坚持正确舆论导向,承担严肃社会责任——在“2013 中国网络媒体论坛”上的讲话[M]//刘连喜.崛起的力量:中国网络媒体 1995—2003(下).北京:中华书局,2003:3.

为行业管理者和决策者的共识。除此之外,社会资本和技术精英在20世纪末的相遇,也给日后勃兴的网络视听平台建设提供了人才、资本和技术储备。

信息接收终端"三屏合一(手机、电脑、电视)"时代的来临,改写的不仅仅是传播生态,还有产业业态。如果说20世纪90年代之前的互联网,所完成的还仅仅是把单体的计算机联结成一张可以让信息自由流通的网的话;那么20世纪90年代中后期以来的互联网则已经迅速地超越了这一初始阶段,在实现2C(Computer+Communication)融合的基础上,马不停蹄地将互联网引入促进电子消费产品(Consumer Electronic)发展的新技术经济形态中来。而且随着互联网在中国的普及和移动通信网的发展,互联网的消费功能和文化功能也日益强大,在急剧增长的市场需求面前,刚刚开始不久的3C迅速向4C(Computer+Communication+Consumer Electronic+Content)过渡。

从大体上来看,从网络技术初起到完成2C融合,人类社会用了大约20年的时间,从2C融合到3C融合,人们则只用了10年左右的时间,从3C到4C则只有五六年的时间。在3C阶段,无论是电信企业还是互联网企业,它们对传统视听媒体所形成的信息垄断霸权都还处于若隐若现的通道(或说平台)挑战阶段,还未形成视听内容上的直接威胁。这一时期的互联网公司所做的主要工作依旧是对传统纸媒内容的分类集成和定向推送,其售卖的重点是"方便(Convenience)"价值而非"内容(Content)"价值。以"方便"博弈"内容"所体现的则是互联网企业在3C融合阶段所强调的"平台为王"的发展理念,而非彼时传统媒体更加看重和强调的"内容为王"的主张。正是在这一潜在观念的影响之下,中国的互联网企业把握住了宝贵的历史窗口期,迅速把技术平台的领先优势和信息通道优势稳固并加强。

对于这一时期互联网企业的内容建设情况,2011年出版的《中国视听新媒体发展报告》给出了如下三个方面的描述:"一是互联网迅速发展,网站的信息服务功能凸显,但媒体功能尚未充分展示;二是以音视频为表现形态的流媒体刚刚起步……独特优势尚未展现出来,传统媒体内容上网还停留在图文阶段;三是互联网和网站由电信部门主导,准入门槛很低……民营网站出于竞争压力,尤其注重探索新的媒体业务,寻求新的收入增长点。"①

在这一时期,央视网、中国广播网、国际在线等中央重点新闻网站建设开始起步,网易、搜狐、新浪、腾讯、联众、携程、百度等门户网站开始上线运营。同时,借助传统媒体尚未苏醒的内容版权保护意识,互联网公司利用自己的分类集成特性和便捷的内容

① 国家广播电影电视总局发展研究中心.中国视听新媒体发展报告(2011)[M].北京:社会科学文献出版社,2011:17.

搜索功能，以“方便”为宗旨快速聚积起自己庞大的用户规模。2001 年 7 月，中国互联网络信息中心（CNNIC）发布第 8 次《中国互联网络发展状况统计报告》时，国内的网民数量还只有 2,650 万人，2008 年时这一数字已飙升至 2.98 亿人，中国迅速超越美国成为全球上网人数最多的国家。①

伴随着这一过程不断推进的则是互联网企业对内容生产的日益重视，对于完成了 3C 融合、聚集起了庞大用户规模的中国互联网企业而言，留住用户、创新内容、增加用户消费的黏着度和忠诚度，就成为各大门户网站在后 3C 阶段谋求发展的战略性课题，而它们所给出的答案则近乎一致，就是把经营的重心由以平台为主转移到以内容创新和移动应用开发为主上来。

从 3C 融合到 4C 融合，促进这一变化发生的主导力量是互联网的普及和智能终端的爆发，当然还有流媒体技术的推进和宽带速度的提升。这其中，不仅有经济和技术的因素，更重要的是还包含了政治和文化的因素，当拥有庞大受众群体的互联网平台和强调内容本位的 4C 时代迎面相遇的时候，互联网的媒体属性就迅速成熟并壮大起来。

对于这一变化，广电媒体感受最为深切的是网络视频的迅速崛起及其广告投放量的持续攀升。“从 2006 年起，视频行业的广告收入一直保持着良好的增长势头，短短 4 年间，市场规模从当初的 1 亿增长至 13.6 亿，复合增长率高达 92%。”②截止到 2011 年年底时，全国经批准开展互联网视听节目服务的单位已达 617 家，网络视听节目服务机构平均每家每周更新节目量达 553.6 小时，分众传媒、航美传媒、华视传媒、乐视、优酷、酷 6 等专业视听新媒体运营企业及新浪、网易等互联网门户网站陆续在国内或美国上市。国家广播电影电视总局领导在 2012 年 5 月出席第三届中国国际新媒体短片节“新媒体高峰论坛”时，披露相关数据说：互联网约 70% 的流量来自视听节目服务，国内几家主要视听节目服务网站排名前 10 的热播剧点击量均超过 1 亿人次，网络视频的用户规模也从 2007 年年底时的 1.6 亿增加到 2011 年年底时的 3.25 亿，增长率超过 100%，网络视听服务在媒体融合时代名副其实地成为互联网的第一大应用。③ 2019 年 2 月，中国互联网络信息中心发布第 43 次《中国互联网络发展状况统计报告》。报告显示：截至 2018 年 12 月，我国网民规模达 8.29 亿，全年新增网民 5,653 万，互联网普及率为 59.6%；其中，网络视频用户规模为 6.12 亿（手机网络视频用户为

---

① CNNIC.第 23 次中国互联网络发展状况统计报告[EB/OL].(2009-05-22)[2019-07-08].http://www.cnnic.cn/hlwfzyj/hlwfzzx/qwfb/200905/t20090522_31207.htm.

② 金晓红，韩志国，宋迪.视频网站强势发力 传统广电如何接招[J].中国传媒科技，2011(10)：28-33.

③ 田进.617 家单位获准开展互联网视听节目服务[J].中国广播，2012(7)：95-96.

5.90 亿),较 2017 年底增加 3, 309 万,占总体网络用户规模的 73.9%。①

二、民营视频网站和网络广播电视台的崛起

《中国传媒科技》杂志主编韩志国曾感慨:"要覆盖 5 千万用户,使用什么渠道最便捷呢? ……广播用了 38 年,电视用了 13 年,互联网用了不到 5 年,而网络视频只用了不到 2 年时间。"②在互联网快速普及和音视频网站起步发展的情况下,2005 年 12 月中国上网总人口为 1.11 亿人,其中使用在线音视频服务功能的网民比例超过 60%,约合 6, 700 万人。2007 年时,这一数字为 1.61 亿人,2009 年时这一数字为 2.4 亿人,2011 年时这一数字为 3.25 亿人,2013 年时这一数字为 4.28 亿人,网络视频在网民中的渗透率接近 70%。③

(一) 民营视频网站

在迅速增长的市场空间面前,从 2005 年开始,中国民营视频网站开始大量出现。2005 年 4 月,视频分享网站土豆网在上海成立,同月 56 网在广州成立,6 月第一视频网在北京成立,8 月主营机场电子屏视听业务的航美传媒在北京成立。2006 年 5 月,民营视频分享网站六间房网上线播出,7 月酷 6 网上线播出,12 月优酷网上线播出,而在此前的 2004 年 11 月,国内另一家日后引领正版影视剧风潮的专业视频分享网站乐视网已在北京中关村宣布成立。

一些互联网门户网站和民营资本开办的网络音视频播送服务也在迅速推进当中。2005 年 3 月,在第 13 届中国国际广播电视信息网络展览会年会期间,搜狐网站就以年会独家网络支持商及互联网技术参展商的身份,突破门户网站资讯报道的图文直播方式,向全体与会者和网民推出了名为搜狐 IT"网络电视台"的音视频直播服务,并设立了自己的 IT"网络电视台"新闻主持人。当时的媒体在报道中称:"搜狐 IT 频道此次升级传统视频直播理念推出的'网络电视台',是搜狐在网络媒体报道形式和技术方面的进一步尝试和探索。它标志着搜狐作为国内最大的网络媒体平台,正在引领网

---

① CNNIC.第 43 次中国互联网络发展状况统计报告[EB/OL].(2019-02-28)[2019-07-08].http://www.cac.gov.cn/2019-02/28/c_1124175677.htm.

② 金晓红,韩志国,宋迪.视频网站强势发力 传统广电如何接招[J].中国传媒科技,2011(10):28-33.

③ 此处的统计数字均来自中国互联网络信息中心(CNNIC)历年《中国网民网络视频应用研究报告》和《中国互联网络发展状况统计报告》。

络媒体报道模式的更新换代。”[①]此后，一系列以网络视听服务为主要内容的网站纷纷上线运营。

以搜索引擎业务占领市场的百度公司，于2010年4月创立了独立运营视频网站“爱奇艺”，并迅速依靠母公司品牌、庞大的用户规模和正版长视频业务成为网络视频领域中的后起之秀。2011年4月，依靠在中国网络社交市场上的霸主地位，腾讯公司推出在线视频业务。腾讯视频与爱奇艺主打影视长视频业务不同，其提供的视频聚合服务（内容包括热播影视、综艺娱乐、体育赛事、新闻资讯等各种类型），使其迅速赢得市场，成为占据PC端、移动端并辐射客厅电视接收端的多形态综合视频平台服务商。2013年以后，随着3G移动传播网络、4G网络及其技术的推广、普及，方便快捷的移动视频App，以及2016年前后步入产业化发展高峰的YY（2008）、快手（2011）、虎牙（2012）、斗鱼（2014）、花椒（2016）等网络直播平台开始大量涌现。由此，网络视频服务在应用价值上，开始全方位覆盖娱乐、社交、商务、政务及社会公共服务各领域。

（二）网络广播电视台

在专业视频分享网站、传统门户网站和新兴社交软件公司纷纷进军网络音视频服务市场的时候，传统广播电视媒体也在尝试着进行业务转型，利用自己充沛的视听节目资源和品牌优势向新生的网络视听服务市场布局拓展。此时，中国网络视频行业的广告收入已经达到了13.6亿元人民币，复合增长率为92%，而从2005年开始，传统电视广告业务的增速则连续呈现出下降态势，年度增幅分别为13.1%（2005年）、12%（2006年）和9%（2007年）。

与国内传统电视业面临的挑战类似，英美等国的电视广告收入也遭遇了互联网市场的挑战，“2006年，英国电视广告收入下降4.7%，广播广告收入下降3.4%，而互联网广告收入比上年增长了47%，达到20.16亿英镑，是当年电视广告收入的44%，比2001年增长了12倍”[②]。网络视频广告份额的持续增长在此后几年当中进一步加大，2013年《中国视听新媒体发展报告》的统计数据显示，2010年中国网络视频的广告收入已达21.5亿元，2011年实现翻番达到42.5亿元，2012年再增20亿元达到67.2亿元。[③]

---

① 洪福.搜狐独家承办CCBN官网 首推“网络电视台”[EB/OL].(2005-03-18)[2018-07-08].http://it.sohu.com/20050318/n224747494.shtml.

② 金晓红，韩志国，宋迪.视频网站强势发力 传统广电如何接招[J].中国传媒科技，2011(10)：28-33.

③ 国家新闻出版广电总局发展研究中心.中国视听新媒体发展报告(2013)[M].北京：社会科学文献出版社，2013：6.

对于互联网媒体属性的增强和即将给传统主流媒体带来的全方位挑战,中国的媒体行业管理机构和身处实践一线的广播电视媒体,特别是一线媒体其实布局很早。以中央电视台为例,作为国内最早与互联网结缘的电视媒体之一,2000 年 3 月,中央电视台就特别成立了网络事业发展部,并于同年 6 月对上线一年半(中央电视台 1996 年 12 月开始试办网站,1999 年元旦正式开通)的央视互联网网站进行了改版。改版后的央视互联网网站不仅扩大了信息容量,也更加强调用户浏览信息的方便性和易得性,使网站日均访问量超过 6.2 万人次,在当年中国互联网络信息中心的调查统计中排名第 12 位。"中央电视台网站每日更新 300 余条各类新闻,以及近 40 个各具特色的栏目,提供各种音视频多媒体服务,成为在网民中具有较高知名度和影响力的大型传媒网站。"①

与中央电视台相比,2001 年 4 月成立的上海文化广播影视集团更显示出其集纳广播、电影、电视、网站和广播电视传输网络于一体,统筹发展网络视听新媒体的决心。在全国的广播电视媒体中,上海文广集团是最早进军互联网视听服务市场的地方广播电视台。2003 年 9 月,在网络视频服务刚露端倪的时候,上海东方宽频网络电视即已上线播出,同年 12 月,上海开始在全市试点运营 IP 电视业务。随着三网融合讨论在当时的兴起,电信企业也和互联网公司及传统广电媒体一样,开始把业务拓展的目光聚集在网络音视频业务的开发上。2004 年 4 月,中国联通发布了"视讯新干线"手机电视业务,并将其作为年度主打品牌进行推广。"视讯新干线"用户只需下载一个流媒体播放软件,安装后就可以在线观看电视节目,同年 8 月,中国联通还抓住雅典奥运会举办的契机,推出了雅典奥运会手机直播服务。同年年底,借助娱乐综艺节目和"选秀"风潮在省级电视媒体中跻身前列的湖南电视台,也以金鹰网(www.hifly.tv)为平台,与中国电信"互联星空"项目合作推出了"金鹰宽频"在线音视频服务。

2008 年 12 月,中共中央政治局常委李长春在"纪念中国电视事业诞生暨中央电视台建台 50 周年大会"上讲话时提出:"要加强网络电视建设,加快建设体现国家水平、在国际国内具有重要影响力的国家网络电视台,创新网络电视节目的生产制作模式,鼓励原创节目,增强互动性,吸引广大网民上传和下载健康生动的网络视频,最大限度地扩大主流媒体的影响力,占领网络视频新阵地。"②在这一讲话精神的直接指导下,2009 年 12 月 28 日,依托中央电视台的优势节目资源和网络平台优势,中国国家网络电视台(www.cntv.cn)上线开播,并在半年后实现与原央视国际网站(www.

---

① 赵永琦.电视与网络齐飞——访中国中央电视台网站[N].人民日报(海外版),2000-06-19(9).

② 李长春.在纪念中国电视事业诞生暨中央电视台建台 50 周年大会上的讲话[N].光明日报,2008-12-23(2).

cctv.com)的合并运营。此后,安徽网络电视台、上海网络电视台、黑龙江网络广播电视台、江苏网络电视台、湖北网络广播电视台等各地方省级网络电视台也陆续上线播出。

为促进网络电视台和其他视听新媒体的健康有序发展,切实发挥其在互联网领域的主流媒体作用,2010 年 5 月、2013 年 1 月和 2016 年 7 月,国家广播电影电视总局(2013 年 3 月重组为国家新闻出版广电总局)又先后下发了《关于开办网络广播电视台有关问题的通知》(广发〔2010〕43 号)、《关于促进主流媒体发展网络广播电视台的意见》(广发〔2013〕1 号)和《关于进一步加快广播电视媒体与新兴媒体融合发展的意见》(新广电发〔2016〕124 号)三份文件。

在这三份文件中,"提升主流视听新媒体的影响力,为改革发展稳定创造良好的网络视听舆论环境,满足人民群众不断增长的精神文化需求""促进广播电视媒体转型升级,提升广播电视媒体在网络空间的传播力、影响力、公信力和舆论引导能力"成为网络广播电视台建设的主要任务。对于网络广播电视台的建设目标,广发〔2013〕1 号文件做了如下设定:"经过三至五年努力,形成一批导向正确、内容丰富、业态新颖、技术先进、影响广泛、综合实力强的网络广播电视台,确立网络广播电视台在新媒体传播格局中的主流地位。"[①]这事实上是为各地正在推进的网络广播电视台建设提出了明确的政治要求和建设方向,即网络广播电视台是传统电视台在互联网领域的延伸,须积极主动承担引导网络舆论、传递党和政府权威声音的责任,这也是网络广播电视台同一般民营视听网站的主要区别。

截止到 2018 年底,包括青海、宁夏、广西、内蒙古、新疆在内的全国各省市自治区,及主要节点城市(如深圳、厦门)等,均已开办网络广播电视台,并成为传统广电媒体向互联网新型媒体转型的重要平台之一。

三、网络视听政策及管理措施的推进

对于互联网媒体属性的加强和网络音视频服务的迅速增长,国家广播电视管理机构和相关管理部门一直给予密切关注。2000 年以来,互联网的普及速度明显加快,再加上音视频技术的更新和市场需求的增长,互联网网站开办视听服务成为其拓展新业务的重要方向之一。2001 年 3 月,国家广播电影电视总局广播科学研究院在云南昆

① 国家广播电影电视总局.关于促进主流媒体发展网络广播电视台的意见(广发〔2013〕1 号文件)[EB/OL].(2013-02-19)[2019-07-09].http://www.zjjxw.gov.cn/zcfg/flfg/2013/02/19/2013021900010.shtml.

明发起举办了“首届全国英特网与音视频广播发展研讨会”,集中讨论网络平台上的音视听节目传播与内容建设问题。这也是国内广电行业管理机构及其下属研究部门第一次对网络视听新媒体建设给予专门关注和研讨。

同年,第九届全国人民代表大会第四次会议审议通过了国务院《国民经济和社会发展第十个五年计划纲要》,明确把“健全信息网络体系,提高网络容量和传输速度”,“大力发展高速宽带信息网,重点建设宽带接入网”,以及“促进电信、电视、计算机三网融合”[①]作为“十五”期间文化信息产业发展的重要目标。

在展开内容建设研讨的同时,针对网络视听新媒体的内容管理工作已迅速启动。2000 年 4 月,国家广播电影电视总局下发了《信息网络传播广播电影电视类节目监督管理暂行办法》(广发社字〔2000〕166 号),提出对网络视听节目传播单位实行《网上传播广播电影电视类节目许可证》准入制度及年检制度,对其播出内容则按新闻类、影视剧类、娱乐类(含音乐/戏曲/体育等)和专业类(含科技/教育/医疗/财经/气象/军事等)进行分类管理。其中,对新闻类节目和影视剧类节目的管理,特别强调了只能从国内广播电视媒体中已经播放的节目中选取的要求。“暂行办法”第十八条提出:“国家鼓励广播电台、电视台通过国际互联网络传播本台广播电视节目。通过信息网络直播、转播、使用广播电台和电视台节目的,应取得该广播电台和电视台的许可。”[②]这一规定为后来网络电视台的开办奠定了基础。

2004 年 10 月,为了进一步落实和贯彻 2002 年中共中央办公厅、国务院办公厅联合下发的《关于进一步加强互联网新闻宣传和信息内容安全管理工作的意见》(中办发〔2002〕8 号),国家广播电影电视总局修订了《互联网等信息网络传播视听节目管理办法》(广电总局第 39 号令)[③]。“办法”明确提出,通过互联网等信息网络传播视听节目的单位应取得《信息网络传播视听节目许可证》,相较 2000 年的广发社字〔2000〕166 号文件,广电总局第 39 号令进一步明确了把网络视听节目传播纳入广播电视管理范围,实行行政规制的原则与操作办法。同年,中共中央政治局常委李长春在视察中国国际广播电台、中央人民广播电台、中央电视台等中央新闻媒体时强调:“要充分发挥互联网等新兴媒体的潜力和优势,进一步整合新闻宣传资源,不断拓展

---

① 国务院.中华人民共和国国民经济和社会发展第十个五年计划纲要[J].中华人民共和国国务院公报,2001(12):16-38.

② 国家广播电影电视总局.信息网络传播广播电影电视类节目监督管理暂行办法[J].中国有线电视,2001(7):62-64.

③ 《互联网等信息网络传播视听节目管理办法》由国家广播电影电视总局 2004 年 6 月 15 日局务会议讨论通过,经时任局长徐光春签发,于 2004 年 10 月 11 日起正式施行。原 2013 年 2 月开始试行的广电总局第 15 号令(同名文件)同时废止。

对外宣传新渠道,大力发展互联网在线视听,尽快形成同我国国际地位相适应的对外宣传体系。"[①]这一表态,在强化互联网媒体属性功能的同时,也为此后网络视听媒体的建设提供了产业视角外的另一种解读,同时也是更为重要的解读,即互联网视听新媒体在承担产业革命角色的同时,也承担着不可推卸的政治使命与社会功能。

为了规范网络音视频服务市场秩序,2006 年 12 月和 2007 年 3 月,国家广播电影电视总局依据《互联网等信息网络传播视听节目管理办法》(广电总局第 39 号令),先后两次对非法视频网站进行了整顿和取缔。"中国国际网络电视台(www.ccnettv.com)""中国国际传媒网络电视台(www.cimn.tv)""中国国际经济电视台(www.ccentv.com)""中国国际中文电视台(www.ccztv.com)"等非法视频网站被关停。2009 年 12 月,国家广播电影电视总局再次对非法视听节目网站进行整顿和清理,先后关停了"BT China""悠悠鸟"等 530 多家存在问题的视听节目服务网站。而在此之前的 2007 年 12 月,为了进一步规范网络视听节目服务的管理工作,国家广播电影电视总局和信息产业部还于当年年底联合下发了《互联网视听节目服务管理规定》(广电总局、信息产业部第 56 号令)。与之前的管理规定相比,第 56 号令明确提出了"未经批准,任何组织和个人不得在互联网上使用广播电视专有名称开展业务"的要求。这意味着"网络电视台""网络广播电台""网络广播电视台"等作为专有名称,在使用时必须得到行业主管部门的批准。

2011 年 5 月,国家互联网信息办公室成立后,进一步加大了对网络视听业务的综合治理力度,并先后出台《互联网直播服务管理规定》(2016.11)、《互联网新闻信息服务管理规定》(2017.5)、《互联网信息内容管理行政执法程序规定》(2017.5)、《互联网新闻信息服务许可管理实施细则》(2017.5)、《互联网论坛社区服务管理规定》(2017.10)、《互联网跟帖评论服务管理规定》(2017.10)、《互联网群组信息服务管理规定》(2017.10)、《互联网用户公众账号信息服务管理规定》(2017.10)、《互联网新闻信息服务单位内容管理从业人员管理办法》(2017.12)、《微博客信息服务管理规定》(2018.3)。它们和之前由国务院及其组成部门颁布实施的《互联网信息服务管理办法》(2000.9,2011 年 1 月修订)、《信息网络传播权保护条例》(2006.5,2013 年 1 月修订)、《规范互联网信息服务市场秩序若干规定》(2011.12)、《网络出版服务管理规定》(2016.2)等,共同构成了对包括网络视听服务在内的互联网综合信息的立体监管法律法规体系。

---

① 孙承斌.李长春走访慰问中央新闻单位 强调把握正确导向[EB/OL].(2004-01-19)[2019-07-08].http://news.xinhuanet.com/newscenter/2004-01/19/content_1283979.htm.

为着重对戕害青少年身心成长的网络“黄赌毒”内容、侵害知识产权的网络盗版内容、危害意识形态安全和舆论安全的有害网络信息进行整治,十八大以来,网信办、公安部、文化部、国家新闻出版广电总局、国家版权局等机构,还联合开展“净网”“秋风”“护苗”“剑网”等连续集中行动,有力有效地规范了网络视听传播秩序。

这期间,国家新闻出版广电总局作为网络视听内容的审查和联合执法机构,陆续出台《专网及定向传播视听节目服务管理规定》(2016.4)、《关于加强网络视听节目直播服务管理有关问题的通知》(2016.9)、《关于进一步加强网络视听节目创作播出管理的通知》(2017.6)、《关于进一步规范网络视听节目传播秩序的通知》(2018.3)、《关于进一步加强广播电视和网络视听文艺节目管理的通知》(2018.10)等行业性规范文件。这些规范文件,再加上中国网络视听节目服务协会2017年6月通过并实施的《网络视听节目内容审核通则》,构成了新时代网络视听传播秩序管理的主要执法依据。

四、网络视听产业与价值网理论

网络视听产业说到底是以内容运营为核心的产业,是在新传播技术、新媒体平台和民营影视公司、互联网企业繁荣发展之后形成的新兴文化产业形式。媒介、平台、市场间的不断融合,使得原本分属于各类传统媒体的内容产品,逐渐打破了以媒介为划分标准的边界,统一整合为一个内容产品。相互融合的传播渠道以及多屏连通、彼此互动的终端,使得内容产品大规模大范围的传输和播放成为可能,因此,经过数字化的内容产品,逐渐成为可以脱离传媒、独立运营的价值节点,由从属业态向独立产权形态过渡,这成为网络视听产业可以蓬勃发展的重要基础。

尽管这一基础隐含了有条件地售卖和无条件地让渡,但在网络视听市场形成之初,各互联网平台和新兴市场主体却充满了突破规则和秩序的原始野性。这一野性在很大程度上使上述主体得以迅速完成早期资本积累和影响力的扩散、提升,这为他们后来参与市场竞争奠定了基础,赢得了时间。

国际上最早定义内容产业的是欧盟,它将内容产业的主体界定为制造、开发、包装和销售信息产业及服务的企业,包括各种媒介的印刷品、电子出版物和音像传播。①在国内,对数字内容产业做出界定的,较早的是《2003年上海市政府工作报告》和台湾《2003年数位内容白皮书》。《2003年上海市政府工作报告》指出:“数字内容产业是依托先进的信息基础设施与各类信息产品行销渠道,向用户提供数字化的图像、字符、

① 王斌,蔡宏波.数字内容产业的内涵、界定及其国际比较[J].财贸经济,2010(2):110-116,137.

影像、语音等信息产品和服务的新兴产业类型。”而中国台湾《2003 年数位内容白皮书》中将数字内容产品划分为数位游戏、电脑动画、数位学习、数位影音应用、行动应用服务、网络服务、内容软体及数位出版典藏八大类。综合上述分析，内容产业可以理解为数字化背景下参与内容产品或服务的设计、生产、集成、分发以及销售，并围绕内容产品开展一系列支持活动的企业集群。

而网络视听和上述产业类型及其运营链条关系密切，根据前文对网络视听和内容产业的分析，我们可以勾勒出网络视听内容产业的大致轮廓。因为内容产业的范围很广泛，而网络视听内容产业是其中关于数字影音应用类的产业类型，因此，对于网络视听内容产业可以做如下定义：依托视听类内容产品的素材库和资源库，围绕视听产品的生产和传播这个核心，利用多渠道、多终端、多网络进行大规模传输，并通过各种接收终端，将产品或服务提供给终端消费者的跨类型、跨行业企业集群。跨类型、跨行业企业集群的出现，以及价值节点在不同价值链间的自由流动，为网络视听产业价值网体系的形成奠定了基础。

价值网理论的出现，是随着市场格局的变化、传统业务流程的变革以及新商业模式的不断涌现而出现的。市场实际情况的改变促使相关理论不断更新升级，而价值网理论就是由传统的价值链理论发展而来的，因此要掌握价值网理论，首先应当了解价值链理论，并进一步厘清二者之间的联系与区别。

价值链理论是哈佛大学教授迈克尔 · E. 波特(Michael E. Porter)1985 年时提出的。在《竞争优势》一书中，波特将企业的价值链划分为两大部分：一是基本活动，一是辅助活动。对于一般企业而言，其价值链的基本活动包括内部后勤、外部后勤、市场营销、服务等活动，具体则指产品的设计、生产、营销、传输等环节；而辅助活动则包括企业基础设施、人力资源管理、技术开发等活动。

波特认为，企业的价值增值活动是由最初产品的设计，到最终送达消费者手中，这一过程中一系列环节的价值创造活动构成的。对于传媒机构和网络视听企业来说，其价值链是由传媒产品或服务的创意设计开始的；之后是产品的生产活动，包括知识版权、机器设备等的购进、内容编辑、音视频后期制作等；然后是产品的传播活动，包括分发、销售、代理等支持内容产品流通的活动；进而涉及产品传播平台与终端环节，包括平面媒体、广播电视媒体、互联网媒体、固定和移动终端接收设备等。

可以说价值链是市场经营活动最基本的形态，它从分析价值创造的角度来考察产业链，不仅描绘了企业内部与外部市场的组织结构，更清晰地勾勒出了价值创造的来龙去脉。价值链可以是单个企业内部各业务模块之间产生增值关系，从而形成的企业价值链，也可以是上中下游企业之间发生业务交易关系，实现各企业之间资金流、信息流、物流的多向流动,从而形成的产业价值链。① 波特的价值链理论偏重于描述单个企业的价值创造形态,对网络视听内容产业的价值创造体系,有借鉴意义但并不足以解答其关涉的全部问题。

另外,由波特的价值链理论延伸出来的还有虚拟价值链理论,这也是本研究的一个理论基础。虚拟价值链是相对于实物价值链而言的。实物价值链通常被认为就是波特提出的价值链理论,而虚拟价值链是将实物价值链的思路嫁接至虚拟的信息世界中衍生出的理论,是由杰夫瑞·雷波特(Jeffrey Rayport)和约翰·斯维尔克拉(John Sviokla)基于信息论共同提出的。虚拟价值链认为,在市场活动中信息的生产、采集、集成、传播等活动都能创造价值。网络视听内容产业不同于传统意义上的产业,它本身与信息产业有着千丝万缕的联系,从某种意义上来说它既是信息产业的一个组成部分,同时又带有明显的互联网基因和特征。而网络视听内容产品是一种信息产品,它依托知识产权的保护,基于网络平台和其传播渠道,在设计生产、集成分配、传播分发等方面创造价值。

价值网理论是由虚拟价值链发展而来的,卡萨达瑞曼(Kathandaraman)和威尔森(Wilson)在2001年构造了他们的价值网模型,其主体由顾客、供应商和合作企业构成,并且以创造用户价值、协同各主体之间的相互关系以及确立核心能力为其核心要素,体现了以客户需求为驱动要素的特点。2002年,亚德里安·斯莱沃茨基(Adrian Slywotzky)在其著作《发现利润区》中正式提出价值网的概念。大卫·波维特(David Bovet)在其著作《价值网》中也表达了自己的观点,认为价值网就是一种新的业务模式,是一种包含企业与客户或者供应商之间的合作,以及信息交换活动的高业绩网络。

价值网理论十分强调客户的中心地位,认为企业的活动要与客户的选择保持一致,客户需求与选择成为驱使网络中采购、生产、供应以及交易活动开展的动力。另外,价值网理论还强调网络中各成员之间的协同关系,在价值创造过程中,企业与客户、供应商、合作企业甚至是竞争企业之间构成一个价值增值网络。这一过程是将价值网中各种资源进行优化配置并且促使各成员专注于各自最擅长部分的过程,以最大限度发挥整个网络的增值优势和潜力,从而更有效地实现客户价值最大化。在互联网和移动传播时代,价值网理论不仅可以为分析网络视听产业的蓬勃发展提供可靠、有效的理论工具,也可为完善网络视听产业治理体系提供另一种观察视角,从而探察以往为我们所忽略或语焉不详的市场利益关系。

---

① 郭学文,刘姝辰.价值链理论视阈下电视内容产业链延伸分析[J].东南传播,2013(11):9-10.

第二章　网络视听产业的价值网形成机制

2015年7月，国务院印发《关于积极推进“互联网+”行动的指导意见》（国发〔2015〕40号），该文件和此后几年陆续推出的《国家信息化发展战略纲要》（中办发〔2016〕48号）、《新一代人工智能发展规划》（国发〔2017〕35号）、《进一步扩大和升级信息消费持续释放内需潜力的指导意见》（国发〔2017〕40号），都强调了在新的传播条件和技术条件下，各行各业借助技术赋能加快融合与创新的必要性和重要性。“‘互联网+’实际上是创新2.0（信息时代、知识社会的创新形态）下的互联网发展新形态、新业态。也就是说，‘互联网+’通过互联网技术在各个产业内部及产业间的运用，借助云计算、大数据、物联网等配套技术的嵌入，在行业间产生反馈、互动与协调，最终出现大量化学反应式的融合与创新。”①

在“互联网+”语境下，网络视听产业的组织形态也发生了深刻变革，基于产业内外分工的逐渐细化，不仅产业内部衍生出许多新的参与主体和业务种类，各业务种类和参与主体之间在技术、资源、业务、运营、服务等方面，也不得不展开广泛的合作，这导致各产业要素、各价值节点间的交叉渗透越来越普遍、深入。因此，围绕某一主体产品生产和服务的各产业价值链，开始在互相熔融中结成紧密程度不一但彼此依存的产业价值网体系。由于各种产品、服务、业务、资源、知识版权在不同产业价值链间相互连通、融合，因此具有跨行业特征的新产品、新服务和新的商业模式就有机会不断出现并在试错、容错、纠错中发展壮大。

一、“互联网+”带来的产业之变与创新空间

国发〔2015〕40号文件对“互联网+”做了如下描述：“‘互联网+’是把互联网的创新成果与经济社会各领域深度融合，推动技术进步、效率提升和组织变革，提升实体经

---

① 金永生.把握“互联网+”的本质与增长模式[N].人民日报，2015-09-21(7).

济创新力和生产力,形成更广泛的以互联网为基础设施和创新要素的经济社会发展新形态。”①在坚持开放共享、融合创新、变革转型、引领跨越和网络安全的原则下,着力培育新兴业态、打造新的经济增长点;着力创新政府服务模式,提升公共服务水平;突出企业的主体作用,推动互联网由消费领域向生产领域拓展,是推进“互联网+”行动的主要思路。而其发展和建设目标则集中体现为四个方面:一是经济发展进一步提质增效;二是社会服务进一步便捷普惠;三是基础支撑进一步夯实提升;四是发展环境进一步开放包容。在消费终端和社会应用层面引起的直接效应则是:基于互联网的新兴业态不断涌现,社会服务资源配置更加优化,物联网、云计算、新一代通信网络等新型基础设施更加完备,相关标准规范、信用体系和法律法规得以不断完善,公众能够享受到更加公平、高效、优质、便捷的服务。

单纯的消费型互联网转变为兼具生产和消费功能的“互联网+”,使视听产业传统生产主体,尤其是主流媒体机构面临趋势之变。移动互联网、人工智能和5G技术,使受众在视听接受上开始消弭地区、时间和消费阶层的传统区隔,“互联网+”使这一颠覆的范围进一步扩大。组合、创新、熔融,新的资本、新的方式、新的结构,使价值节点的资源聚合作用放大,使在线化、移动化、个性化、去中心化、去中介化的文化消费形态持续扩散,并在产业生态上赋予消费者更大的权力。“当移动‘互联网+’纷纷出现的时候,任何商业元素、社会元素甚至是政治元素都已经被重新定义。在移动浪潮时代,一切围绕在我们身边的事物都将会改变……”②

当消费者日益向网生代迁移、集中时,伴随着代际更迭同步进行的还有互联网企业及相关市场主体商业模式、盈利方式、创新路径、思维习惯的改变。相比围绕在网络IP周围的粉丝群体和互联网企业,传统视听媒体及其内容供应商所面临的转型挑战更为巨大。产品的海量增加使市场竞争更加激烈,原本可延续更长时间的传统视听产品生命周期会变短、盈利空间会变小、品牌效应会锐减,随之而来的则是传统媒体广告份额的下降、资本回收速度的放慢、生存空间的变小及影响力的萎缩,而这一切最终导致的结果只有一个:传统影视机构及广电媒体的话语权变小。这里的话语权当然不仅仅指意识形态的影响力,还包括市场占有度、用户/消费者忠诚度和吸引社会资源参与建设的资源聚合能力、链接能力与调配能力。

在这一浴火重生的转型过程中,由于新技术和新价值节点定义了市场竞争的前

---

① 国务院.关于积极推进“互联网+”行动的指导意见(国发〔2015〕40号)[EB/OL].(2015-07-04)[2019-07-08].http://www.gov.cn/zhengce/content/2015-07/04/content_10002.htm.

② 王吉斌,彭盾.互联网+:传统企业的自我颠覆、组织重构、管理进化与互联网转型[M].北京:机械工业出版社,2015:10.

景，所以一个关键性的问题就是传统媒体如何保证自己的产品不被新技术挤出市场，换言之，传统媒体如何在新技术条件下依然保持自己价值体系的完整性和价值节点的有效性、竞争性。对这一问题，传统视听媒体，尤其是广播电视台，恰恰面临着昔日优势可能变为今日劣势的严峻挑战，如其覆盖广泛却异常分散的资源配置，科层结构体系严密却缺乏灵活度的运行机制，口碑良好、制作精良却缺乏流行营销手段的推广机制，以及执行有力却缺乏容错机制和探索空间的管理体制等。

世易则事异，事异则备变。影视行业本质上是项目制，项目制主要考察三点：一是持续经营能力，二是版权积累能力，三是内容系列化创新能力。能够打通三者的最优选择是 IP。这个过程伴随着 IP 的价值流动、传统产业结构的解体与重组，以及最为艰难的广电媒体的转型和重生，换句话说，即传统广电媒体如何从普及率提升向用户使用程度加深转换，并以之为绩效目标，打造新型广电和“互联网+”视听产业，实现自身产业链的价值网“阶跃”。

技术的进步、政策的推进和传统媒体的变革，使得网络视听所依赖的市场环境发生了巨大变化，网络视听生态圈的革命也带动着视听产业原有的产业链从“内融合”走向“外拓展”。从云、管、端的角度来看，内容生产和存储的云化、传输渠道的互联网化、终端的智能化和多屏化、移动传播网的代际更新，都促使网络视听服务从移动化迈进到“泛在化”阶段，并以智慧化为目标带动着大视频、大服务时代的快速来临。

大视频生态圈不仅包含着网络音视频，还有电视、IPTV、手机视频、户外视频、移动穿戴设备视频等，技术进步催生了产业融合，也使得大视频生态圈中的成员们在业务、技术、资源、运营、服务等方面交叉渗透，这几乎必然使得网络视频产业要与其他视频类产业发生紧密的关联。

另外，大数据技术的应用也使得视频用户的数据信息成为有价值的资源。在网络视频内容产业中，视频资源库和用户信息数据库是驱动整个产业运作的两个核心点，网络视频运营商从多个产业当中寻找内容来源，丰富自身内容资源储备以满足用户的基本需求。网络视频用户信息数据库的开发管理，也能够有效地提供精准服务，包括精准广告、视频节目推荐等，从而从多个角度拓展网络视频内容的价值开发潜能。

除此之外，移动通信技术、互联网技术、物联网技术以及智能终端技术的相互融合、交叉应用，也促使网络视频内容产业领域的相关商业活动实现了信息流、资金流和物流的三方合一。在这样的背景下，网络运营商、视频生产商也不得不与来自各行业、各领域的竞争者、渠道商、终端设备商、互联网公司、广告商、数据调查公司、政府机构等主体展开广泛地合作，并最终迫使原先的价值链运营模式，向价值网运营模式“阶跃”。围绕着网络视听，内容产业划分出更多更细致的新兴行业模块，相互交织的价值链逐渐网络化,而技术也成为网络视听内容产业价值网形成的直接推手。

二、网络视听市场环境之变和媒介融合

网络视听集休闲娱乐、"趣缘"社交、"粉丝"经济和文化消费功能于一体,是现实社会和网络空间中各种文化、资本和力量参与较深、博弈也最为激烈的领域之一。法国社会学家布尔迪厄认为,场域是社会科学研究的操作焦点,对网络视听的研究,也需从其作为社会场域的复合结构和特征入手,分析相关因素和力量对网络视听发展及治理的影响。如美国网络文化学者凯文·凯利在《新经济 新规则》中所表达的观点一样:"技术给网络经济以奠基,但只有关系才能使它巍然屹立。"

(一)市场环境之变

视听产业面临的市场环境之变主要来自以下几个方面:一是市场需求的变化。传统媒体时代,由于传播模式的单向性特点,再加上话语权的集中,视听节目的内容生产和传播体现出鲜明的"大众""综合""单向"特征,大批量生产、大批量供应,常常无暇顾及(或忽略)个性需求、移动场景和受众分层的问题。后来,制作技术的迅速提升和广电媒体的数字化转型,使数字化、网络化、移动化、场景化的视听内容供应渐成常态。

人们手拿移动设备,无论何时何地,只要接入移动流量或 Wi-Fi 无线局域网就可以轻松上网。媒介的服务也通过无处不在的网络信号填补了人们日常生活中碎片化的时间和空间,"在路上""茶歇中""临睡前""午餐时"成为视听消费市场新开辟出的"黄金时段"。这样的生活方式、这样的消费时段,无疑大大增加了人们对于网络视听内容和服务的消费需求,而这种需求因技术所带来的便利性、因消费群体生活风格多元化所带来的审美倾向社群化,也深深浸染了当下网络视听的内容供给和生产传播。

二是媒体发展中"长尾市场"的需求使得网络视频内容产品的种类日益丰富。以前传统电视媒体播放的"小众化"节目由于缺乏需求和丰富的供应源,常常遭遇被停播的厄运。而如今随着网络视频播放平台的多样化,这些"小众"节目的价值被逐渐放大或重新发掘,纵观各家视频网站,几乎都开办了各种分类型的专业频道,比如纪录片频道、育婴频道、健康频道、女性频道、围棋频道等;或者是以某些栏目形式封装的板块,比如中国网络电视台开设了《科技之光》《影视名堂》《寰宇视野》《军旅人生》等小众化的栏目板块。

三是许多新竞争主体的加入和快速成长,使市场竞争压力加大。最初的视频网站

主要是一些民营性质的网站,如优酷、土豆、酷6网等。随后,新浪、搜狐、百度、腾讯、网易等门户网站也加入网络视频的竞争队伍中,而且伴随着2009年中国网络电视台的开播,传统广电媒体也加入到网络视频市场的运营中。另外,除了传统的内容提供商之外,电信运营商、终端电子设备制造商等,也争相推出网络直播平台或手机App,分食网络视听"内容产业"这块大蛋糕。这直接导致优质IP的争夺水涨船高,互联网公司和广电都各自组建了自己的版权购销联盟,形成网络视听市场上不同的利益共同体,并在某种程度上恶化了中国影视制作、播映和宣传营销的生态。

因此,面对这三个市场环境的变化,变革旧有的产业格局和链条式价值生成模式,形成新的价值网络模式,并推进治理方式的精准化和现代化,成为中国网络视听市场持续、健康、绿色发展的必然选择和必由路径。在这个价值网中,各类竞争主体不再仅仅是急于弥补自身存在的"短板",做重复性建设,而是将各自的"长板"抽调整合,在云化共享中使得每一个参与主体的优势资源都能得到合理、充分地利用,这样形成的新"木桶"能够承载最多的水,也能够在资源集约的前提下创造出更大的价值。与此同时,为了提升自己在价值网络中的分量,各参与主体对创造高价值节点的热情,会超过对追求完整产业链建设的热情,这会促使其自发地削减无效竞争和重复建设行为,从而在整体上有利于产业生态的改善和产业结构、产业价值分布体系的优化。成本控制问题、用户地位问题、风险防范化解问题、资本管理优化问题等,也会在此生态下进入疏散和消解的循环通道。

(二)媒介融合之变

对网络视听市场产生重构影响的另一重要因素是媒介融合。1995年,美国麻省理工学院媒体实验室教授尼葛洛庞帝在其著作《数字化生存》中写道:"计算不再只和计算机有关,它决定我们的生存。"[①]20世纪90年代以来,数字化生存已不仅仅只是未来学家笔下的畅想,而是随着信息传播技术的革新和互联网的普及,在互联网、通信网、广电网三网融合的背景下成为实实在在的风景。随着国内三网融合进程的加快,各相关行业越来越多地呈现出从管理模式到业务形态、到产业市场的全面对接与融合。

对于处于信息消费终端的受众而言,三网融合和传媒技术的变革,其意义更多不是体现在后台操作上,而是体现在产品供应和用户的终端消费与体验上,换句话说,即新技术和媒介融合给受众带来了全新的、更加舒适的和有价值的服务,给生产者、供应

---

① 尼葛洛庞帝.数字化生存[M].胡泳,范海燕,译.海口:海南出版社,1996:15.

者提供了更便捷的产制通道和介入机会。从政策导向上来讲,鼓励传统产业树立互联网思维,积极与“互联网+”相结合,以融合促创新,最大限度地汇聚各类市场要素的创新力量,推动融合性新兴产业发展,也是各级政府积极推动“互联网+”行动和媒体融合的初衷之一。

媒介融合从大的范畴来讲,包含了传媒行业、电信行业、电子设备行业、信息技术行业等多种行业的融合,而这一过程必然会导致多种行业之间界限的模糊甚至是消融。此时,企业的价值创造活动也不再只是限定于某一原有的、固定的价值链上,而是更多地与本行业或者其他行业的市场主体价值链发生关系。我国网络视听内容产业从广义上讲,涉及内容产品的提供、集成、平台运营、分销,以及其他与之相关联的衍生行业和支持类产业,而网络视听内容产品的提供、集成与平台运营是其中的核心。随着技术的进步和市场竞争的加剧,除了传统的内容提供商外,视频网站的自制节目、用户生成内容(UGC),甚至是一些电信运营商与终端设备商也开始提供内容服务。也就是说网络视听原有产业链的各环节,围绕视听内容产品和服务资源的供应、开发,正进行着一场资源要素和生产要素的重组与调适。

一些原先看来与视听产业毫无关联的行业,比如电子商务、电子政务、房地产、印刷物出版商、手游企业等,现在也与网络视听产业发生了业务往来与合作关系,并在平台的合建与开发、产权的售卖与流通、资本的合作与运营中,形成新的服务模式和盈利方式。因此,媒介融合不仅从要素层面,也从商业和服务模式层面推动了网络视听产业的整体融合,从而在价值层面有助于形成新的网络视听价值网体系。

三、网络视听产业价值网的演进路径

网络视听产业价值网的形成是一个渐进的过程。它是由原有产业链经过纵向延伸和横向扩张,在原有结构解构和重构的基础上,以价值节点的自由流动和创造为核心逐渐形成的。原有的网络视听市场结构相对单一和固定,主要模式是专业的内容生产商制作完成视听内容,然后将版权售卖给媒体和网站,媒体和网站在自己的平台上再播放或提供给用户观看。在此基础上形成的核心价值链也相对简单,专业内容制作和提供商从媒体和网站处获得版权分销收入,媒体和网站通过内容导入用户访问量,以此吸引广告业主从而获得广告收入;同时视频网站通过对部分会员用户收取一定的收视费提升收益。这就是网络视听产业形成初期基本的商业模式和业务运行逻辑,从整体来看模式比较单一。

随着市场环境的变化,网络视听内容产业链开始在纵向上延伸,在横向上扩展,其价值链也逐渐向网络化结构转变。视听产业链的纵向延伸使得各市场主体在业务、资源、产品和服务、版权等方面融合，使得相互之间的联系更加深入，为了使自身平台价值最大化，网络视频平台运营商在内容价值的开发方面，开始与更多企业、机构展开合作。比如随着视频网站的发展和业务架构的逐步完善，我们会发现其视频资源越来越丰富，内容的划分也越来越细致，除了传统的电视剧、电影、综艺、音乐、纪录片等频道外，这几年各大视频网站基本都推出了游戏、微视频、微电影、动漫、直播等板块。这也就意味着网络视频内容产业，开始与游戏产业、动漫产业、软件产业等相关行业产生交集。网络视频内容平台运营商也开始与游戏开发企业、动漫制作公司、风险投资公司、文化旅游公司等企业合作。另外，在与广告商的合作中，其方式也不再仅仅局限于贴片广告，而是不断在合作中推出创意迭出的微视频广告和植入广告，有时甚至成为用户观看网络视频过程中的记忆亮点。

网络视频内容产业的横向扩张表明了在激烈的市场竞争压力下，各市场主体之间越来越清楚地意识到了在竞争中合作的重要性，因而由原来单纯的竞争关系逐渐过渡到“竞争—合作—竞争”的关系。在这一过程中，从 2005 年至今，兼并重组、战略联盟、业务融合等产业“竞争—合作—竞争”关系不断调整、演进，市场集中度和成熟度也随之不断提高。这一过程，大多伴随着小型视频网站惨遭淘汰的命运。2009 年，酷 6 网被盛大收购，此后，人人网收购 56 网、优酷土豆合并、百度爱奇艺收购 PPS 视频业务等。2009 年，随着中国网络电视台的成立，广电媒体视频网站大规模进入网络视频市场搏杀，竞争加剧的同时也给市场带来更多内容合作的契机。

另外，2012 年，搜狐视频、腾讯视频、爱奇艺组建了“视频内容合作组织”，类似的战略联盟在其后多有组建，其目的是通过行业交易行为的集中协商，达到与广电媒体视频网站竞争的目的。因为广电媒体视频网站有母台品牌优势的背书和庞大的版权内容支持，其在版权分销中常拥有更大的话语权和更多的知识产权优势，组建战略联盟可以在一定程度上对冲广电媒体的版权优势，并在联盟内部进行资源的共享和优化。竞争的加剧和应对竞争加剧的联盟、合作，迫使网络视听产业链沿着横、纵方向不断拓展边界、延伸触角，并在利益的交叉和市场的融合中，形成你中有我、我中有你的网状结构。

在网络视听产业价值链的解构和重构中，处于价值节点处的企业角色和功能定位也发生着颠覆性变化。原先处于终端位置的用户，开始向前端移动，并逐渐由单一的利润来源者演变为功能更加多元的角色。基于内容来源的不同，视频网站最初出现的模式有两个：一个是依托正版版权的 Hulu 模式，一个是基于用户分享的 YouTube 模式。最初的用户分享类模式虽然十分流行，但是由于网友制作的视频质量良莠不齐且内容监管不到位,因而很快就被 Hulu 模式占了上风。不过,随着视频网站在自身平台建设、内容管理以及用户激励等方面加大投入,特别是近年来 UGC(Users Generate Content)内容质量的提升,YouTube 的内容分享模式(兼具社交功能)最终走得似乎更好。

另外,目前各家视频网站都在打造自制节目,培养自己的原创作者、导演、演员等队伍,并推出视频分成项目,将原创作者的收入与版权挂钩。这样,以前只是为视频网站带来间接广告收入的用户,开始变为“内容提供商”,并与视频网站展开更多业务上的合作。而传统意义上的竞争者,其角色也逐步由流量竞争者、广告市场瓜分者向版权合作者转变,原来因竞争而付出的成本有可能逐渐降低,如网络文学网站及其原创作者,近些年都开始受益于视听产业价值网的形成,特别是内容版权的合作。

虽然广电媒体视频网站的进入加剧了网络视频领域的竞争,但其依托母体资源拥有的大量正版优质 IP,也为商业视频网站提供了最佳的内容购买和合作对象。如果商业视频网站能够利用自己在渠道、用户资源和商业运作上的领先优势,使二者之间在内容版权分销、内容集成方面形成合作,对网络视听生态和网络视听价值网的健康发展无疑会是长远利好。反过来,如果广电视频网站(网络广播电视台)能够意识到自己在商业模式和网生代用户资源上的欠缺,而主动以内容版权为筹码同民营视频网站达成合作或共建专业频道,无疑也会对扩散主流媒体的影响力、提升其传播效果形成利好。这既会为网络视听供需市场带来改变,也会为其良性发展创造机遇,当然在管理和引导上也会增添挑战。

四、网络视听产业价值网的特征

网络视听产业价值网的第一个特征是自组织性。价值网的自组织性,强调的是组织系统内部通过竞争、合作等活动相互作用,动态地调节各成员间的协同关系以使系统保持相对稳定的状态。任何系统的演进都是一种自我运动、自我调节的主动行为,网络视听产业价值网是随着与网络视听内容产业相关的所有产业的相互融合而自发形成的,它使得网络视频提供商、网络视频运营商、分销商、广告商、电商、用户及其他合作伙伴相互结合,并将各自的优势资源聚合连通,借以实现整体价值的优化和群体效益的最大化。在这一过程中,各种知识、技术、素材、版权、产品和服务、信息以及数据在价值网内得到共享。自发性强调了网络视听作为内容产业价值网的形成机制,其源动力来自企业对价值的主动追求。

网络视听产业价值网的第二个特征是网络性。价值网与价值链相比较,一个根本的区别就在于价值网的结构是网状的，而价值链则是线性的。当然，价值网的网络性并不仅仅体现在外部结构的网状化，还强调了其内部关系相互交叉渗透从而形成了一个关系大网。价值网是基于众多的价值链相互交织形成的，原先的每一条价值链都是一个经过专业分工的单元，而现在由于市场环境的变化，这些原本独立的链条要与其相邻的其他链条发生横向和纵向的关系，从而呈现出一个纵横交织的大网。网络视听内容产业的参与主体众多，涉及的产业也很多样，单从内容种类来看就包括了动漫产业、纪录片产业、影视产业、网络游戏产业等，还有广告产业、电子商务、数据支持产业等，这些产业有些原本不发生关系，或者是竞争关系，而现在都建立起了联系，并且更多地强调合作优先，比如淘宝网就和优酷合作，将商品的视频展示交由优酷平台来做，从而使双方各善其美，优势互补。

网络视听产业价值网的第三个特征是开放性。开放性强调的是包容，是指一个系统留有足够的空间允许其他组织自由进入。开放性是相对于封闭性而言的，原先的链条模式只是关注与企业发生直接关系的供应商、分销商以及顾客，整个链条各环节的职责与分工被划分得十分清晰。价值链强调价值的分割，若有新成员加入链式组织中，会分食掉其他组织成员的利益，因此，价值链模式并不欢迎多余的新成员加入，它的空间封闭且狭窄。而价值网却强调价值的创造，在竞争加剧的同时，越多的成员加入，则意味着会出现越多新的价值增长点，价值网络空间允许很多原先看起来并不相关的组织进入，因此，它是一个开放、包容的系统。随着网络视听内容产业价值网的形成，网络视频提供商、网络视频运营商、分销商、广告商、用户和其他衍生业务供应者的加入，会不断扩展网络视听价值网的容积，拓展网络视听价值网的增值空间。

网络视听产业价值网的第四个特征是协同性。协同意味着合作。正如前文所描述的，网络视听产业价值网是一个开放的系统，它欢迎更多的企业或者行业加入进来，彼此通过合作的方式共同创造价值。协同性包含两个方面：一方面，是价值网内各条价值链之间相互联系形成的业务上的合作，比如优酷网为了进军电影业，在 2010 年与中影公司合作推出了“11 度青春电影行动”，成为网络视频运营商与传统电影制作业合作的成功范例。另一方面，是价值网在不同层面上的协同，即核心层企业与外围层组织的合作，虽然一些处于外围层的组织或机构并不能直接创造价值，但是由于这些机构的支持性活动，也可以帮助价值网各节点间接产生利润。比如一些数据调查分析公司，可以通过帮助视频网站深入分析用户数据，深度挖掘和提升用户价值。另外，政府的支持也能够为视频网站带来高认可度和品牌效应，从而产生无形价值。

网络视听产业价值网的第五个特征是互补性。价值网的互补性，意味着在价值网内部并不仅仅存在着竞争者，还包含着许多互补者，它们提供诸多互补性的产品或服务。互补性体现了价值网的合作精神，这种合作精神体现在价值网内各企业主动提供自己的优势资源，同时也利用其他成员的优势资源来弥补自身的劣势，这就使得各企业内部资源配置达到最优，也使得整个网络的价值创造潜力充分发挥出来。在网络视频内容产业中，网络视频运营商就与一些企业保持着互补关系，比如与搜索网站合作，这就加大了视频网站的访问流量，如 2010 年土豆网与腾讯搜搜的合作、百度搜索对爱奇艺的支持等。另外，一些社交媒体也成为各家视频网站的互补合作者，比如 2011 年人人网收购 56 网，2012 年酷 6 与开心网的合作等。这些合作行为在拓展网络视频内容传播渠道方面都起到了积极作用。

网络视听产业价值网的第六个特征是增值性。价值网是产业网在价值层面的一个维度。价值网强调的是价值的创造，这种创造不仅包含着整体价值的增加，也包括每个企业、每个行业、每条产业链价值的增加。价值网内各条价值链相互交叉渗透从而出现许多价值节点，这些价值节点就是一个个价值增长点，因为价值网是开放协同的，参与者可以自由进入，而越多的参与者加入就意味着可能有越多新的价值增长点出现，这就体现了价值网的增值性。在网络视听产业中，广告虽然是一个传统的盈利模式，但是在广告模式内部也产生了一些新的营销方式，比如广告商们与视频网站合作制作创意广告，而这些创意广告因其新颖性和故事性，也受到了网民的欢迎，甚至成为视频网站内容资源的一部分。这不仅为视频网站带来了访问流量，也帮助广告主做了产品的宣传营销，有时还会成为用户视频观看记忆中的难忘瞬间。

第三章　网络视听产业的价值网结构

价值网理论是对原有价值链理论的创新,二者在产生背景、关注焦点、思维方式、基本活动、产品生产方式等方面有着各自不同的特点。首先就产生背景而言,价值链理论是在20世纪80年代提出的,那时还处于传统的资源经济环境下,因此价值链理论顺应了传统制造企业的价值增值模式。价值网理论出现于20世纪90年代,已经进入知识和信息经济时代,一大批依赖信息和互联网技术的新兴经济体出现并蓬勃发展。其次在关注焦点上,价值链理论关注的是企业本身如何在供应、生产、流通等环节产生价值和降低成本,是一种以企业供应为起点的供给推动式生产模式;而价值网理论则以客户为中心,关注客户、供应商与合作企业如何共同创造价值,是一种典型的需求拉动式生产模式。

另外,在思维方式上,价值链理论以线性和单向思维为特征,各要素按照上中下的纵向顺序按部就班地流动,信息共享机制较差;价值网理论则以网状和多向思维为特点,价值节点、资金流和信息流都在整个网状系统内向四面八方快速运行。价值链理论的生产模式是按照固定的生产流程,大规模、多批次、大批量地生产相同的产品和服务,以供给需求不尽相同的顾客;而价值网理论则强调需求的个性化和差异性,它要求为具有个性化需求的客户提供能够满足其个人需要的产品和服务。价值链理论强调价值分割,"胜者为王"是其市场法则,价值网理论强调价值创造,认为系统内各参与方通过协同合作共同创造价值,它不再只关注竞争,更聚焦合作,更强调合作共赢带来的价值增值和产业生态优化。

一、网络视听产业价值网结构元素

网络视听产业价值网结构大体可以划分为三个层次:核心层、中间层、外围层(如图3-1)。这三个层次之间的边界是模糊的,层次间的划分主要依照各主体与网络视听产业在内容产品、服务供应和价值创造上的主次关系。在价值网的核心层,是以网

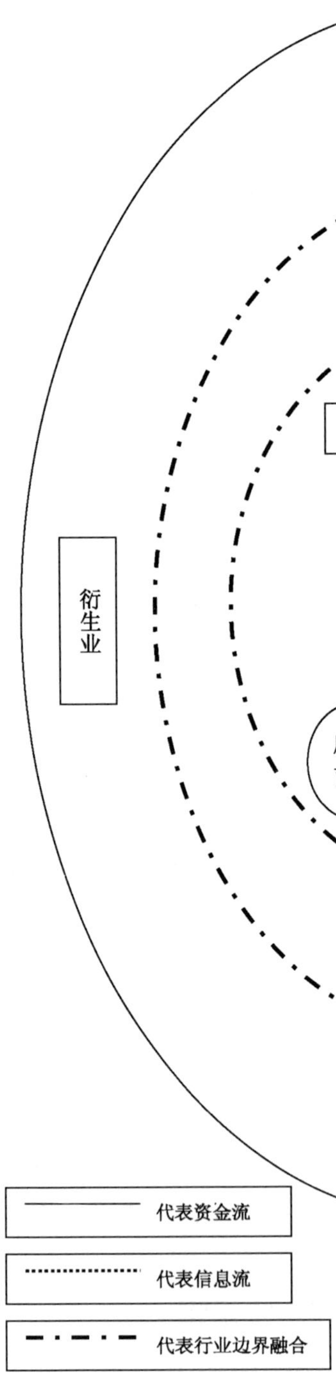

图 3-1　网络视听价值网结构示意

络视频平台运营商(包括民营视频网站和网络广播电视台)为中心，并由传统内容提供商、视频网站、广告商、用户结构起来的。在传统的网络视听产业价值链中,用户是最终环节,是网络视频内容的接收者,是视频网站的间接收入来源。但是在新价值网中,随着用户生成内容质量的不断提高,UGC 模式逐渐成熟,因而用户个人及其社群开始成为视频网站重要的内容来源之一。与此同时,视频网站也开始与一些优秀的个人用户产生内容业务上的往来,因此有必要将用户提升至价值网的核心层,特别是在互联网思维下。另外,广告商也与视频网站在广告的创意制作播放等方面有了更深入的合作,并构成视听价值网的主要商业模式之一,因此也被置于了核心层。

处于网络视听内容产业价值网中心层的是内容分销商,主要由内容渠道运营商和终端设备制造商构成。它们的主要作用是对网络视听内容给予传输和技术支持。2010 年以来迅速推进的通信网、广电网、互联网的三网合一,为网络视听产业拓展销售渠道、覆盖更多接收终端提供了支持,特别是近年一些电信运营商与终端设备商,也开始扮演内容平台运营商的角色。它们通过 IPTV、视频盒子等绕开广电监管,直接分食网络视听内容产业这块蛋糕,并与核心层市场主体发生业务往来。

处于网络视听产业价值网外围层的,是一些数据收集分析行业及政府部门、风险资本等支持系统。这些支持系统并不会或者很少会为网络视听产业的内容运营带来直接利润,但是会间接提升内容产品的融资能力和社会服务价值。另外,外围层还包括一些内容产业的衍生行业和随着媒介融合、网络融合进程不断出现的新业务新行业,如融媒体建设、电子政务、电子商务、智慧社区,甚至房地产行业、文化旅游行业等。营造开放包容的发展环境,将网络视听作为生产生活要素共享的重要平台,并最大限度优化媒介资源配置,形成便捷、开放、共享的综合信息服务平台,也是新时代网络视听产业价值网体系建构的重要特征。

二、网络视听产业价值网相关利益主体

网络视听产业价值网最主要的利益相关方是网络视频平台运营商(包括民营视频网站和网络广播电视台等)。网络视听产业作为信息产业的最重要组成部分,近年来平台化的趋势十分明显,在这一趋势的带动下,广电媒体和其他传统媒体也均有从传播渠道拓展向平台运营转变的迹象,融媒体建设和智慧广电建设就是其中的典型案例。视频网站是这一趋势中非常典型的平台运营商,从类型和属性上来看,它们大体可分为三类。

第一类是商业民营视频网站。其下又可细分为垂直类视频网站和门户类视频网

站。前者既包括了基于 UGC 内容的分享类视频网站,如优酷、土豆和酷 6 网,也包括了以运营 IPTV 网络电视为主的视频网站,如 PPTV、PPS 等。此外依托正版版权运营的视频网站,如爱奇艺、乐视网等,也可归为垂直类视频网站,它们的商业模式较为清晰,主要以收购版权内容、培养忠实用户,进而招揽广告和做整合营销。同时,随着版权模式越来越受到市场的肯定,原先的分享类视频网站也开始兼顾版权内容,并慢慢演变为综合性视频网站,如合并后的优酷 & 土豆。门户类视频网站,主要包括腾讯视频、搜狐视频、新浪视频和网易视频等。这类视频网站通常拥有强大的资金实力和用户黏着度,不论是在运营版权模式上,还是扩展 UGC 模式上,都具有后发先至的优势,它们也是目前国内网络视听市场上占据主导地位的视频网站。

第二类是依托广播电视媒体开办的网络广播电视台。早在 2003 年,上海文广传媒集团就开始试水网络电视台,开办了"东方宽频"视频网站。2009 年 11 月 28 日,中央电视台开办的中国网络电视台(CNTV)正式上线,标志着"国家队"正式进入网络视频领域。随后,各地方的广电机构纷纷开办各自的网络广播电视台,比较突出的除了 CNTV 以外,还有湖南广电的"芒果 TV"、浙江广电的"新蓝网"、深圳城市联合网络电视台(CUTV)等。这些具备国家主流媒体背景的网络广播电视网站拥有大量优质正版视听资源,在一定程度上规范了我国网络视频行业比较混乱的版权市场,但同时也加剧了该行业的竞争烈度。

第三类是依托电信运营商和其他机构开办的网络视听平台,如中国电信的互联星空,还有新华社开办的新华网络电视、人民日报社开办的人民电视等。不过这类视频网站的影响力远没有前面两类大。

网络视听产业价值网中第二大利益相关方是视听内容提供商。这一群体主要包括影视娱乐公司、各级广播电视台、互联网企业等。目前各大视频网站最受网民欢迎的影视剧和综艺节目,多由以上机构制作。除了向国内制作公司购买版权之外,视频网站还从国外影视娱乐公司引进节目版权,这些国外公司主要集中在影视业发达的欧洲以及美国、日本、韩国等地。

各级电视台制作的节目,包括新闻类节目、综艺类节目、纪实类节目等,也是视频网站内容资源库中重要的组成部分。中央电视台、湖南卫视、江苏卫视、浙江卫视、东方卫视等电视台的节目也很受观众欢迎,其节目在视频网站中的点击率排在前列。各主流电视台的节目在网络平台的热播,扩大了电视节目覆盖面,也提升了电视节目的社会效益。

网络视听产业价值网中第三个利益相关方是网络视频用户。用户生成内容一直以来都是视频网站,尤其是民营视频网站内容的重要来源,土豆网在成立之初就是主打用户分享类内容,并一直以"每个人都是生活的导演"为口号和办网理念。随着视频网站对用户生成内容的培育和管理逐渐成熟,许多精品之作也不时涌现,目前各大视频网站都开设了“拍客”频道,专门播放网友上传的视频节目。表 3-1 列出了商业视频网站和网络广播电视台 UGC 频道的大致情况。

表 3-1　商业视频网站和网络广播电视台 UGC 频道汇总

网站名称	UGC 频道	子频道
优酷	拍客	拍客精选、自拍达人、校园拍客、航拍频道、拍在全球、随身相机、行车记录、主题季等
土豆	原创	广场舞等
腾讯视频	拍客、V+	独家策划、爆点聚焦、航拍联盟等
爱奇艺	拍客	每日必看、自拍网红、拍天下、萌萌世界、爱玩社区、运动相机、航拍世界、延时摄影、社会视野等
搜狐视频	自媒体	搞笑、生活、游戏、教育、科技、音乐、出品人等
PPTV 聚力	原创	精选短片、生活娱乐等
PPS	拍客	热门推荐、社会大视野、酷炫影像、运动潮流
CNTV	爱西柚播客	原创、拍客、达人、幽默等
北京网络广播电视台	我在现场	目击现场、生活秀场、牛人擂台、纪实短片、拍客节目
江苏网络电视台	在现场	拍拍新闻、新闻中心视频交互平台、维权全出击
浙江网络广播电视台(新蓝网)	随手拍、新蓝曝光台	BOBO 论坛、米粒社区、米秀分享

网络视听产业价值网中第四个利益相关方是广告商。虽然目前庞大的用户群并不能够直接为视频网站带来大量收入,但却能够吸引广告商,从而提升视频网站或者说视频内容的广告价值。从目前的情况来看,广告业务仍然是多数视频网站主要的收入来源,因此,广告商是它们十分重要的利益相关方。最初广告商在视频网站上投放的多是网页广告和贴片广告,形式与在普通网站和传统电视台投放广告类似,并具有一定的强制性,因此并不十分受网民们欢迎。但是,随着网络视频行业逐渐成熟和网络视频内容价值不断被挖掘出来,广告主们也在创新着视频广告的内容和营销模式,越来越多的植入广告、创意广告以及与之配合的各式推广活动出现在视频网站上,它们也成为视频网站内容资源的一部分。

比如优酷网就设有影视广告 TVC 和广告两个频道,这两个频道的不同在于,影视广告 TVC 频道是将一些在电视上播放的广告进行剪辑并分成片段,每一个广告视频 30 秒左右。而广告频道大部分是网络视频广告,播放时长不定,其中也不乏有趣、有创意或者有深意的作品。网络自制剧植入式广告是2014年随着各大视频网站开始推出自己的自制节目而快速发展起来的，酷6网曾经提出过UGA概念，即用户生成广告，就是在网友们拍摄的原创视频作品中植入商家的广告。其实，一些富含创意的广告也称得上是一部精彩的自制剧，比如优酷网打造的自制剧《泡芙小姐》中的《泡芙小姐的遥控器》，就是将联想乐Pad广告植入剧情，并配合互动营销，在网友中引起强烈反响。

网络视听产业价值网中第五个利益相关方是网络视听内容分销商。狭义的网络视听内容产业主要指围绕内容的生产、集成而形成的企业集群，但从更广的范畴来说，网络视听内容产业还包括了内容的传输与接收等大量与网络视听服务有关的产业集群。网络视听内容分销商就是视听内容渠道商和终端厂商，包括电信企业、电子设备企业等，也包括其他形式的网络传播渠道，如社交网站和搜索网站等。

传统广播电视的信号覆盖主要以电视机为终端，用户收视场所固定。而视频网站可以将覆盖面由传统广电的电视机终端延伸至电脑、手机、户外移动等多种终端。在多屏、移动时代，各种大小屏幕在网络视听内容产业中构成了一个完整的生态圈，视频网站因其能够提供丰富优质的资源而处于这个生态系统中的关键位置。

与多种终端屏相对应，网络视频内容产业还出现了适合电视屏、PC屏、移动屏的多种视听服务，包括IPTV、互联网电视、手机App等。视频网站分别与这些视频服务的运营商合作进行视听内容的分销。这样，网络视听内容不仅能够全面覆盖电视屏、PC屏、移动屏，还可以通过这些终端与IPTV、互联网电视等多形态服务体系相连接，传播适合各种终端的视听内容，从而极大提升了视听节目的价值利用率。

此外，社交平台的广泛使用以及与人们工作、生活场景的无缝对接，也扩展了网络视听的传播渠道。我们经常可以在微博、微信或QQ空间上分享视频，或者观看朋友和其他网友上传的视频，这对于视频的宣传推广起到了积极作用。而搜索网站的使用则可以帮助用户迅速找到目标视频，提升用户的视频观看体验和检索方便程度。

网络视听产业价值网中第六个利益相关方是衍生行业。网络视听产业的衍生产业是指由某一视频内容品牌衍生出的多种其他类型的产品或服务，比如一部影视剧或者综艺节目既可以改造成网络游戏，也可以开发出动漫作品。优酷出品的《泡芙小姐》网络动漫剧，不仅通过在线播出获得了近百万的粉丝，同时还开发出了影视剧、书籍等十几种衍生产品，并开通了淘宝官方主题店，成为探索多元经营、产业融合的典型案例。

网络视听产业价值网中第七个利益相关方是数据支持行业。数据支持行业是指能够为网络视听产业，提供数据平台的开发和数据的分析、搜集与整理的行业。对于网络视听产业而言,数据库平台的建立会对网络视听内容的生产、集成与分发产生巨大影响,特别是在大数据、云计算条件下。网络视听内容数据库与用户数据库是内容产品与服务开发、运营的两个驱动力,数据支持行业起到了勾连内容信息与用户信息的作用,对网络视听内容和用户资源适配管理具有关键作用。

网络视听产业价值网中第八个利益相关方包括了政府监管机构、行业协会和其他相关产业。网络视听是一个复合社会场域,而场域的实质就是社会空间中各行动者占据一定位置,相互博弈、相互影响形成的力量结构与关系网络。这其中,作为社会公共利益的代表,政府管理机构和合作治理方——行业协会都不可缺席,特别是在资本越来越多地聚集于这一领域中的时候,政府的监管和行业协会的居中协调,是有效避免网络视听被商业利益完全绑架的关键要素。

此外,电商、房地产、文化旅游等以前看来并不与网络视听产业发生直接关系的产业,现在因为价值网的形成也与其出现了交集。视频网站与购物网站存在着天然的合作关系,一方面购物网站可以通过网络视频全方位地展示其商品,刺激消费者的购买欲望;另一方面,视频网站与电商平台也存在着更深层次的合作,譬如将网络视频节目与购物相结合,制作植入广告视频或植入商品链接。另外,有些房地产公司和文旅企业也与视频网站合作推出了视频看房、文旅服务等综合业务,将视频内容与电子商务更有机地结合。

三、网络视听产业价值网利益主体诉求

网络视听产业价值网中各种力量的价值诉求,是围绕着视频内容的开发、集成与分销形成的,主要是指这些主体在与其他参与者相互往来的过程中,想要通过哪些方式获得利润,或者它们想要得到哪些方面价值的增加等。下面分别梳理各主体的价值诉求:

一是内容资源供应方。内容供应方的价值诉求,是以更高的价格出售内容版权。传统的内容提供商,包括各级广播电视台、影视娱乐公司、国外影视生产企业等专门生产视听内容的机构,这些机构通常拥有大量自制或改编的版权内容,它们除了将内容版权售卖给传统电视台或院线以外,更多的是将其分销给各家视频网站。

另外,随着网络广播电视台的开办,广播媒体除了将大部分视频内容授权给自己的网台以外,也将一部分影视剧、综艺节目、体育赛事等内容的网络播映权售卖给一些商业视频网站以获得利润。如中央电视台拥有将近 50 万小时的视频节目,中国网络电视台也因此获得了海量正版视频资源的支持,并借由央视渠道获得了对重大体育赛

事的直播和转播权,进而可以向各个商业视频网站分销奥运会、世界杯等大型体育赛事的直播和转播权,以此实现盈利。

随着2014年以来各视频网站纷纷发力自制剧的制作,自制节目已成为当下视频网站实施的最为重要的内容战略之一。而自制节目的反向输出也成为视频网站获得利润的一种途径。一直以来,视频网站大都是向其他专业的影视娱乐制作机构购买内容版权,而自制节目的反向输出则实现了视频网站向电视台和其他影视机构的版权反向售卖。由于优质IP的加盟及其自带粉丝流量等因素,一些优秀的网站自制剧也成为近年来各大电视台争抢的焦点,如爱奇艺出品的《晓松奇谈》《娱乐猛回头》就登陆过多家电视台,而优酷出品的《晓说》更登陆浙江卫视。此外,网络视频网站还会通过向其他产业授权节目品牌使用权获利。

随着用户生成内容质量的不断提高,一些视频网站近年来也开始有意识地培育自己的网民原创队伍,并以虚拟货币、积分等形式予以奖励。有的视频网站还与用户实施分成计划,土豆网就是其中之一,如其推出的土豆原创播客分成计划等。在这种模式下,优秀的网络原创作者不仅可以获得视频广告分成,还有机会获得土豆网的签约和制作投资。因此,用户提供内容也不再仅仅是表达心情和分享感悟,而是在休闲之余慢慢产生了兼职取得经济回报的价值诉求。

二是广告商。现在,广告的投放形式已经不再限于硬广告,在视频网站上更多的是各种形式的软性广告,比如植入性广告、与视频网站合作举办活动或者冠名比赛,同时也配合推出一些线上线下的营销活动等。但无论形式怎么变化,广告主的价值诉求最终还是以在视频网站上发布特定信息,向网络用户和尽可能多的受众推销商品或服务并从中获利为主。

三是内容分销商。内容分销商的价值诉求主要是通过为视频网站提供各种技术、传输渠道等平台支持,或者通过对网站视频内容的拆解、集成与再包装等方式获得相应报酬。网络视听内容运营平台需要强大的技术体系做支撑,比如城市联合网络电视台作为城市间的网络视频集成平台和地面频道运营共同体,就承担着推广和分销各城市台视听节目并从中获得回报的传播职能与经济职能。

四是内容衍生行业、数据支持行业和其他相关行业。网络视听产业价值网中的衍生行业主要是通过获得视频网站,或者节目制作方的品牌授权,进而开发出相关品牌的衍生品——比如动漫、网游、实体商品等来获得利润回报的。而数据支持行业则主要通过为视频网站提供数据采集、处理、分析等服务获得利润,或者帮助其搭建数据处理中心等技术服务获利,如华为公司和各级广电媒体的合作,移动公司和各地融媒体建设工程的合作等。

另外，相关的终端设备制造商则主要通过售卖网络视频接收设备获利，如小米公司推出的小米盒子，乐视网作为视频平台运营商推出的乐视盒子等。

网络视听内容产业价值网中的其他行业，如电子商务平台通过视频形式获得可观的流量导入，进而通过向这些潜在用户兜售商品获利。有些电商还涉足内容领域，比如阿里巴巴联合 TCL、创维、珠海迈科电子共同推出的网络高清机顶盒天猫魔盒，用户通过安装天猫魔盒就可以在电视上免费观看网络视频内容，其获利方式叠加了售卖盒子、做广告、会员付费、出售其他商品等形式。2015 年 10 月，阿里巴巴全面收购优酷土豆集团后，这一趋势更加明显。

必须提及的还有监管机构的价值诉求。网络视听作为公共意见表达平台，由于其社群功能和自组织性质，其管理秩序的好坏不仅涉及网络舆论场的安全，也涉及国家意识形态和主流价值观的培育与传播。当下，以推进国家治理体系和治理能力现代化为契机，建立效果良好、功能完善且可持续发展的网络视听治理新秩序、新生态，正成为十九大后党和政府致力追求的目标。这也是保证我国网络视听产业健康、长远发展的重要前提之一。

四、网络视听产业价值网的竞争优势

价值网是在价值链的基础上发展、升级形成的，价值链以企业生产为重点，而价值网则以用户需求为核心。在价值网体系中，企业不再局限于某一个产业体系，而是以业务间的协同与合作为基点，建立起庞大、周密、完整的网状结构，并在此结构下将企业内生性优势和外生性优势统一起来，围绕核心知识的生产与传播调配资源、布局战略，形成联盟关系，建立协同组织。

价值网的竞争优势来源于核心知识与能力整合生产的内生性优势及核心知识与能力协同产生的外生性优势。组织系统的自我创新是成员企业培养内生性竞争优势的主要方式，外生性竞争优势的建立则是通过价值网中核心知识和能力的协同效应来实现的，主要反映在战略层、资源层及价值链层三个层面上。成员企业具有资源异质性的特点，差异化会使价值网内部的资源配置更加合理，这有助于整个产业体系运行效率的提升进而达到最佳状态，从而降低成本获得竞争优势。

价值网的竞争优势可借由虚拟经营和战略联盟两种模式建立起来。在这两种模式中，价值网核心企业与其他成员企业在“以顾客为中心”的共同目标下，通过良好的分工、合作与有序竞争，实现资源的共享和优化配置，并以柔性化为基础进行生产，共同创造顾客价值。与此同时，价值网内部良好的共享机制实现了知识的流动和技术创新，成员企业和核心企业之间借由信任关系的建立、信息流的交换等，实现核心知识与能力的整合与协同。这种核心知识与能力的整合及协同即为价值网竞争优势获得的内在本质。这种竞争优势又会对价值网络的结构模型给予反馈，帮助其调整虚拟经营和战略联盟的管理方式或者组织结构，如此交替反复，实现价值网络竞争优势的循环运行。

资源是价值网正常运行的基础与首要条件，通过资源配置中的共享与协同机制，价值网内各参与主体会得到更大的收益回报。更重要的是，资源共享的最终目的是运用所获取的资源创造出价值，而不仅仅是分食已有的存量。对视频网站而言，视听产业价值网的信息资源共享，一方面有效降低了交易成本，提高了信息投入的回报率；另一方面也使成员企业之间的合作更加协调，并从整体上增加了价值网的使用黏性，有助于提升整个视频网站的价值网竞争优势。

例如，根据郭敬明同名小说改编的电影《小时代》，以 4, 500 万元的成本获得了近 5 亿元的票房，如此高的投资回报率与出品方的前期调研和视听产业价值网内部的信息共享机制是密不可分的。对同名小说网上用户的身份和点击量进行分析，得出影片核心观众的特征和爱好，并以此酝酿剧本和拍摄方案，进而统筹调度台词设计、演员选择、拍摄手法、音乐使用等各个要素，这一系列举动保证了影片内容和市场需求间的适配性。

通过信息共享机制，用户也可以对视频网站自制剧的制作动态进行实时了解。用户借助价值网的信息共享机制与视频网站进行互动，将自身的需求情况及时传递给制作和播映方，制作和播映方则根据用户反馈，调整相应的制作节奏和剧作安排。通过这样的信息互通和资源共享，视听产业价值网体系内的各参与主体获得了影响自身生存和发展的稀缺资源，各合作伙伴间积极广泛地合作，也有效发挥了视听产业价值网的规模经济效应和范围效应。由此可见，价值网的竞争往往并非对抗性或宽容性的单向竞争，而是充满了“合作+竞争”的复合式竞争。

第四章　网络视听产业价值网的"竞合关系"

随着我国网络视听产业的快速发展，民营视频网站和网络广播电视台也经历了残酷的十几年的厮杀。在与竞争对手及其他相关市场主体的竞争与合作中，网站和网台的力量、角色与使命，也在不断除旧布新，并逐渐向综合信息平台和提供智慧服务方向拓展。这使得整个视听产业价值网的竞合关系始终处于变动不居之中。在不同的阶段，视频网站与内容提供方、内容购买方、渠道运营商、行业互补企业、同行企业、其他相关行业之间会展现出不同的竞合倾向与关系。这也成为网络视听产业价值网的基本运营形态。

一、网络视听产业价值网的竞争关系

第一对竞争关系是视听播出平台与内容供给方的竞争关系。包括视频网站在内的播出平台总希望以更低的价格购买内容，而内容提供方则希望以更高的价格出售内容，双方之间的议价博弈行为始终存在。在网络视听行业发展初期，由于有大量普通网民提供原创音视频资源，加之行业监管尚未完全跟上和版权保护意识滞后等因素，网络视频内容盗版现象猖獗。随着行业监管与版权保护力度的加强，视频网站购买内容时不可能再享受低价"优惠"，而是必须付出越来越高的版权购买成本。作为拥有优质内容资源版权的制作方——各级广播电视台和影视公司，也因此获得了更强的议价能力。这也促使行业内优质内容资源的竞争加剧，并导致内容版权价格一度出现疯涨，如随着韩剧《继承者们》《来自星星的你》的热播，韩剧版权的购买价格在一年内上升近 15 倍。如此高昂的版权价格，迫使各家视频网站，特别是财力雄厚的综合门户网站和互联网公司不得不加大对自制节目的投入，以摆脱对传统内容提供商节目资源的过度依赖。虽然自制节目也需要投入大量人力、设备和制作、营销等方面的成本，但相比于高昂的版权费用，自制剧的投入还是要小许多，且其成本回收方式和渠道也相对灵活、多元。

第二对竞争关系是视频网站与用户的竞争关系。视频网站与用户之间也存在着竞争关系,用户希望免费获得观看视频内容的权利,而视频网站则想通过付费模式向用户提供视频内容,并促使其成为稳定的盈利模式之一。目前,视频网站上绝大部分内容都是免费向用户开放的,但是每家视频网站也都开通了一些付费业务,支付一定费用的用户可以观看到普通用户不能观看的更多高清视频节目。但是,根据近年对我国网民付费视频使用情况的调查,愿意通过付费方式观看视频的用户比例不足一半。由此可见,向用户收费并不是一件容易的事,在这方面视频网站对用户的议价能力较低。

造成视频网站在与用户的竞争中处于劣势地位的原因,可以归结为以下几点:一是目前各家视频网站之间存在激烈的竞争,它们为了争夺更多的用户流量,竭力购买尽可能全的视频资源。如此一来,虽然视频资源全面且丰富,但也造成了严重的内容同质化问题,使得用户很容易在网站上找到免费的资源,视频网站对于用户的黏着力大大降低,用户对于某一家视频网站的忠诚度也很难保持。因此,只有视频网站形成自己独有的核心品牌才有可能长久地留住用户。

二是尽管网络视频在近些年发展速度超乎想象,但电视机仍然是最主要的视频收看方式之一。另外,人们的休闲娱乐方式不仅仅只有观看视频一种,还包括玩游戏、看书、阅读网络文学等,这些都成为网络视频的替代品,它们也在一定程度上削弱了网络视频在用户生活中的重要程度。

三是现在市场上视频网站众多,为了尽可能地留住用户,它们一般不敢轻易对用户收取观看费用,久而久之用户免费看视频的习惯也养成了,网站再想向他们收取费用就要违拗用户消费习惯,就会变得特别困难。不过,根据中国互联网络调查中心的数据分析,2015 年以来视频网站的用户付费业务收入开始出现明显增长。一些主要的视频网站新增付费用户数超过之前的积累,用户付费收入占整体收入比重也开始增大。这同我国网络视频用户总数在不断增加,同时政府加大对内容版权的保护和监管力度、移动支付便捷等因素密不可分。随着上述有利因素的增加,网络视频付费模式或许会逐渐走向成熟。

第三对竞争关系是视频网站与广告商的竞争关系。视频网站与广告商的竞争关系体现在,视频网站欲向广告商收取更高的广告服务费用,而广告商则想以更低的价格获得视频网站的广告服务。不过从目前情况来看,网络视频广告越来越受到广告商的青睐,因此视频网站面对广告商的议价能力也在日益增强。

究其原因,主要有两个方面:一是在我国存在数量庞大且正快速增长的网络视频用户群体。根据中国互联网络信息中心发布的第 43 次《中国互联网络发展状况统计报告》,截至 2018 年 12 月,我国网民规模为 8.29 亿,其中,网络视频用户规模为 6.12

亿,手机网络视频用户为 5.90 亿,较 2017 年增加 3,309 万,占总体网络用户规模的 73.9%。① 网络视频也成为继即时通信、搜索引擎和网络新闻之后,最主要的互联网应用之一。相比于在广播电台、电视台、报纸、杂志上投放广告,网络视频广告在形式上更加灵活多样,且能够配合多种线上线下的营销活动,加上政策限制较少,成本相对低廉,因此很受欢迎。另外,大数据、云计算技术提供的精准推送应用,也提升了网络视频网站同广告商的议价能力。

第四对竞争关系是视频网站与视频网站之间的竞争。经过十多年的拼杀,以前众多小型的视频网站纷纷倒闭或被兼并重组,我国网络视频产业已形成了寡头垄断的态势。目前我国网络视频企业存在着三大主体:一是以优酷 & 土豆、爱奇艺等为代表的商业视频网站;二是以腾讯视频、搜狐视频、网易视频、新浪视频等为代表的门户网站的视频网站;三是广播电视媒体开办的视频网站(网络广播电视台),如 CNTV、芒果 TV、CUTV 等。这几类视频网站,背景不同但又各有优势,为争夺用户,相互之间存在着十分激烈的竞争关系。(见表 4-1)

表 4-1　商业视频网站类别和价值主张

视频网站	视频网站类别	网站核心能力
腾讯视频	门户视频网站	致力于打造以丰富的内容和极致的观看体验为特征的中国最大的在线视频媒体平台;重点打造娱乐频道,并兼顾财经、新闻、体育、时尚、动漫等频道,形成以娱乐为重心的视频平台;拥有强大的版权购买能力,核心部分是原创节目。
搜狐视频	门户视频网站	主张“内容为王”,依靠中国四大门户网站之一的搜狐网作为用户入口,推出综艺、电视剧、纪录片、音乐等系列高清优质视频频道,主打独家高清正版美剧,并且是第一家推出百分之百正版高清电影的视频网站,全面深入整合与传统电视台的合作,得到了良好发展。
优酷	视频分享类	优酷提出“快者为王”的产品理念,从多方面满足用户的需求,网民利用在平台上上传和下载自由的特性,为视频网站提供内容,视频具有高度分享性和交互性、以短小片段为主、提供个性化服务,用户的覆盖面广且网站流量大,能提供丰富的视频内容。
土豆网	视频分享类	用户可以通过其平台轻松发布、浏览和分享视频作品。基于用户的分享运作,它强调用户的个性和自我创作,为用户提供个人空间存放视频,有好友相互关注、分享视频等功能,有利于促进网络人际社交群的形成。
PPlive	P2P 网络电视	为用户提供电视频道和电台频率转播服务,同时自己也开办特色频道;可为用户提供自制节目上传,比如网友自拍的 DV 短片、微电影等。

① CNNIC.第 43 次中国互联网络发展状况统计报告[EB/OL].(2019-02-28)[2019-07-08].http://www.cac.gov.cn/2019-02/28/c_1124175677.htm.

就目前来看,围绕内容的竞争主要体现在内容差异战略上。内容同质化严重和内容版权价格的虚高已经使得各视频网站不堪重负,为了摆脱这种困境,民营视频网站发力自制节目和原创视频,并培养自己的原创团队,而网络广播电视台则竭尽全力保护自己独有的内容和品牌优势。如优酷土豆合并后继续保持 UGC 模式的优势,同时也投入资金购买内容版权弥补其影视内容的不足;爱奇艺自制娱乐节目也已形成了自己的特点;搜狐视频在英美剧的观看体验方面具有优势。而各家卫视实施独播战略,只允许收视率高的节目在自己的网络平台上播放,芒果 TV、CNTV 均已形成自己独有的风格:芒果 TV 主打轻松娱乐和休闲风,CNTV 则以丰富的新闻资讯和纪录作品取胜。其他网络电视台也各擅胜场,有着自己独具特色的资讯内容和地方政务板块。

二、网络视听产业价值网的合作关系

尽管产业价值网中视频网站与各主体之间存在着激烈的竞争,但是,价值网的一个重要特征是其协作性,各参与方通过价值节点——尤其是内容版权的流动,在相互合作中追求产业价值网利益的最大化。也因为这一特性,所以在网络视听产业价值网的运作中,合作成为比竞争更为重要的选择,尤其是在维护行业共同体的健康和可持续成长上。

这类合作关系主要体现在六个方面。第一是网站(或其他播映平台)和传统内容提供方的版权合作。视频网站与传统内容提供方有着共同的目标,即如何提升用户对视听内容的满意度。围绕这个共同利益,二者在内容方面也展开了广泛合作。随着大数据技术和移动互联网的发展,在网上看视频已经成为当下人们生活中非常重要的休闲内容,视频网站不断分食着传统广播电视媒体的“盘中餐”,这令传统影视公司和广电媒体十分焦虑,并促使其将内容触角不断向移动网络和手机延伸。视频网站在这样的前提下,也就顺理成章地成了传统内容提供方开拓新市场、新用户的分销商。与此同时,各视频网站也逐渐意识到正版内容的重要性,并在加强自制的同时,以网站联盟的方式寻求同传统影视内容供应方的合作。

如爱奇艺网站早在 2010 年成立之初,就开始寻求与中影集团、华谊兄弟、浙江卫视、北京卫视、湖南卫视等合作,并陆续推出了《爱上女主播》《新西游记》《深宫谍影》等剧作。此外,该网站还和美国派拉蒙影业公司等合作,垄断了大陆《变形金刚 3》等 IP 电影的网络版权及分销权。

除了版权合作以外,网络视频网站还和传统影视机构一起打造了许多原创自制节目。如优酷在2010年联合中影推出的“11度青春电影行动”,腾讯2014年与香港电影界合作打造的自制剧《探灵档案》以及此后推出的“西游大话系列”等。这些合作出品的自制节目,在创意、制作等方面,兼采双方之长,表现出不俗的成绩,成为视频网站吸引会员缴费观看的重要内容资源。

第二是视频网站与用户的合作。视频网站与用户之间的合作关系体现在两个方面:一方面是各视频网站早已涉足视频付费业务。经过了几年的积累沉淀之后,2015年视频网站的付费业务开始出现了质的变化,新增付费用户数超过之前的积累,付费收入增长,收入占比增大。一项调查表明,在付费驱动因素中,“付费后能看到更多的资源”成为最吸引网络用户的一点,紧随其后的是“找不到免费的资源”,而“价钱划算”“付费后没有广告”“付费后清晰度高”的比重也都在25%以上。这表明,寻找更多优质的内容是用户愿意付费的主要原因,而良好的观看体验也是其中的重要因素之一。

另一方面,视频网站与用户的合作还表现在,对于优秀的用户原创视频作品,视频网站开始以多种形式给予其报酬。优酷土豆在UGC内容方面一直保持着优势,该网站通过开展“优酷拍客”App和“土豆映像节”营销活动,培养和鼓励原创作者加入其内容制作团队。2013年,优酷、土豆分别推出的“优酷分享计划”和“土豆播客分成计划”,也吸引了大量播客参与。2014年,优酷、土豆给予视频原创作者的分成金额已达1,200万元,在高回报的刺激下,“暴走漫画”“李洪绸”等UGC内容大户不断涌现。

第三是视频网站与广告商的合作。视频网站与广告商之间存在诸多合作的机会,广告商的目的是能够吸引更多购买者关注自己的品牌,并引导他们购买商品和服务,而视频网站恰好为广告商们提供了这样一个良好的汇聚用户吸引力的平台,双方也因此展开了各种形式的广告合作,包括冠名、植入等。爱奇艺在自制剧《在线爱》开机时,就获得了一汽马自达的冠名赞助,还获得过神舟电脑3,000万元的广告下单。优酷曾与茅台酒广告商合作,立足于纪录片频道,采用冠名赞助、定向贴片和官方视频空间等广告形式为茅台酒做形象推广。另外,视频网站和广告商的合作,还经常采用与商家合办节目、共同打造“微电影”等形式展开,如优酷就与中国移动合作,通过“G客G拍”校园行活动实现了双方品牌对校园学生群体的渗透。这些新颖的合作形式,为视频网站和商家带来了双赢的效果,也推动了二者之间更深层次的合作。

第四是不同视频网站间的合作。视频网站之间的合作主要体现在两个方面:一是不同主体间的兼并重组,二是不同主体间形成的共同体联盟。兼并重组尽管是激烈竞争的结果,但却是应对市场激烈竞争、优化行业整体生态布局的合理且有效的反应。2012 年 3 月,优酷网和土豆网宣布合并,并以 100% 的换股方式合并,从此,优酷和土豆各自的内容资源实现了共享。2013 年 5 月,爱奇艺以 3.7 亿美元收购了 PPS,二者合并的最大好处是获得了更强有力的版权内容议价权,也打破了优酷 & 土豆一家独大的局面。

共同体联盟则能有效地维护行业的整体利益。2009 年,由搜狐视频、优朋普乐和激动网发起,110 家网络视频内容版权方参与的"中国网络视频反盗版联盟"成立。同年,搜狐视频与酷 6 网各出资 500 万美元,成立了"国际影视版权联合采购基金",以加强对国外版权的采购议价权。2011 年,乐视、腾讯视频、迅雷、暴风影音、PPS、PPTV、激动网七家网络视频公司,在北京联合成立了电影网络院线发行联盟,之后凤凰视频与优酷网也加入进来,这一联盟既规范了电影在视频网站的发行,也推进了网络视频影视剧付费模式的发展。2012 年,搜狐视频、腾讯视频和爱奇艺网三家又共同成立了"视频内容合作组织",促进了网站内容资源的共享和版权价格的理性提升。

视频网站之间之所以存在合作的可能和空间,是因为合作能够提升网络视听行业整体的议价能力,同时也可以有效地避免行业内长期存在的恶性竞争,规范行业行为。若只是一味地竞争和相互打压,只会削弱它们同其他行业主体议价的话语权,并最终导致行业整体利益的受损,出现集体全输的局面。

第五是视频网站与内容分销商的合作。视频网站与内容分销商合作的目的是为了拓展内容的传播渠道,吸引更多用户。各视频网站在已经站稳个人电脑端的基础上,开始纷纷布局移动端,与一线手机品牌、平板电脑品牌、可穿戴终端设备等展开合作,推出相应客户端软件。

另外,各种社交平台也是网络视频的传播渠道之一,人们在碎片化的时间里通过朋友们的分享观看各种视频内容。在社交网站成为传统传输渠道之外,视频营销中十分重要的一环,各视频网站也在开拓社交平台方面做了各种尝试:2011 年人人网收购 56 网,实现了账号、评论的互通;2011 年优酷实现与新浪微博的评论互通;2012 年"优酷拍客"客户端开始支持与新浪微博同步。此外,2012 年土豆网也开始与新浪微博合作,非土豆注册用户如果在新浪微博上分享视频到土豆网,则可自动成为土豆的注册会员。2012 年,酷 6 网与开心网达成战略合作,酷 6 提供视频平台和技术支持,开心网则在网站上设置视频发布系统。2013 年,优酷推出"边微信边优酷"的视频"走着瞧"功能,用户可以在微信上看到优酷的视频内容。

同时,搜索引擎目前也是用户寻找视频资源的重要渠道。视频网站可以通过搜索应用导入更多的用户访问。与此同时,搜索应用也会因为用户的视频搜索行为而被更频繁地使用,因此二者之间存在着横向合作的可能。目前有不少视频网站与搜索行业开展了合作,2010 年土豆网与腾讯旗下的搜索引擎腾讯搜搜合作,就视频搜索领域的技术研发达成协议;2011 年优酷推出了专业视频搜索品牌搜库,以搜索功能强化自己的服务体验;2012 年乐视网与百度合作,在乐视网站开设百度影音专区,实现了双方的资源互补。

第六是视频网站与衍生行业和其他相关行业的合作。网络视频产业的衍生产业是能够延伸某一视频内容品牌价值的产业,如动漫业和网游业等。视频网站与电子商务行业的合作,是目前网络视频内容产业与其他行业跨界合作的典型。2009 年优酷网就与淘宝网合作,共同推出了“视链”技术,也就是“边看边买”服务,即在收看视频的同时,如果发现心仪的商品,可以直接点击实时购买,这样就将视频内容与购物行为结合在一起。而乐视网也与京东商城、苏宁易购、淘宝、好乐买等电商企业合作,共同推出了视频化的网络购物方式,开启了网络购物新体验。

另外,视频网站还与房地产企业、教育行业、文化旅游行业合作,它们以各自的优势资源开发交叉业务市场。比如优酷早在 2008 年就与搜房网达成了合作,在 2013 年还与 Udacity 联手推出了优酷公开课学堂、TED 课程以及泰学传媒,从而开启了 MOOC(“慕课”)时代的教育革命。这种跨界合作,充分发挥了网络视听平台在促进产业升级以及信息化和工业化深度融合中的作用,引导要素资源向实体经济集聚,推动了社会生产方式和发展模式的变革。同时,这些实践也有助于为创新网络化公共服务模式积累经验,提供优化路径。

三、网络视听产业价值网的版权开发之变

2011 年以来,视频网站制作 IP 剧大行其道,而 IP 一词也由最初的知识产权、知识财富之意向流量明星、著名故事、新闻事件等扩张,其核心语义也由重知识产权,向重市场流量和粉丝数量转变。在一定程度上,IP 剧热播促进了用户对优质内容主动买单的行为,且由于受众的加持,IP 剧在制作市场上也更容易融资。对影视资本而言,利用成熟 IP 开发影视剧,即首先意味着有稳定的市场收益和预期回报。

除此之外,IP 可持续的经济价值开发潜力也是不容忽视的。一个优质的 IP,运作良好可以开发出许多周边衍生产品,如动画、游戏、舞台剧、书籍、玩具、礼品、电商产品等。2015 年暑期热播的电视剧《花千骨》,就在视听内容基础上推出了同名“手游”,月盈利甚至达到了 2 亿元。

但是,偏执地热衷流量 IP,也带来了影视作品原创精神缺乏、现实关怀弱化、娱乐

精神过度的弊端。IP 市场的不成熟使得一旦某部作品取得较好的收视率,影视制作公司就会扎堆拍摄此一类型的剧集,阻碍了电视剧创作生态的多元化和可持续发展。此外,行业中因利润分配不均和监管不到位等问题引发的 IP 产权之争也屡见报端,例如热播剧《芈月传》就曾陷入原创小说作者和制作方关于编剧地位的争议中,这也是电视剧行业版权混乱的一个缩影。对原作的改写方法、署名、导演改动剧本等问题,近年来都有争议发生并时有对簿公堂的现象出现。另外,一个大 IP 被好几个制作公司制作成各种不同版本的电影、电视剧,一个 IP 推出不同版本的改编剧本,也造成了对原 IP 影响力的竭泽而渔,改编得好并能对原 IP 形成内容延伸和资源反哺的案例极为罕见。

基于上述现象,推动视听产业特别是其中的互联网影视公司,从关注 IP 到向"Franchise 授权模式"转型,成为解决目前 IP 乱象的可行途径之一。所谓"Francheise 模式",是指特许经营权拥有者以合同约定的形式,允许被特许经营者有偿使用其名称、商标、专有技术、产品及运营管理经验的商业经营模式。特许人和受许人之间是一种契约关系,受许人向特许人支付一定的费用,特许人允许受许人使用自己的知识产权,受许人对其业务进行投资,并拥有其业务。

视频网站可以向个人或者组织购买某网络小说的特许权,将知识产权等无形资产转让到自己名下;视频网站则付出加盟费和使用费,并对特许人的品牌等无形资产做出评估,与其他组织和个人签订知识产权开发合同,视频网站利用较高的品牌知名度,选择合适的影视剧开发,形成自身的特色。在特许经营中,特许人可摆脱资金、人力资源等各方面的限制,迅速扩大品牌的影响力,使自身的收益大幅度提高。

目前视频网站无论是 IP 自制剧还是对衍生品的开发,都是对 IP 的一种重复利用和消耗,缺少一种 IP 内容反哺叙事能力的培育。在"Franchise 模式"下,视频网站对 IP 影片的反哺能够对 IP 经典形象再造提供丰富的可能性,促进一度边缘化的 IP 形象再度走红,比如《西游记》是广为人知的经典作品,但对它进行全新演绎的《大话西游》使其再放异彩,《大话西游》具有完全不同的故事走向和现代含义。再比如影片《X 战警》的前传《金刚狼》,时间点开始于金刚狼被植入金属骨骼之前,影片中加入了金牌手(Gambit)与死侍(Deadpool)等多位角色,极大丰富了金刚狼的形象,提升了对原作人物形象、故事结构的反哺能力。

第五章　网络视听产业价值网的运行机制

在“互联网+”环境下，传统视听内容生产与传播面临着资本环境之变、技术环境之变、市场环境之变、审美环境之变、管理环境之变的系统性调整。以内容版权为核心价值节点，网络视听产业价值网重组了影视生产的信息流、资金流和物流（如电子商务、文旅票务服务等），使互联网经济从以“消费型互联网”为主，转向以“消费型互联网”与“工业型互联网”并重，并对涉及影视生产的核心要素产生了支配性影响和作用。就视听内容的生产、传播和管理而言，网络视听价值网的目标导向、整体依存和价值分层特点，使“三流合一”“虚实结合”“互动合作”的产业发展模式成为新时代视听产业的主流。

一、网络视听产业价值网的“三流合一”

网络视听产业价值网中的“三流”分别对应信息流、资金流和物流，它们是价值网内各主体围绕内容展开交易活动时必然出现的运行要素。网络视听内容产业中的信息流包含两个方面：一是网络视听内容，即视听节目。二是网络视频用户的数据信息。网络视听产业属于传媒业的范畴，其生产和传播的内容产品属于精神层面的消费商品，是信息的一种。在网络视听产业的经济活动中，内容产品流是主体资源，而内容产品属于信息产品，因而可以说信息流处于网络视听内容产业价值网中的核心地位。视听网站与各内容提供方通过信息（即内容）的交易创造收入，比如电视台将某一节目的网络播放权售卖给某些视频网站并从中获利，或者视频网站从影视娱乐制作公司处采购内容版权，或者以给予其收入分成的方式从用户那里获得优秀的原创内容，借此提高用户观看次数和注册会员数量间接获利。以此来看，信息（网络视听内容）本身是可以通过交换兑现成收入的，这就打破了以往仅仅将信息作为注意力资源进行二次售卖的局限。

网络视频用户的数据信息即内容消费者的数据信息。由于网络的强交互性，原来网络视频的观看者变成了视频内容的消费者,由此视频内容消费者的信息也汇流成为用户信息数据库。数据分析公司或视频网站“数据中台”,通过对用户信息的综合分析,来深入挖掘和分析用户数据背后隐藏的价值。综合以上分析可以看出,网络视听产业价值网的信息流,内含了视频内容商品流和网络视频用户数据流的汇聚行为。

资金流是网络视频内容产业价值网保持恒久运行的动力与源泉。只要有交易存在,就有资金流的存在。版权交易、广告交易、会员付费、用户分成计划,还包括获得视频内容分销渠道的应用和技术支持等交易活动,以及与电子商务平台等的跨行业合作,无不包含着资本和货币的流动。

物流在传统媒体产业生产经营活动中的作用相对较小,但在网络视听产业价值网体系中,基于视频网站和电子商务网站共同打造的实体商品交易平台,基于广电媒体和党务政务部门共同构建的电子政务平台,使以物联网为支撑的物流系统成为其中必不可少的关键部分之一。物流系统发展到智能化阶段便是物联网,物与人、设备和运输系统相连,并借助泛在化的网络和大数据支持,使用户、网站、电子商务、广告商、政府机构等行业主体有机结合起来,形成一条由视频节目播出、党务政务服务、商品多元选择、后台响应中心、物流配送与售后服务等几部分构成的产业链。比如多家视频网站与电商网站共同推出的“视链”业务,网络广播电视机构搭建的智慧社区服务平台、县级融媒体中心等,都使得新条件下信息流、资金流与物流呈现出“三流合一”的趋势。

而视频网站(包括网络广播电视台)作为信息(视频内容)产品和服务的集成平台和价值枢纽,在与其他行业有机融合的基础上,也可实现相互间的优势互补和利益均沾。随着移动互联网技术的提速、扩容、降费,网络金融服务、网络健康服务和网络教育服务、社区养老服务等,也会得到更广泛的推广和普及。届时,完整的视频生态系统,会使信息流、资金流和物流进一步统一于视听网站,更扎实地实现网络视听产业价值网的“三流合一”。

二、网络视听产业价值网的“虚实结合”

“虚实结合”也是网络视听产业价值网运行机制的一个显著特点。网络视听产业与一般经营性产业不同,它的物质产品属性,往往叠加着意识形态属性和文化价值属性。其生产和交易中不仅会耗费大量的人力、资金,动用许多的制作、传输设备,还要接触社会观念、审美体系、网络舆论等许多意识形态领域内约定俗成或明文规定的规则。因而从这个意义上说,网络视听产业内的参与主体所从事的既是经济活动,也是精神活动。网络视听产业主要是以信息产品(即视听内容)作为交易和消费对象的,其中也涉及与电子商务、电子政务和文化旅游等有关的业务,无论是前者自身,还是前者与后者的捆绑运行,都体现出视听产业价值网在"虚实之间"运行的复杂状况。这也源自于文化产业概念本身的复杂性。

文化产业是中国21世纪市场经济发展中最显赫的词汇之一,它不但折射了人们对文化概念的认知转变,同时也反映了人们对产业经济概念适用性的时代理解。将文化视为产业,并将其作为拉动中国经济未来发展的支撑点,一个重要的理论基础是20世纪80年代中期李向民提出的"精神经济理论"。李向民认为,随着人类科学技术的迅速发展,物质生产的丰裕程度不断提高,物质消费产品也将随之进入"过剩经济"时代,人们的消费结构也将由此发生从物质产品需求向精神产品需求的大转变。一切基于情感、智慧与知识的创造性活动都将在这一背景下,成为保持一个国家国民经济持续发展的主要力量,而由其结集并汇拢形成的产业也将把人类社会带入一个迥异于物质经济时代的"精神经济时代"。① 所谓精神经济,在他看来,即是指精神产品(包括哲学、宗教、科学理论、科学技术、文艺作品等)的生产再生产活动,它包括生产、传播、消费三个基本环节,是人类社会生活中非常重要的一个方面。②

在李向民的理论观照里,社会产品是由"精神产品"和"物质产品"两大类构成的,每一类产品都各自有着各自的"物质形式"(或说物质载体)和"精神内容"。由此出发,他将所有精神产品和物质产品的"物质形式"称为"准精神产品",将所有精神产品和物质产品的"精神内容"称为"泛精神产品"。人们在讨论精神产品时,容易出现的倾向往往是先将其限定在"准精神产品"层面,但在深入讨论时又不自觉地跨进"泛精神产品"层面。为了给精神经济学的研究对象界定一个更为清晰的域畴,李向民提出了一个与众不同的研究概念——"准精神产品的精神内容",换句话来说,也就是精神产品和物质产品的"物质形式"的"精神内容"。在这个貌似合理的推论背后,其实隐藏着一个极为荒诞的逻辑界定问题,那就是如何区分"准精神产品的精神内容"和"泛精神产品的精神内容"的问题。如果将这个问题按理论提出者的观点进行还原,那么我们将得到一个十分乖舛的对等表述:"精神产品和物质产品的物质形式的精神内容"如何区分于"精神产品和物质产品的精神内容的精神内容"。这无异于在玩文字上的智力游戏,其实还是没有从本质上解决精神产品的"精神性"如何框定的问题。

---

① 李向民.精神经济[M].北京:新华出版社,1999:31-61.

② 李向民.精神经济[M].北京:新华出版社,1999:31-61.

除此之外,网络视听产业价值网内的各种交易平台也是虚实兼备的。网络视听市场的虚拟化是指在价值网内存在着无形的市场交易平台,这个交易平台是一个支持买卖双方交换信息产品(即内容)的数据系统,交易双方通过在线金融这种虚拟化的支付手段实现资金和信息的流动。比如会员付费观看视频就是一种典型的虚拟交易,视频用户注册成为视频网站的会员,并通过支付宝、微信、话费等方式进行在线支付后,就可以立即享受各种会员独有的特权,比如免费观看更多高清视频内容等,此时资金流与信息流(即内容)实现了实时的互动。

另外一个虚拟交易的例子,是用户在观看视频时下单购买商品,这种视频网站与电子商务的合作也是十分典型的虚拟交易类型,这也体现了信息流(内容流)、资金流和实物流三流融合互动的特点。当然,在网络视听产业价值网内也存在大量的有形交易平台,对于企业之间存在的版权交易、广告交易等还主要是在有形的交易平台上进行,不过目前已有学者提出构建"内容银行"的设想①。这种内容银行是虚拟与实体市场的结合,既有在线交易网站,也存在实体交易大厅,目前已有一些媒体机构开始了这方面的尝试,内容银行或将成为未来视听内容产业交易运作的主要形式之一。

三、网络视听产业价值网的发展趋势

"互联网+"战略和产业融合语境,叠加5G移动网络、云计算和大数据技术,使网络视听产业价值网的参与主体变得越来越广泛,同时,产业价值网内部也更讲究内容生产、传播、分销上的分工与合作,市场主体间的关系也因此充满了"竞争—合作"的张力。

广义的网络视听产业价值网,包含了大量有关网络视听内容生产、加工、分销、集成,以及与此有关的其他行业主体,这些主体来自但并不限于传媒业、电信业、终端设备制造业、信息技术产业和文化产业。随着用户对网络视听内容个性化、移动化、微型化追求的不断提高,网络视听内容生产与再加工面临的更新换代要求也越来越频繁、越来越高。在这种趋势下,网络视听内容生产、集成与分销企业不得不利用多种方式和途径,想尽办法提供越来越多、越来越丰富的类型内容供用户选择和消费。

这一方面加大了视听内容生产商使用更新的、综合文化元素的可能性,另一方面

---

① 韩平,刘小路.内容银行构建对我国数字内容产业发展的必要性研究[J].北京工业大学学报(社科版),2015(1):28-34.

也使更多小众化的内容分类寻找到生存空间并不断成长，伴随着网络市场长尾效应，这些小众化分类会不断延伸，最终累积成超过头部市场的庞大尾部市场需求。这一状况的存在，为众多互联网创业公司和小型影视制作机构提供了发展机会和创业创新空间。

除此之外，随着各种社交媒体、购物网站的不断出现，网络视听的传播渠道也会越来越丰富，用户对观看网络视频的体验要求也会越来越高，这为从事网络视频技术开发的公司提供了机会。可以预见的是，网络视听内容制作方、播映平台、媒体机构和互联网技术公司的合作需求会越来越强，尤其是在 5G 技术条件下，没有哪一家内容制作者和播出平台可以解决所有的技术难题。网络视听产业价值网内将会频频上演多行业互相交织融合的场景，并且从整体产业结构上促使各参与主体强化生态观念，发生更有机、更紧密的联系，最终带动整个产业价值网的增值和竞争力的提高。

伴随上述趋势，国内网络视听市场各要素、主体、资源间的互动将更加频繁，“合作—竞争”关系将成为主流。近年来，视听内容市场已经发生了很大变化，产业升级促使原有价值链解构，价值网体系逐渐形成并在发展、调整中完善。激烈的市场竞争推动着网络视听产业价值网的分合演进，也促使价值网内各主体由原先单纯地强调竞争关系，逐渐向“竞争+合作”的关系发展。

网络视听产业发展初期，市场上大大小小的视频网站数量众多，然而随着竞争的加剧，到 2012 年之后大部分小型网站都被淘汰或被兼并，大型视频网站逐渐壮大。当视频网站结束了群雄逐鹿的战国时代，进入到稳定的“三国”时期，其关系及情形都会随之发生巨大变化，彼此间胶着、缠斗，既竞争又合作，恐怕将在很长一段时期内成为常态。

在此新常态下，产业价值网内各主体会越来越深刻地意识到彼此间“竞争+合作”的重要性。我们前面已多次提及网络视听产业价值网的系统性、整体性和协同性生态特点，纵观视听产业价值网的演进路径，从网站间的兼并收购、合纵连横，到广电媒体、电信企业介入其中，开办网络广播电视台、举办 IPTV 或合作创生新业务，这些行为都将之前彼此隔离的行动主体卷入了一张无形的大网中。参与主体如果不因循价值节点的流动，主动调整行为方式和应对模式，在新常态下依然困守孤岛，将会被整个产业体系的疾流所吞噬和抛弃。

随着博弈的进行和深入推进，网络视听产业价值网的自适性功能会更加成熟和完善。网络视听产业价值网是一个复杂的自适应系统，它最重要的特点就是自我调整功能。换句话说，就是网络视听产业价值网中的各个主体在与其所处的市场环境，以及与其他主体的竞合互动中会不断学习、演进，并根据在交流过程中获得的经验不断调整、改变自身的结构和行为,从而催生更加完善、高效的价值网运行系统。也就是说,网络视听产业价值网的结构不是一成不变的,而是随着市场环境、技术条件、各主体间的博弈、政策和制度因素的改变,在解构与重构中不断丰富着、演进着的。

四、网络视听产业价值网的经验启示

对于业务前景和发展空间巨大的国内网络视听市场而言,价值网体系提供的第一个经验,就是对于内容能力匮乏的小微企业而言,可以通过实施战略外包来优化自身的资源配置。这一点对于县级融媒体中心建设同样适用。

随着我国网络视听内容产业的分工越来越细致,参与的主体也越来越广泛,各类中小微网络视频企业纷纷进入该行业中。从当下网络视听产业的整体格局来看,较成熟的网络视听企业和服务商已在技术、资金、规模、品牌上占尽先机,这事实上为一些后进入的中小微网络企业,设置了较高的行业门槛。但从整体生态的新陈代谢来讲,完全杜绝新鲜血液的注入无疑是不行的,基于这一现实矛盾,新兴网络视频企业——尤其是县级融媒体视频制作企业,可以借助外脑,在初始阶段实施战略外包,而自身只专注于制度打造和分发细节的集控。对于非政府背景的视听网站,则可以考虑以工作室制度,将节目制作外包给大学生视频创作团队,在节省成本的同时也可以获得更富有创意、更贴近青年需求的内容产品。

另外,中小视频网站可以通过组建战略联盟来增强自身的议价能力,为培育核心竞争力赢得时间。随着网络视听内容产业中博弈态势的深入发展,越来越多的中小网站意识到只有协作才能生存,围绕内容版权和议价话语权组建各种战略联盟越来越常见,如各家视频网站纷纷签约自己的优秀拍客、原创导演、主持人、歌手、演员团队,并助其成立工作室,买断其制作的内容资源。腾讯、搜狐、爱奇艺三方建立的“视频内容合作组织”,“易视宝”与乐视网、PPTV 等的合作,也体现出这一倾向,只不过它们的竞争对手是更为强劲的传统影视制播机构。尽管“内容为王”在网络时代遭遇到了“渠道为王”的挑战,但从长远来看能支撑起一个媒体的还是内容。从这一角度来讲,围绕视听内容的创作、生产、版权交易和行业规制组建战略联盟,将成为今后一段时期网络视听企业增强自身核心竞争力的有效途径。

在盈利模式上,在价值网络交叉点处寻找新业务模式,进而实现盈利途径的扩展,也是网络视听产业价值网体系能提供的经验之一。从目前我国网络视听产业商业运作的状况来看,盈利模式较单一是其存在的主要问题。因此,挖掘更多盈利点成为提升我国网络视听产业整体价值的关键。随着越来越多跨行业企业进入这一价值网体系,在企业主体的融合交互中寻找新的衍生业务种类的机会,并以此谋求新的盈利空间,创生新的商业模式,将变得更加重要。实现跨行业合作,是主要趋势之一。

十九大后,随着“剑网”“秋风”行动的推进,我国网络视听产业的发展在秩序、规则建设上取得了许多进展,网络视听环境变得越来越成熟和完善。在此过程中,各市场主体间的互动交流也愈加频繁,信息流、资金流和物流的结合也更加复杂和紧密,这促使网络视听产业原有的价值链体系迅速向价值网体系过渡。但这一过程若想顺利进行,还需要各参与方积极树立生态共享理念,以更加开放包容的姿态投身其中,推动共建共治共享格局早日形成。

第六章　价值网视阈下的“媒-信产业”概念及其发展

“媒-信产业”是媒介融合和信息产业向价值网体系转型的背景下,以视听媒体的内容优势为高地,以电信企业和互联网企业的渠道优势与用户优势为基础,以内容、网络和服务的一体化发展为方向构筑起来的信息技术文化产业种类。2013 年 8 月,国务院印发《关于促进信息消费扩大内需的若干意见》(国发〔2013〕32 号),扩大信息消费、全面推进三网融合、加快建设“媒-信产业”,成为“意见”强调的核心内容。4G 技术和移动互联网的兴起,不仅使蹒跚三年的“媒-信产业”在 2013 年进入以探索市场机制、壮大产业规模、激发主体活力和提升产业建设效益为目标的推广阶段,也使“媒-信产业”向大 ICT(信息—传播—技术)产业发展的方向变得明晰。围绕技术融合、业务融合、市场融合和监管机制融合,“媒-信产业”以 2013 年为节点,进入一个从单一到多元、从业内竞争到业外竞争、从模糊评估到精确评估的发展阶段。

一、“媒-信产业”概念的形成与提出

将信息内容服务和电信传播服务打通,尤其是将二者的优势资源整合在一起,做大做强中国 ICT 产业,一直是国家有关管理部门的夙愿。这在 20 世纪 90 年代的国务院机构改革与职能转变方案中已有所体现。1998 年 6 月,国务院根据第九届全国人民代表大会第一次会议批准的国务院机构改革方案和《国务院关于机构设置的通知》(国发〔1998〕5 号),对中央政府组成部门进行合并重组。在这次机构改革中,1986 年成立的广播电影电视部(根据第六届全国人民代表大会常务委员会第十四次会议审议通过的《全国人民代表大会常务委员会关于将广播电视部改为广播电影电视部的决定》组建)改组为新的国家广播电影电视总局。

在国务院办公厅发布的《关于印发国家广播电影电视总局职能配置内设机构和人员编制规定的通知》(国办发〔1998〕92 号)中,对新组建的国家广播电影电视总局的行政监管职能进行了调整。其中,职能调整方案的第一条即为“划出职能”,提出

“将原广播电影电视部的广播电视传送网(包括无线和有线电视网)的统筹规划与行业管理、组织制订广播电视传送网络的技术体制与标准的职能,交给信息产业部”。这是国务院首次从传输网络建设和产业协调角度,对广电业和电信业所具有的信息传播共性进行整合尝试。尽管该文件没有明确“媒-信产业”一体化发展的提法,但其显示出的改革方向是明确的。

但由于各种各样的原因,尤其是出于对广电媒体行业所具有的意识形态属性的担心,国务院办公厅于 1999 年 9 月下发了 82 号文件(即《转发信息产业部、国家广播电影电视总局〈关于加强广播电视有线网络建设管理意见〉的通知》),其中一个重要变化是提出了电信部门不能经营广播电视业务,广播电视机构也不要涉足电信业务的意见。经过这一曲折,媒介融合的推进进程被延后,同时也给刚刚起步的媒体、电信业跨界发展增添了阻力。“在随后激烈的讨论中,政府高层顾及广电网的特殊性,尤其注意到信息传播的安全性、舆论引导的重要性,于是搁置了这种替代性融合的思路。”①

此后,经过长期讨论、观察和酝酿,2010 年 1 月,国务院向全国各省、市、自治区人民政府下发了《关于印发〈推进三网融合总体方案〉的通知》(国发〔2010〕5 号)。在该通知中,推进广电、电信和互联网三网融合作为党中央、国务院部署的重大战略决策地位得以明确。根据国际金融危机后我国经济面临的持续增长困难,“通知”提出:推进三网融合不仅是我国当前和今后一个时期应对国际金融危机的重大举措,也是培育战略性新兴产业的重要任务。

在这一文件的推动下,再加上各地三网融合步伐的加快,2013 年 8 月,新一任国务院领导机构向全国各省、市、自治区人民政府和国务院各部委及直属机构印发了《关于促进信息消费扩大内需的若干意见》(国发〔2013〕32 号)。扩大信息消费、推进三网融合、促进媒体和电信业发展,全面创新服务业态,增强市场竞争意识,成为国发〔2013〕32 号文件强调的重点。为充分发挥信息消费在改善国民经济产业结构中的作用,《关于促进信息消费扩大内需的若干意见》第六条明确提出:“全面推进三网融合。加快电信和广电业务双向进入,在试点基础上于 2013 年下半年逐步向全国推广。推动中国广播电视网络公司加快组建,推进电信网和广播电视网基础设施共建共享……鼓励发展交互式网络电视(IPTV)、手机电视、有线电视网宽带服务等融合性业务,带动产业链上下游企业协同发展,完善三网融合技术创新体系。”②

这一文件的发布,使蹒跚多年的广电业和电信业间的业务合作与市场开放问题在

---

① 黄升民.三网融合:构建中国式“媒·信产业”新业态[J].现代传播,2010(4):1-4.

② 国务院.关于促进信息消费扩大内需的若干意见(国发〔2013〕32 号文件)[EB/OL].(2013-08-14)[2019-07-08].http://www.gov.cn/zwgk/2013-08/14/content_2466856.htm.

2013 年重燃希望,并逐渐进入以探索市场合作机制、壮大产业规模、激发主体活力和提升产业效益为主的全面深化建设阶段。围绕终端融合、技术融合、业务融合、市场融合等中心环节,广电媒体和电信业间的协同发展以 2013 年为节点,进入一个新的跨业发展的合作与竞争阶段。

2014 年 11 月,经过竞标,中央电视台与中国移动通信公司达成合作协议,双方借助手机终端应用软件(App)的预装,实现了广电媒体内容优势与电信企业用户规模优势及渠道平台优势的互补。在未来的市场运营中,凡经中国移动出售的合约手机,均将预装央视新闻和央视影音两个终端应用软件。2014 年 10 月,央视新闻的 App 订户总量为 4,400 万户,与中国移动通信公司签署合作协议后,央视新闻和央视影音两个 App 的总装机数量在 2017 年达到 5.2 亿用户规模左右,从而极大延展了中央电视台在新媒体和移动视频领域的影响力。此前,2011 年 6 月,中央电视台和中国移动通信公司已就共建中国手机电视台达成了战略合作协议。

对于双方在三网融合条件下率先突破行业壁垒,实现媒体和电信业融合发展,共建手机电视台的举动,中国移动通信集团时任领导在 2011 年签约仪式现场致辞时表示:“这标志着双方在流媒体手机电视领域的战略合作已经全面展开……本次合作对中国移动和中央电视台而言都具有十分重要的意义。双方的合作顺应了三网融合的发展趋势,必将进一步促进我国文化和通信产业的繁荣、提升双方在移动互联网领域的竞争能力、扩大无线新媒体的传播能力,更好地满足广大客户对优质信息服务的需求。”

与中国移动公司的这一表态相类似,中央电视台领导也在致辞时表明了对广电业和电信业跨越行业壁垒、开展市场合作的信心与期待:“在媒介融合的大背景下,中央电视台通过中国网络电视台这个平台,与中国移动开展战略合作,通过共同设立合资公司,联合建设运营中国手机电视台,是顺应三网融合趋势,运用双方资源,优势互补,探索建设和发展新媒体的重要举措,也是中央电视台加快新媒体领域产业布局,推进传统媒体与新媒体并重发展的战略机遇。”①

二、“媒-信产业”的建设目标及业务模式

所谓“媒-信产业”,就是指行业壁垒逐渐模糊、产业关联性极大加强、媒体价值链

---

① 中国网络电视台.CCTV 与中国移动签署战略合作框架协议 联合运营中国手机电视台[EB/OL].(2011-06-30)[2019-07-08].http://jingji.cntv.cn/special/mobileTV/01/index.shtml.

得以拓展延伸、商业运营模式得以更新的媒介、通信一体化产业。其直观表现则是独立专业平台向综合性服务平台的转变，以及依托平台衍生出的互联网“云电视”、VoIP、IPTV、动漫游戏、移动视频、定位 LBS、移动银行和 OTT（Over The Top，指服务商绕开运营商直接向用户提供服务）通信等增值业务。简单说，“媒-信产业”就是借助 $3G^+$技术及下一代宽带网（NGN+NGB+NGI）实现的 ICT（Information and Communication Technology）产业及内容产业。

（一）广电业和通信业面临的挑战

“媒-信产业”是基于第五次信息技术革命形成的产业形态。语言、文字、印刷、电报电话和电视等前四次信息技术革命，改变的是人类社会的信息传播方式，本身只表现为材料介质的进步而非经济形态的革命，但以计算机和互联网技术为标志的第五次信息革命，则从信息介质和经济形态两方面同时改写了信息社会的基石与框架，网络是生产力，同时也是生产关系的观念为越来越多的事实所证明。“媒-信产业”即是其中之一。

2012 年中国互联网数据中心的调查数据显示，电脑、电视、平板和手机的周使用时长分别为 12.6 小时、9 小时、8.3 小时和 7.2 小时，依托网络和手持终端观看、传播的网络视频日均收看时长和周均观看次数分别为 1.8 小时和 5.53 次，已全面超越传统电视 1.68 小时和 5.4 次的观看时长和频次。2013 年国家新闻出版广电总局发展研究中心推出的《中国视听新媒体发展报告》印证了这一判断：受个人电脑、平板电脑、智能手机的冲击，北京地区的电视机开机率从 70%下降至 30%。这一结果在基本面上说明了电视媒体在最核心的视频竞争领域，也正面临着丧城失地的危险。

与广电业类似，通信业的基础话音业务 ARPU 值（单用户月均收益）近年来也处于不断下降的趋势当中。从 2001 年至 2012 年，其话音业务 ARPU 值下降了超过 50%，月收益从 104—134 元降到 47 元以下 。加上 2012 年后 OTT 业务的崛起和通信市场内运营商竞争的加剧，逼迫广电媒体和通信业不得不在建设下一代宽带网的同时，寻求基础音视频和话音业务之外的拓展空间。“媒-信产业”恰是广电媒体和通信业在各自核心业务领域之外，寻找市场增长空间的聚合通道。

以移动互联网为依托，打破门户壁垒，推进“媒-信产业”建设，是世界各国应对行业危机时的共同办法之一。2010 年，美国、欧盟、日本、巴西和俄国在原有支持计划的基础上，先后推出了“国家宽带计划”“欧洲数字化议程”“日本新 IT 战略”“全国宽带计划”和“信息社会计划”。其重要目的之一即在利用媒体和通信技术的进步，加快“媒-信产业”的聚合、快速发展，并以此作为维持社会经济可持续增长和抢占移动互联网时代世界信息产业高峰的手段。

事实上,自20世纪90年代开始,欧美信息产业发达的国家就积极利用媒介和通信技术的进步,推动信息服务业由"信息的互联网"(新闻门户网站为主)、"娱乐的互联网"(网络游戏和音乐为主)和"商品的互联网"(电子商务)①向"生活的互联网""服务的互联网"(智慧生活、社会服务和政务服务)过渡。"媒-信产业"的发展方向与这一趋势正相吻合,尤其是在进入以生活服务为主的泛在网、智能化阶段之后,其高度介入生活、构建生活、拉动经济增长和促进文化服务业升级的功能会越发突出。业务交叉、渠道汇融、资本聚合、受众跨界,是由低级业态向高级业态发展的必然规律,也是移动互联网环境下受众消费由单一信息消费向综合信息消费过渡的表现。

无论进程的快慢,以大ICT产业为发展方向的"媒-信产业",在移动互联网时代已越来越多地表现出三个不可逆转的趋势和特征:一是不断融入的云计算、物联网、"智慧城市"和"智慧生活"等新概念,从客观需求和主观认识上不断强化了媒介和通信产业一体化发展的必然性;二是利用技术进步和网络创新提供的个性化、多样化订制内容服务,正极大提升和改善着用户的消费品质、审美习惯和选择趋势,带动着媒介和通信业服务领域的交叉延伸;三是有线广电网和通信网的双向、移动和宽带化改造,加快了它们由专业服务平台向综合化信息平台的升级进程。与这些趋势相伴随进行的,则是媒体和通信业越来越模糊的产业边界与业务限定。

移动互联网和OTT业务的发展,使广电媒体和通信业都更加清醒地认识到在一个新媒体、新技术、新平台层出不穷的时代,没有什么独家资源可以永远垄断,也没有什么平台优势可以一成不变,所谓优势只存在于共享和合作之中,而不存在于封闭和僵化保守之中。借力三网融合和移动互联技术,围绕家庭需求、个人需求和当代人的移动生活需要寻求着力点,实现由"分"而"融"、由"融"而"合"的"媒-信产业"创新业务建设,是最为便宜可行的突围之道。

(二)"媒-信产业"的业务模式

围绕家庭需求、个人需求和当代人的移动生活需要寻求着力点,是"媒-信产业"选择业务的基本出发点,再加上对未来市场的预期,具备了聚合和交叉功能的移动视频业务、IPTV业务和互联网云电视成为"媒-信产业"谋求市场扩容的第一类切入口。移动视频业务、IPTV业务和互联网云电视,不但能使广电媒体拥有的内容资源、牌照管控与政策倾斜优势得以盘活变现,也可以使广电媒体和通信业原有的平台与用户优

① 工信部信息化推进司.泛在应用与创新——中国信息化发展报告[M].北京:电子工业出版社,2011:20.

势,同设备制造商、软件提供商形成衔接,从而改变产业链上下游脱节、错位的问题。订制生产、联合运营和签单结算的流水机制,再加上大部制改革的大背景,这一业务切入口也会为未来跨行业媒体集团的组建奠定商业和市场基础。

实际上,移动视频、IPTV 和互联网云电视业务的发展,不但强化着媒体和通信业的合作与分享意识,也在实际收入上给媒体和通信业带来了增长希望。2012 年广电有线网络产业收入 660.98 亿元,同比增长 17.24%,其中互联网云电视终端 2,000 万户,潜在收入 100 亿元。IPTV 业务 2013 年 5 月突破 2,480 万户,业务收入 15.8 亿元,同比增长 1.43 倍。通信业的非话音业务收入占比也持续提升,占到了全行业收入的 49.5%,其中以 3G 技术为支撑的移动视频业务用户突破 5,590 万户,业务收入 10.3 亿元,占到了行业收入的 14.6%,增速超过 30%。① 尽管这些业务的总量并不算很大,但相比困顿不前的分业业务,移动视频、IPTV 和互联网云电视表现出的良好增长势头,依然让它们成为现阶段"媒-信产业"寻求业务拓展的突破口。

随着移动互联网建设的提速,以方便、舒适、快捷和优质为特征的生活服务类增值业务,成为"媒-信产业"拓展市场的第二类业务切入口。这里的"生活服务类"不是指简单的信息送达、视频点播和快递物流,而是指与国际互联网发展第四阶段"生活的互联网"和"服务的互联网"相似的业务形态。"生活的互联网"和"服务的互联网"的许多功能,如支付业务、银行业务、定位业务、智慧社区功能、移动健康监控业务等,其核心理念是把媒体和通信终端变成综合信息服务平台,这与"媒-信产业"提倡的大 ICT 产业方向和交叉融合特征在本质上是一致的。江苏广电推出的视博云计算电视业务、智慧社区业务,北京歌华有线推出的电视缴费业务等,正是这一追求的体现。

对"媒-信产业"而言,业务的成功除了取决于用户规模的大小和内容资源的丰富之外,成功的商业模式也是其必不可少的保障。成功的商业模式是把内容、服务和消费者需求结合起来的有效手段,也是把运营商和付费方捆绑在一起的利器,同时,成功的商业模式还可以促进"媒-信产业"的资源流动和其他要素的科学配置,并可以在发展中成功地解决增值业务的汰劣和存优。

就目前的实践而言,"媒-信产业"的商业模式主要有三种:一种是广告盈利型商业模式,即通过向用户免费提供内容和服务,来培养用户的消费习惯,形成市场规模,进而吸引广告商投放广告获得利润,典型的业务类型如网页浏览、新闻客户端和免费移动视频等。第二种是内容售卖类商业模式,即通过对用户收取音视频内容视听费和

---

① 朱宏任.上半年工业通信业总体保持平稳运行态势[EB/OL].(2013-07-24)[2019-07-08].http://www.scio.gov.cn/xwfbh/xwbfbh/wqfbh/2013/0724/zy/Document/1338503/1338503.htm.

信息获取费获得盈利，典型业务如付费视频、手机动漫、IPTV 等。第三种是生活服务类商业模式，即指基本通信信息免费，但用户要为相关增值服务付费，典型业务如移动银行、智慧社区、定位服务 LBS 和移动健康监护等。

当然，“媒-信产业”的业务种类同以上三种模式并不是一一对应的关系，譬如江苏广电的互联网云电视业务、湖南广电的 DVB+OTT 业务、重庆联通的“宽带+节目源+电视机”业务等。但有一个基本趋势是共同的，即除了广告、点播和流量付费这些成熟的商业模式之外，多样化的生活类增值业务服务费，正在成为移动互联网时代“媒-信产业”新的盈利空间。这一趋势与其业务类型的切入方向及国际“媒-信产业”的变迁历程是相一致的。

三、“媒-信产业”的业务监管模式与路径

对于网络融合和信息消费环境下的“媒-信产业”监管问题，碎片化的分业监管模式，显然已经很难全面适应三网融合时代“媒-信产业”融合发展的需要。国务院在《关于促进信息消费扩大内需的若干意见》（国发〔2013〕32 号）中，明确将“整合多部门资源，提高共享能力”“深化行政审批制度改革”“加强法律法规和标准体系建设”作为深化三网融合条件下“媒-信产业”融合监管的基本路径。习近平总书记在 2013 年 11 月所作的《关于〈中共中央关于全面深化改革若干重大问题的决定〉的说明》中，也特别点明了面对互联网技术和应用飞速发展，现行管理体制存在的四大弊端——“多头管理、职能交叉、权责不一、效率不高”。为此，“说明”特别提出了“完善互联网管理领导体制……整合相关机构职能，形成从技术到内容、从日常安全到打击犯罪的互联网管理合力”①的要求。

为落实上述精神，2014 年 2 月，中央网络安全和信息化领导小组在北京成立，习近平总书记出任组长，国务院总理李克强和中央书记处书记刘云山担任副组长。同年 8 月下旬，国务院下发了《关于授权国家互联网信息办公室负责互联网信息内容管理工作的通知》（国发〔2014〕33 号），在重组国家互联网信息办公室的同时，明确将分散在工业和信息化部、国家新闻出版广电总局、文化部、公安部等部门的网络信息内容管理权向国家网信办进行集中。

事实上，“媒-信产业”改变的不仅仅是技术和网络，还有文化和社会生态。移动互联网条件下“媒-信产业”的监管，遵循以上思路和措施，可实行“三步走”战略：一是

① 习近平.关于《中共中央关于全面深化改革若干重大问题的决定》的说明[J].求是，2013(22)：19-27.

成立国务院下属的跨部委协调机构，二是强化推进实体机构的融合，三是打破旧有模式和管理体系，建立起机构融合、分层督导的新型监管体系。国家历次机构改革推行的“大部制”方案，在很大程度上就是在为实践这一构想所做的尝试。

除了实体监管机构可以借鉴国外的模式由隔变融之外，在三网融合和“媒–信产业”所涉及的法律与规章制度建设上，也可以借鉴国外的成功经验。目前业内起指导作用的原国家广电总局颁布的《广播电视管理条例》和工信部颁布的《电信条例》需要法律化。具体做法是以这两部规章为基础，融合其他相关法律条款的内容及专家建议，制定超越部门规章之上的更具公信力和权威性的国家法律，如《国家电信法》《广播电视法》等。在推动国家治理体系和治理能力现代化的背景下，完善“媒–信产业”治理的法律依据，推动其治理方式从单一行政治理向以法律方式治理为主的多元共治方式转型，是当下媒介融合和视听产业价值网体系建设中具有重要现实意义的一环。(见表 6–1)

表 6–1　“媒–信产业”监管体系的面向与层次①

融合的层面		目标	内　容
技术融合	网络	互联互通	实现三种网络的互联互通，确保所有的网络使用者能够无阻碍地共享所有网络资源与服务。
	业务	相互承载	依托电信网、广电网、互联网的各自优势，开展全业务。
管理融合	机构	统一监管	将传统的电信网、互联网与广播电视网等传输的信号均视为无差别的数字信号，统一进行监管。
	法律	横向规划	将对电信和广电的管制由“纵向分业”规制转向“横向分层”规制。
市场融合	内容	丰富多元	音视频节目、信息资讯及其他相关内容种类融合共生、激荡创新。
	企业	双向准入	有秩序、有步骤地允许有线电视和电信运营商彼此进入，推动终端产品融合，开发新的增量市场。

除了实体监管机构可以借鉴国外的模式由隔变融之外，在当下赋予融合工作协调小组以更多的实体职能，借鉴国外网络融合管制经验，从横向切割角度，对“媒–信产业”的技术层面、内容层面、终端设备层面和市场主体管理层面，进行分层+分业的“面/向”式管理，也是实现多因素制约条件下“媒–信产业”监管创新的可行路径。

① 温建伟，王厚芹.国际三网融合进程评价与启示[J].电视技术，2010(6)：113–115.

第七章　价值网视阈下的 IPTV 业务建设及其发展

IPTV，是一种利用宽带有线电视网基础设施，集互联网、多媒体、通信等多种技术于一体，以家用电视机、个人计算机和用户手机作为主要接收终端，向用户提供包括数字电视在内的多种交互式数字媒体服务的媒介形态。其最大特点是实现了内容提供者和媒体消费者之间的实质性互动，能根据用户的选择而主动配置包括数字电视节目、可视 IP 电话、DVD/VCD 播放、互联网游览、电子邮件以及多种在线信息咨询、娱乐、教育及商务等功能在内的媒体服务功能。从信息产业发展角度来看，灵活方便的交互特性、即时点播的时移功能和巨大的潜在受众群体与发展空间让 IPTV 成为助推中国广电、电信与互联网三网融合的最好切入领域。从国外及中国港台地区 IPTV 产业的发展现状与运营模式入手进行分析，并以此形成对中国内地 IPTV 新媒体产业发展、运营思路的拓展与启迪，无疑具有重要的现实意义。

一、国外及中国港台地区 IPTV 运营模式研究

从全球范围来看，国外及中国港台地区 IPTV 产业的发展大致经历了三个阶段：一是 2003 年前的萌生起步阶段，从西欧国家开始，亚洲和北美地区的产业运营商相继进入市场。这一阶段，产业用户整体规模增长速度缓慢，IPTV 业务的开展只局限于英国、法国、美国和意大利、瑞典等少数经济技术发达的国家和地区。二是从 2003 年到 2009 年的成长发展阶段，包括俄罗斯、捷克、波兰等东欧国家在内的欧洲市场开始进入全面调整部署时期，亚洲地区也有越来越多的国家开始 IPTV 的产业运营，北美以加拿大和美国为代表，产业发展出现起色，IPTV 新业务、新运营商不断产生，以法国 MaLigne TV 业务、英国 BTVision 业务、中国香港 PCCWCNG 业务、意大利 PVR 业务、美国 NexTV/U-verseog 业务等为代表的运营模式逐渐成形。三是 2009 年后 IPTV 产业的快速发展阶段，欧洲和亚洲在市场发展中起到引领作用，以西欧特别是法国为代表，IPTV 产业发展逐步走向成熟壮大。

(一) IPTV 产业发展特点

从总体上看,全球 IPTV 产业发展呈现出以下特点:一是在用户增长态势和分布趋势上,2006 年以后,IPTV 的用户增长从基数较小时期逐渐过渡到用户基数较大时期,增长幅度逐渐放缓。在保持总体数量上升的情况下,2004—2011 年全球 IPTV 的平均复合增长率保持在 76.9%左右。一些大国的发展和亚洲、非洲及拉美市场的启动,成为 IPTV 市场保持增长的重要推动力量。IPTV 产业区域发展的不平衡性有所改善,亚洲市场成长迅速,占到全球比例的 41%上下,北美及非洲市场也继续成长,总比例上升到 7%左右,但西欧仍然是全球 IPTV 产业发展最好的和市场竞争最激烈的地区,在法国、意大利、挪威、比利时、荷兰和德国等运营商的带动下,欧洲以 52%的份额继续占据全球 IPTV 产业发展的中心位置。全球发展的不平衡,除了各个国家和地区网络承载能力不同所造成的差异之外,运营商所在国家的市场环境、政策管制以及运营商自身应对问题的能力也是其中的重要原因。(见表 7-1)

表 7-1　国外及中国香港、中国台湾地区 IPTV 发展情况

国家(地区)		进入时间	主要运营商
欧洲	法国	2003 年	FranceTel、NeufTel、Free
	英国	1999 年	Kingston 通信公司、Video Networks
	瑞典	2003 年	Swisscom
	德国	2006 年	德国电信、Hansenet
	意大利	2002 年	FastWeb、意大利电信
	荷兰	2004 年	KPN、Tel2
北美	美国	2001 年	SBC、Verizon、RTC、Pioneer
	加拿大	2002 年	MTS、Sasktel Max、Aliant TV
亚洲	新加坡	2001 年	SingTel
	日本	2002 年	NTT、KDDI、Yahoo! BB、Itochu
	中国香港	2003 年	电讯盈科
	中国台湾	2003 年	"中华"电信

二是在市场运作上,随着市场规模的扩大,全球 IPTV 市场收入呈现上升趋势,但由于收入的增长速度比用户增长速度慢,ARPU(即每个用户月均贡献的业务收入)会逐年减少。2007 年,全球 IPTV 的 ARPU 为 394.56 美元/年户,2010 年这一数字降低到约 240 美元/年户,2017 年后这一数字已降低为 50 美元/年户。在资费标准上,由

于各地区 IPTV 产业发展的不均衡以及地区经济、技术、人口等因素的影响,差异化和多样式成为无可趋避的潮流,并逐渐形成以美国为代表的北美地区的 50—100 美元月费标准、以法国为代表的欧洲地区的 50 美元(30—50 欧元)月费标准和以中国港台及日本为代表的亚洲等地区的十几美元月费标准。与以上发达国家和地区相比,中国内地 2017 年约为 40 美元/年户,月标准为 2 美元左右。近年来在 OTT 业务(月租费 10 美元左右)的冲击下,IPTV 业务发展面临一定困难。

在业务内容的配置上,IPTV 运营商往往采取 Triple-Play 模式,将语音、高速互联网接入和 IPTV 服务模式融合在一起,与电话、宽带打包或捆绑,为用户提供一揽子服务;在满足用户对基本音视频需求的同时,也能满足用户对高端业务的需求。通过这种业务模式,套餐制成为多数国家和地区运营商所普遍采用的资费模式,按频道多少收取基本月服务费和按点播次数收费的单一模式逐渐淡出 IPTV 的运营市场。在此过程中,用户不但可以享受到各种业务服务,而且其综合性支出也在很大程度上得以降低。

三是在政府管制层面上,直接影响 IPTV 产业发展的管制模式形成三种基本形式,即按媒体考虑的管制模式、按广播业务进行管制的模式、按电信业务进行管制的模式。这三种模式并不是分别存在于不同的国家或地区,而是程度不同地交叉共生于同一国家或地区内部,只是在具体的政策调控和实施管理层面,各有侧重而已。从整体上说,凡是在管制模式上业务定义明确,政策具体、到位,环境宽松的国家或地区,IPTV 产业发展就会协调有序、态势良好,如法国、比利时、意大利和中国香港地区等。相反,如果是对 IPTV 业务界定不清,运营管制体系分列、政策环境严苛和行业标准混乱,则 IPTV 产业的发展就会受到较大程度的制约和影响,如中国内地和韩国等。

(二)IPTV 产业运营模式

IPTV 业务在全球的迅速发展,不但为传统的广电产业和电信产业发展注入了活力,同时也为新兴的网络媒体和技术公司提供了巨大商机。经过十多年的发展,IPTV 业务在全球逐渐形成了以下几种主要的代表性运营模式(见表 7-2)。

表 7-2　国外以及中国香港 IPTV 主要运营模式

运营模式	业务名称及运营商	运营方式	业务内容	资费标准
法国模式	Ma-LigneTV 法国电信	电信运营商与电视业务提供商以联合运营的方式开展业务，用户只需与电信运营商签订合同，即可享受包括电信与广电等在内的所有服务内容。	配备 ADSL 调制解调器、连接数字电视机顶盒，与 CANALSAT、TPS、Canal+等合作，提供无线上网、可视电话、实时电视、时移电视、VOD 点播等“一站式”服务，节目涵盖 80 个频道。	包月、套餐和自由选择模式相结合，每月付费 30 到 60 欧元（约 41—82 美元）。
意大利模式	PVR FastWeb	以电信固网运营为主，与主要电视频道签订合作协议，联合媒体公司等内容提供商主打视频业务，并逐步向话音、互动、游戏等混合战略迈进，目前其在国内的主要竞争对手是数字电视业务。	广播电视组播、点播业务，基于视频增值业务的个人视频录像、节目录制以及电子菜单业务，通过其 xDSL 和 FTTX 网络提供的基于 VOIP 的话音业务、视频通信以及网上游戏业务等；其节目包括 20 多个免费频道、40 个收费频道以及可供选择的其他节目。	用户除了每年缴纳 887 欧元的宽带基本费用外，每位节目订户还平均在电视节目上额外消费 315 欧元。基本月服务费用 20 欧元。
英国模式	BTVision Video Net-works	与包括美国华纳唱片、英国 EMAP、索尼 BMG 等在内的各大媒体公司和交互式产品公司——双向电视公司合作，发展迅速；但在总体上受制于政府向数字电视倾斜的政策，面临付费与免费数字电视的夹击。	向用户提供了基于电信网络的 IPTV 业务，有音乐视频、游戏频道、VOD 电视节目点播、视频录像（PVR）等，用户可以利用宽带网络获得大量的点播电视资源，同时开路获得 40 套免费电视节目以及其他付费电视节目。同时支持高清晰度电视格式。	与传统广播公司、天空卫视以及有线电视商相比，不收固定月租费，费用大约在每月 65 美元上下。
德国模式	T-Home 德国电信	电信运营商与付费电视节目提供商签定战略合作伙伴协议，利用地面电视、卫星电视覆盖面广的优势，合作推进 IPTV 业务的发展，网络和内容分别管理，融合性业务以广电管理为主。	利用电信宽带 VDSL 技术预订和接收节目，包括 60 个免费电视频道、视频点播、视频录像、网上电话、按用户需求供定制的个性化体育赛事实况报道、网络信息服务及其他付费频道等内容。	打包服务价格标准 60.84—90.84 欧元。
比利时模式	Belgacom TV 比利时电信西门子公司	电信运营商与技术公司、广电内容提供商等共同经营，与宽带网捆绑销售。其主要竞争对手是有线电视服务商推出的电话业务。	设有 classic+频道业务，包括 BBC、Discovery 在内的 61 个频道、足球以及主题频道等，同时提供 VOD 点播、个性化录像服务（PVR）、时移电视、互动电视（民意测验、投票选举、网络游戏等）、TV 在线服务（天气预报、房产报道、短信、政府公告等）、家长控制等业务。	普通业务实行包月，月收费 9.95 欧元，电影点播每部 2 至 3.5 欧元。

续 表

运营模式	业务名称及运营商	运营方式	业务内容	资费标准
美国模式	NexTV RTC	电话、电视、上网业务三合一,电信商可以进入 IPTV 产业,但在监管上仍存在广电壁垒,高质量的节目内容和针对性极强的频道设置是其进行市场竞争的核心手段。	含有 229 个电视频道和 45 个音乐频道,开通有 HBO、Cinemax、Showtime 等 30 多个付费频道,提供包括当地新闻、电影、音乐、节目导视服务和当地气象信息、社会信息等服务功能。	采取与电信业务相捆绑的套餐资费策略,按点播内容收费,资费标准 49.99 至 139.99 美元。
中国香港模式	Now 宽带电视 电讯盈科	与包括广电在内的多家内容供应商合作,实行内容托管制度,采用免费和付费相结合的运营方式,以传统电视收费业务模式进行管理,用户拥有较大的自由度和自主性。	拥有 110 多个电视和音频频道,包含电影、资讯、新闻、娱乐、音乐、体育、儿童等多个主频道和为数众多的子频道,内容丰富,其中很多频道为香港首播。除此,还开办有宽带信息服务项目。	方式多样灵活,费用多少视用户选择的服务内容和项目及组合多少而定,平均在每月 30 美元以下。

从以上几种具有代表性的 IPTV 产业运营模式分析可见,凡是运营状态良好、产业发展迅猛的国家和地区多具有以下特点:一是在政策制定和政府管理层面,以打破行业壁垒,实行多领域汇通融合的开放性监管为最终旨归,IPTV 发展最好的地区往往也是各种行业政策限制最少的地区,中国香港地区就是这方面的最典型代表。由于实行广电与电信相互融合的业务管理体制,中国香港地区没有专门针对 IPTV 产业发展的各种限制和监管政策,而只是将其作为收费电视业务进行普通监管,因此以电讯盈科为代表的 IPTV 产业得以迅速发展,中国香港成为全球 IPTV 业务普及率最高的地区,电讯盈科也成为目前全球最大的 IPTV 运营商之一。

以法国、德国、意大利、比利时和美国、英国等为代表的许多发达国家也都先后取消了广电行业和电信行业之间的不对称进入壁垒政策,使包括互联网在内的三方业务在统一的 IPTV 平台上实现了竞争、融合和共生的持续增长。韩国和中国内地 IPTV 产业经营恰与此相反,管制机构的分列,进入壁垒的对立使得必须跨行业发展的 IPTV 业务受到很大阻碍,难以顺利快速地推进。

二是在赢利模式的创造性建构方面,以捆绑式"套餐"服务和包月盈利方式为主体,辅配以个人选择自由度极大的点播式付费方式,分层搭建,种类多样,操作方式方便灵活。和中国内地相比,由于国外发达国家及中国香港地区长期实行电视付费接收方式,绝大多数 IPTV 电信运营商采取了与传统电视业务捆绑销售的产业发展模式,利用多重打包来吸引用户。它们以宽带入网手段将互联网、多媒体和通信功能集于一体,向用户提供多种类的交互式媒体与通信服务,ARPU 多在 30—50 美元之间,平均比国内 3 美元的收入高出 9—16 倍左右。

三是在产业链的打造上,平台运营商、内容提供商、产业监管者和终端设备供应商、应用技术支持商等产业主体展开广泛深入的合作。在 IPTV 新兴的产业链条上,电信运营商凭借巨大的潜在客户群体、先进的传输网络及其完善的收费渠道等优势,占据中心位置,而传统广电媒体作为内容提供商则构成产业链条上吸引用户的最关键环节。国外及中国香港的运营商目前采取的主要方式就是和一些著名的电视台、内容制作商签订各种内容提供协议,保证获得足够的和精彩的节目内容。中国香港电讯盈科在发展过程中就成功地吸引了 30 多家著名的内容供应商,开设了包括免费和付费电视在内的 100 多个频道,保证了节目的多样性和丰富性。法国电信则与传统的电视业务提供商 TPS、CANALSAT 和 Canal+等合作,通过联合运营的方式推出"电信电视套餐",为用户提供"一站式"IPTV 服务。美国最大 IPTV 运营商 RTC(Ringgold Telephone Company)公司则与包括 HBO、Cinemax、Showtime、Starz! 等著名的传统广播影视频道在内的 200 多家节目提供商合作开通了 34 个付费频道,并且有效地细分客户群,开发出了更加细化的付费节目内容。这种合作不但促进了 IPTV 运营商自身的发展,也为传统电视节目提供商,增加了新的业务增长点和用户群体。美国第二大 IPTV 运营商 AT&T 推出的 U-verse TV 业务,也是美国 IPTV 业务运营中的典型案例,其以"光速工程"技术为载体,采取 Triple-play 思路,与不同的宽带接入服务进行捆绑销售,实现了与不同服务商在具体运营中的共赢。

(三)IPTV 产业发展中的问题

从全球 IPTV 产业的发展状况来看,尽管许多国家和地区已渐趋形成了自己的运营模式,但由于各地具体运营环境的差异,来自政策、技术和市场等多个层面的问题壁垒并没有得到全部解决。首先,在市场准入和广电、电信及互联网的三网融合上,政策制定和行业管理等情况的差异,导致在如中国内地和韩国等地,IPTV 产业的发展仍然存在着三网业务无法实现顺利跨越的体制性障碍。在 IPTV 行业标准的制定和运营牌照的发放上,部门利益的对立状态使政策的制定在实质上陷入有令难行的尴尬境地,而 IPTV 的大规模商用也随之遭遇瓶颈性制约,因此中国内地和韩国的相关产业无法像中国香港地区和某些欧盟国家一样全面展开。在特殊的竞争环境下,IPTV 技术和业务甚至成为电信运营商和广电部门保护自己市场领地的一个重要手段,行业与部门间的竞争甚至远远超出二者间的合作和融合。

同时,即使在已经解决了市场进入限制的国家,问题也不是不存在。以美国为例,尽管从市场进入角度来讲,IPTV 产业发展的障碍并不存在,但其问题在于对 IPTV 业务所应该采取的管制政策和业务分类标准的不统一上。美国政府对电信业务、互联网业务和有线电视业务采取的管制政策完全不同,在 IPTV 应界定为何种类型的业务、应由谁来监管和如何监管上,都没有明确的说明,也就造成了有线电视公司和电信运营公司在 IPTV 业务归属和经营权"本地特许"上的歧义。电视公司认为 IPTV 业务为广电业务,电信运营商经营 IPTV 业务应受到本地特许的限制;电信运营商则认为 IPTV 应作为宽带数据业务,提供 IPTV 业务不需要申请本地特许。因此,虽然有宏观政策上的许可,但在具体执行的问题上却存在障碍。除此之外,IPTV 在美国的发展还遭遇过付费电视产业的强烈抵抗。

与行业管理和业务分类紧密相连的一个问题是 IPTV 所引入的内容管理。IPTV 服务电信业务和广电业务分类的模糊,导致在内容管理上,对由 IP 宽带网传输的音视频节目内容的监管意见出现较大分歧。如果它被视为信息业务,则管理上只需要对其内容进行监管,而如果被视为广电业务,则还需要接受有线电视节目管理的相关规定。在新的电视技术传送和宽带网络技术条件下,包括法国、英国、意大利和德国、比利时等 IPTV 产业领先国家都不同程度地存在着这一问题。从 2005 年欧盟布鲁塞尔会议报告发布至今,欧洲的 IPTV 发展才开始缓慢形成研究解决这一问题的浪潮。与此同时,在技术飞速发展、传播条件改善的情况下,如何对 IPTV 的节目内容进行版权保护,防止非法盗用和用户入侵也是一个亟待探讨的话题。

在技术标准和市场竞争问题上,IPTV 作为跨越多个行业的新生业务形态和媒介传播形态,需要多个部门和环节间的协调互动,但迄今为止,还没有在全球范围内形成一个令 IPTV 业务国都满意的统一性标准。同时,在业务内容的经营管理和市场竞争上,不同的 IPTV 运营商同质化竞争比较严重,在差异化竞争能力的开发和实践上还有很长的路要走。除了在节目内容和节目质量上进行提升之外,IPTV 产业在各个国家的应用与发展成功与否还要取决于各国具体的竞争态势,在宽带互联网发达,并能与有线和无线电视形成合作关系的国家和地区。三者间的联合会形成对 IPTV 产业发展的良好助推力量,使它取得业务竞争上的优势;相反,如果三者互相疏离甚至隔绝,则 IPTV 产业就很难有大的发展和突破。

二、中国内地 IPTV 产业发展模式研究

早在 2003 年 9 月,上海文广集团"东方宽频"就率先推出了 IPTV 业务,继上海文广之后,中央电视台也于 2004 年 6 月推出了"央视网络电视"业务,从这一年的下半

年开始，IPTV 在中国广电和信息产业领域内开始迅速升温。2005 年和 2006 年，国家广播电影电视总局先后为上海文广、央视国际、南方广电传媒和浙江广电集团下发了 4 张 IPTV 全国牌照和地方牌照。2007 年底，中国内地的 IPTV 业务用户规模已达到 114.2 万户，用户增长率接近 110%，IPTV 新媒体收入达 4 亿元人民币。

（一）中国内地 IPTV 业务产业链

从发行运营的角度来讲，完备的 IPTV 产业链由终端设备产业链、技术平台产业链和内容服务产业链等相互交叉的三条链条组成，但由于中国内地 IPTV 产业发展尚处于导入期，商业化操作和产业化运营才刚刚起步，这条产业链的实际运营轮廓可以相对简单地概括为内容提供商、内容运营商、网络运营商、设备（软件）供应商和最终用户等五个主要环节。

在 IPTV 产业链的上游，即内容提供上，以广电部门为主体形成的主导力量，承担着节目内容制作、运营标准化和运营监管的任务。国家广电总局下属的一切具有 IPTV 运营牌照的媒体单位都有权向运营商提供 IPTV 基础内容，直接从内容制作和出售环节中获取收益。它们把节目内容划分为电影、电视剧、新闻、纪录片、综艺访谈等不同类别，然后再按照同类节目内容质量的高低进行排序，对同类同级的节目以数量或者时长作为统一的度量标准向内容运营商出售。除此之外，内容提供商还可以根据点播的情况进行收益提成，以此适应不同地区和不同受众的特殊性或个性化需求。（见表 7-3）

表 7-3　中国内地 IPTV 业务运营代表地区

运营模式	业务名称及运营商	运营方式	业务内容	资费标准
上海	上海文广、上海电信、大宁公司等	以浦东模式为代表，上海文广负责内容的提供、集成、管理和播控及用户终端等环节。上海电信负责带宽改造、系统测试、内容传输，包括 EPG 流媒体缓存、内容流媒体缓存与分发，IPTV 认证代理，用户计费、收费等；双方共同出资购买相关系统设备。在商业推广方面，上海电信负责平面媒体和户外广告，上海文广负责其下属的各个广电媒体。	直播电视：包括 SMG、CCTV 各地卫视和 SITV 的 58 个直播电视频道、9 个虚拟频道；时移电视：提供暂停、后退和快进功能，可以重放直播频道过去 48 小时的任意节目；视频点播：包括电影、电视剧、音乐娱乐、纪实节目、少儿、体育以及教育等分类内容，容量 3,000 小时；信息服务：包括时事资讯、证券资讯、各类房产信息、餐饮信息、购物信息和健康信息等，并计划开通“影像空间”业务。	有标准资费、促销资费和资费包三种模式，IPTV 基本接入费 20 元/月，基本频道费 30 元/月，频道和功能单独付费，郊区用户享受优惠促销资费。

续 表

运营模式	业务名称及运营商	运营方式	业务内容	资费标准
河南	河南广电、河南联通、郑州威科姆电子科技公司	借助"农村党员干部现代远程教育"项目,河南联通提供网络建设、维护、收费渠道、用户管理;威科姆与河南广电成立合资公司,提供设备,进行内容集成。该模式绕开了电信与广电之间的牌照问题,开创了一套农村IPTV业务发展的新模式。	农村IPTV业务和"金农e视通"业务,包含以收集供求信息为主的图文发布、视频点播以及10个频道的直播节目,内容涵盖农业科技类和党员教育类节目,而且还可以提供一些免费电视频道内容。	免费安装机顶盒,每月收取10元的管理费,18元或30元的服务费,用户在安装前支付两年管理费。
黑龙江哈尔滨	上海文广、哈尔滨联通	上海文广负责运营牌照、内容集成运营平台、内容频道、机顶盒设备等,以及协调与当地广电部门的关系。哈尔滨联通负责网络建设维护、收费渠道、用户管理等,双方共同开发新业务,共同进行市场营销和拓展。上海文广和哈尔滨联通的合作是一个强强联手的合作,通过共享优质资源来实现优势的互补。	直播电视、时移电视、精彩点播、业务定制增值业务等,提供包括CCTV、各省卫视和上海文广下属媒体的64个直播频道和超过6,000小时的VoD电视节目点播内容,涵盖电影、电视剧等多种节目元素。时移电视、精彩点播则针对用户的需求提供个性化内容和服务。	套餐一:基本资费20—38元/月;套餐二:包月60元;VoD点播,每部影片收费1—2元。
浙江杭州	华数传媒有限公司(杭州广电控股、杭州联通参股)	华数公司独家经营业务,资本结构涵盖网络运营商、内容提供商、政府和设备商。IPTV广播功能通过有线电视HFC网实现,点播功能通过联通网实现,整体业务和数字电视捆绑在一起,作为数字电视的升级业务存在。	既提供数字电视内容,也提供IPTV视频点播、信息咨讯、网络游戏、视频电话等服务,在内容和运营上是数字电视+IPTV的混合体。	频道直播基本服务费用15元/月,点播业务35元/月;特色频道单独付费。
江苏	江苏电信、新华社江苏分社	借助新华社避开内容政策的壁垒,江苏电信负责网络的建设与维护、收费渠道以及用户管理;新华社江苏分社则负责图文音像资源等IPTV内容的提供。	以新华社江苏分社提供的电视新闻为核心基础内容,融合了视频监控、会议电视直播、卡拉OK、互动游戏、共轴广告投放、可视电话等多种多媒体增值业务和网络视讯服务。	按流量收费,30元包30G,超出流量收费标准为1分钱/M。

在内容运营环节,运营商负担着IPTV业务的具体运作和发行任务,包括IPTV系统的建设、维护、直接针对用户的各种服务(含用户信息管理、收取使用费用等),甚至

还包括了广告、游戏等其他增值业务的制作与业务的集成处理——这一业务也可以由内容运营商以业务剥离的方式,交由内容服务商和其他的 ICP 和传媒机构完成。

相对于内容提供和内容运营环节,网络运营环节的构成则更为复杂,网络运营商需要根据具体业务情况和当地的业务运营环境做出最优选择。在有线电视网络设施比较完善、先进的地区,IPTV 直播节目可以使用广电部门的有线电视网络发行,点播和其他双向业务则可以使用电信的互联网络发行。设备和软件供应商虽不涉及具体的 IPTV 业务运营,但却是支撑整个 IPTV 产业链条顺利运行的硬件来源和技术后盾。作为网络和电视、技术和业务双向融合的产物,广电和电信原产业链中的各个运营环节在新产业链条中彼此交错,并被重新赋予了新的内涵,它们在事实层面上,形成了 IPTV 业务发行链中二者共同占据主导地位的双核心模式。

(二)中国内地 IPTV 业务运营模式

综合 IPTV 业务在中国内地的发展和运营情况,目前 IPTV 发行运营模式主要形成了以下三种形态:一是广电与电信平行合作的运营模式,IPTV 业务商用最广泛的黑龙江和上海,都是采取的这种运营模式,内容由上海文广集团负责提供,网络通路由当地的电信部门(中国联通或中国电信)提供,通过各自发挥优长的方式共同开展 IPTV 业务。在这种合作模式中,广电部门主要负责提供内容和进行内容集成处理,电信一方则主要负责网络传送,双方共同进行业务运营,并以收益分成、利益共享、风险共担的形式进行市场运作,双方的合作较少排他性,各自都拥有一定的自主权。

作为广电和电信可以彼此进入的中国内地主要试点城市,上海地区 IPTV 的发展先后出现过浦东新区业务模式、闸北大宁新区"互动电视示范区"模式,以及长宁古北新区的"长三角高性能宽带信息示范网工程"模式等,而以浦东模式为主。在这种模式下,广电和电信之间较少排他性的合作方式,为各类系统提供商构建起了相对良好的产业运营环境。无论在内容的丰富程度上还是在对用户的细分上,上海浦东模式都是目前中国最成功的 IPTV 商业运营模式之一。

作为广电与电信平行合作运营模式的另一个重要代表,哈尔滨是中国内地正式开展 IPTV 商用业务的第一个城市,广电与电信之间在合作中搁置了有争议的数据信息服务、网络游戏和其他增值业务等内容发行方面的问题,充分发挥了文广集团和联通公司的合作优势,在运营过程中成功实现了平台的共享和资源的互补,建立起了相对清晰的合作体系和商业模式。同时,上海文广集内容提供商和内容集成商于一体的身份,也在一定程度上造成了该地区 IPTV 业务内容上的僵化和灵活性欠缺问题。

二是以广电为主导的运营模式。在这种运营模式下,以广电部门为主导、电信部门为附属组合产生新的具备独立运行资格的市场实体,开展包括内容提供、内容集成、网络传送等一系列环节在内的所有 IPTV 业务活动。这些独立的经营实体既拥有了广电系统强大的内容支持和政策优惠,又兼具了电信系统庞大的用户、网络资源,是国内目前最具发展潜力的 IPTV 运营方式。杭州地区是这种运营模式的典型代表。

在业务运作上,杭州地区以杭州联通为 IPTV 的市场推广主体,以杭州数字电视有限公司为 IPTV 的运营主体,以广电绝对控股的华数传媒公司为真正的市场化运作企业,采取分散经营、优势互补的办法为 IPTV 业务在该地区的全面推广解决了内容和运营上的双重制约问题。此外,当地政府的政策帮扶、资金支持和市场引导,以及著名家电企业的加盟、当地其他媒体的联动,也都在不同层面保证了 IPTV 产业链的顺利打造和市场建构。“杭州模式”通过利益手段将以广电为核心的 IPTV 业务各方牢牢联系在一起,借助充沛的节目内容、丰富的运营经验和准确的用户管理优势,将自己打造成为中国内地 IPTV 产业发展模式中广电主导运营模式的代表,杭州地区也因此成为以电视机为接收终端的,大规模开展 IPTV 业务服务的主要地区。

三是以电信部门为主导的运营模式。在这种运营模式下,除了内容提供环节之外,其他部分均由电信部门负责。电信运营商利用自己拥有的健全网络资源,向 IPTV 产业链的前端延伸,从内容提供商和集成商那里购买节目内容,并对其进行加工和细化,然后再以个性化的服务形态提供给用户。通过对 IPTV 业务运营的全程参与,电信运营商成为整个 IPTV 产业链的核心。①

河南和江苏是这种运营模式的代表,与中国内地其他地区相比,河南 IPTV 的产业化运营模式的个性化色彩最为突出。结合当地农村经济的发展和农村服务的实际需求,河南地区的 IPTV 业务推广以中国联通河南分公司和威科姆公司为运营主体,在吸收广电媒体传统视频资源的同时,利用政策扶持和中组部项目带动的优势,整合了各类基于视频图文的互动业务,把 IPTV 的产业链向农村市场延伸。作为中国内地同类地区 IPTV 产业运营的典范,河南地区独具特色的 IPTV 业务赢利模式,为中国内地 IPTV 产业的差异化经营提供了宝贵的实践经验。

江苏地区的 IPTV 产业运营,则采取与新华社江苏分社合作的方式,不但充分吸收了新华社遍布全球的海外采编力量和庞大的内容资源优势,特别是在电视时政新闻上的优势,而且还巧妙避开了 IPTV 业务运营牌照的管制问题,为 IPTV 的产业发展开辟了一条全新的尝试之路。江苏地区也是在全球范围内率先开展 IPTV 网络视频监控业务,将传统的 IPTV 点播、直播、时移等业务功能推向网络视讯时代的代表。

---

① 徐贵宝.我国 IPTV 产业链发展模式分析[J].世界电信,2007(3):55-56.

在以上三种运营模式中(见表7-4),IPTV在开展的业务种类、政策的许可度和市场化运营程度上等各有不同,从推动产业快速、良好发展的角度来看,实现IPTV产业的规模化经营与地域化发展已成为IPTV商业化运营的必由之路。正如讨论者所指出的那样,一个产业的发展好坏在于其是否最终建立起了因地制宜的市场化运作模式,而所谓的市场化运作模式在某种意义上,其实就是产业链理论价值得以最终实现的印证。

表7-4 中国内地IPTV业务运营模式比较

模式	地区	目标用户	运营主体及组成	运营厂商	特 点
广电电信合作运营模式	哈尔滨	城市家庭用户	哈尔滨联通和上海文广	UT斯达康	上海文广和电信企业成为产业链的双核心,上海文广的主导性较强。
	上海	城市家庭用户	上海电信和上海文广	UT斯达康、中兴	
广电主导模式	杭州	城市家庭用户	杭州华数传媒公司(广电控股)	华为、大华(双模机顶盒)	IPTV与数字电视互为补充,有线电视网提供数字电视,电信宽带网提供IPTV。
电信主导模式	河南	农村有线电视用户	中国联通河南分公司	威科姆(VCOM)	借助中组部党建项目,政府支持力度大;IPTV业务以党建内容和农村信息化内容为主,电视服务为辅。

(三)中国内地IPTV业务面临的问题

从建构完善的产业发行链条的角度来考虑,IPTV在目前的发展中还面临着各种各样的问题和挑战,主要表现在以下几个方面:一是政策管制与合作模式的问题。虽然在国家规划中,国家从宏观层面明确提出了以“加强宽带通信网、数字电视网、下一代互联网等信息基础设施建设,推进三网融合,健全信息安全保障体系”的整体发展战略,但在我国当前的行业监管现状下,广电和电信两个行业部门间管理分列、利益对立的状况还没有根本改变。

国家广播电影电视总局和信息产业部于2007年12月29日联合发布的《互联网视听节目服务管理规定》,明确规定只有广电部门才有颁布IPTV业务运营许可证的权力,电信和互联网运营商等企业未按照规定取得广播电影电视主管部门颁发的许可证或履行备案手续的,不得提供相应的商用视听节目服务。但是从全球IPTV产业发展状态良好的国家和地区来看,没有电信企业的大规模介入,没有广电内容提供商与电信运营商的成功合作,IPTV 产业是很难顺利成长的。尽管在实际运营中,为了解决牌照上的问题,国内两部门之间进行了一定的合作探讨,但问题在于在双方全面的利益分配保障机制尚未进行实质性调整之前,所有的产业发行运营模式都还无法最终成型,高度有效的市场运作机制也无法全面展开。过于依赖用户接入费的单一化创收模式,不但潜在的运营风险过大,而且也很难真正负担起高额的内容购买费用,更无法去推动整个 IPTV 视听节目服务产业链的快速和稳健发展。

二是内容创新与版权保护问题。IPTV 节目源的数量和质量受限于娱乐性文化产业的整体发展,其所提供的内容基本上还都是各电视台和电视节目公司制作的传统电视节目内容,与有线电视频道重合过多,同质化严重,缺乏新颖独特的资源优势和互动传播特色,影响、限制了用户的选择空间。在内容版权保护上,赛迪顾问发布的一份报告指出,内容保护正在涉及内容传播业务的分类与确立中起着越来越重要的作用。“在知识经济时代,电视内容产品的价值体现的是版权。版权是有形资产(制作成本)和无形资产(产品品牌)的综合体现。”①由于中国电视和网络媒体长期依靠出售“注意力”和“受众”赢利,媒体生产的“知识”本身并没能成为赢利的核心,从而也造成了媒体自身和传播受众对知识产权保护意识的陌生和滞后。IPTV、数字电视和手机电视的产业化经营,离开内容版权保护,所有已经确立和正在确立的运作模式都将是不稳固的。

三是运营成本与发行价格问题。与传统的有线电视甚至是数字电视相比,IPTV 价格偏高。以北京地区为例,宽带价格是 100 元/月,有线电视是 18 元/月,数字电视则在 28 元/月上下,而 IPTV 目前的价位基本都要在 35 元/月以上;从收费情况来看,IPTV 业务资费比有线电视高出 2—3 倍,与数字电视相比也有一定差距。IPTV 产业要想发展,除去其他因素层面,还必须形成自己的规模用户群体,必须实现由增值业务身份向主导业务身份的转变,而价格无疑是制约消费者消费欲望的关键因素之一,如何将包括接入费、内容使用费、运营管理费、升级设备费和技术研发费等各种费用的运营成本降下来,是 IPTV 发展中必须长期直面的问题之一。

四是技术标准和国际经验的借鉴问题。除了以上各种限制性问题之外,IPTV 标准的不完善也造成了系统之间不能互通的难题。从世界范围内来看,中国内地的 IPTV 标准研制工作并不落后,中国通信标准化协会(CCSA)早在 2005 年就开始研究并且形成了 IPTV 业务系列标准(第一版)的 7 个课题草案,但是问题在于,截止到目前 IPTV 标准依然不够完善。这一现状造成了 IPTV 业务运营系统与终端间兼容性不

① 朱虹.中国广播影视业的发展环境与改革思路[J].北方传媒研究,2006(6):1-3.

足的问题，不但增加了运营商的业务运营成本，也在一定程度上影响到了 IPTV 的规模应用。

由于国内业务环境和国外运营环境之间存在着的根本性差别，国内要想借鉴国外 IPTV 产业运营的经验，实行起来并不容易。首先，国外没有运营牌照问题，运营商可以自己运营 IPTV，国内则不行。其次，国外的电视服务免费频道少，节目内容资费昂贵，IPTV 资费标准只需与其平行（甚至可以低一些），就可以获得可观的盈利空间；而国内情况却恰恰相反，电视免费频道多且资费低廉，IPTV 业务在同等甚至稍高一点的条件下都无法维持正常运营，更不要说以低资费来盈利，这些因素都决定了 IPTV 运营借鉴国外经验的现实难度。

三、IPTV 广告的媒介传播特点与产业运营

与报纸、广播、电视等传统媒体的广告运营模式相比，IPTV 广告的运营模式无论是在传播渠道、到达效果，还是在个性定制、计费方法等方面都发生了很大改变和创新。正如传媒学者艾伦 · 格里菲斯所言："任何一种形式的传播总是随着技术变革而演变，而传播领域的技术变革又总是会引发一系列深刻的社会变化。"①

（一）IPTV 广告的传播特点

从信息接收者的角度来看，伴随着信息传播过程中传统媒介权力弱化的趋势，移动性、分层化、对特定信息的定制需求正日益成为现代社会中主流消费人群的追求目标。在整个信息传播形态发生改变的情况下，新生媒介形态的灵动性、精细化服务特点和分众定制、互动营销的传播优势正迅速显现并崛起，IPTV 广告就是其中最具代表性的形态之一。

第一，从传播渠道上来说，IPTV 广告和传统媒体广告相比，传送方式与接收终端都呈现出更加多元化的趋势。IPTV 采用的播放平台是新一代家庭数字媒体终端的典型代表，同时具有电视（+机顶盒）、手机和计算机等三种接收形式；在内容上，包括数字电视、可视 IP 电话、VOD（Video On Demand）视频点播、电子邮件，以及多种在线信息咨询、娱乐、教育及商务功能等在内的服务项目均可提供，这为 IPTV 广告的传播搭建起了传统媒体广告所无法比拟的平台优势。IPTV 广告将自己的传播形式和 IPTV 业务本身无处不在的服务传播功能紧密结合，其所具有的交互式传播特点、即时灵便

---

① 格里菲斯.数字电视战略：商业挑战与机遇[M].罗伟兰，译.北京：中国传媒大学出版社，2006：1.

的移动接触触发优势和大量网上业务内容的扩充延伸,不但让广告主投放的广告具有了更加精准多元的市场定位空间,而且也让受众拥有了更加灵活方便的接收方式和即时点播的选择权力。

第二,在到达效果上,IPTV 广告受众定位的精准度也是传统媒体广告所无法比拟的。著名行业统计机构 In-Stat(Industry Statistics)公司的调查数据表明,IPTV 的目标受众是社会成员级层中最具购买力的消费群体——25—45 岁人群,这个年龄段消费者的收入水平、消费能力和新技术接受能力也是所有电视观众和社会成员阶层中最高的群体。与此同时,由于 IPTV 所具有的 Web 特性,IPTV 广告还实现了对包括每一个广告点击、每一次广告搜索,甚至是哪个链接导致购物行为最终发生的数据的海量记录功能,这些数据都在最终向度上构成了对 IPTV 广告投放效果进行精准分析的基础。全新的广告传播模式和传播效果测量精准度的实现,不仅给 IPTV 广告的投放商、运营商和节目提供商创造了良好的合作前提,而且也给广告主的市场拓展提供了针对性极强的选择空间。

第三,在传播模式上,IPTV 广告还突破了传统媒体广告单向广播的弊端,利用其互动性强的传播优势和强大的媒体技术支撑,实现了广告内容的个性化定制服务。在对目标受众所在地理位置、消费心理、兴趣爱好和年龄性别、文化程度等进行精确统计和数据分析的基础上,IPTV 广告可以围绕目标客户群,包括广告投放商和消费者群体,设计出相应的产品营销与服务策略,实现"精确制导"式的广告内容投放,将广告播出效益提升到最大。利用专门的数据库,IPTV 可以通过城市信息、交通信息、旅游信息、股市信息、天气信息等的播报,为用户提供层次分明的可选择性广告服务,通过时移电视功能,用户可以随时在广告信息和节目内容间按意愿自由切换。IPTV 广告的个性化定制服务功能不仅大大提高了传统广告的关注度和到达率,而且也使单位播出的广告成本得以大幅度降低。

第四,在计费方法上,IPTV 广告摒弃了电视广告和互联网广告的弊端,实现了这两种广告形式所不能实现的收费模式。由于 IPTV 业务对广告用户行为有了精确的数据统计和市场调查分析,无论是按次付费,还是按时间或用户数量付费,IPTV 所带来的创新模式都远远超过了传统电视广告业务和互联网广告的收费模式。广告主可以按收视率付给内容集成商广告费用,用户也可以利用 IPTV 的时移和点播功能,选择是否通过收看广告来充抵收视费用;而现有的电视(包括数字电视)广告和互联网广告则只能按时长、时段或点击率方式付费,模式严重单一化,互动性和可选择性差。随着 IPTV 业务的发展,IPTV 的广告还将出现专门的广告频道和更多样的广告形式,如虚拟现实的广告形式、广告对象中链接广告的形式以及广告书签的形式等,在灵活性、可选择性和交互性上进一步优于传统广告的收费模式。

（二）IPTV 广告产业链及其运营

IPTV 广告的产业运营链条上，排列着广告主、内容提供商、内容运营商、网络运营商和最终用户等主要环节，软件开发商和广告策划设计商等辅助环节。在所有环节中，广告主、内容运营商、网络运营商和最终用户是 IPTV 广告发展的直接推动力量。

在 IPTV 广告产业链的运营过程中，广告主是产业链运营的资金源头，也是内容提供商和内容运营商等具体运营环节要求的提出者和监督者。内容运营商则负责将广告主的广告内容与内容提供商提供的节目内容进行关联，形成节目销售方案，甚至是单独的广告频道，并通过网络运营商将配置后的内容发送到最终用户的接收终端上。除了这种广告销售模式之外，内容提供商也可以在节目内容制作过程中插入广告内容，并将广告与节目内容直接关联起来，与内容运营商一起从广告主那里获取收益分成。

网络运营商则通过内容传送和相关的运营支撑（如对用户的广告浏览行为进行数据收集、统计、分析）等为内容运营商提供服务；并通过广告浏览返点等形式提高广告的销售效果，从内容运营商环节获取收益分成。此外，网络运营商还负有规范内容运营商市场、防止不正当竞争的责任。最终用户是 IPTV 广告运营产业链的端点，也是借助其消费行为使整个 IPTV 广告产业链资金循环起来的关键环节。它促进着整个产业链的发展壮大，也以口头、书信、短信和电子邮件的方式完成着对广告主广告内容的再次和多次传播。

广告策划商也是广告运营产业链中重要的一环，除了负责为广告主进行广告策划、设计和开发之外，它还要为内容提供商和内容运营商提供广告运营的设计与策划等服务，以便广告获得良好的传播效果。软件开发商则是 IPTV 广告运营中重要的媒体技术支持者，3DMax、Flash、Authorware 以及虚拟现实等格式广告，都需要软件开发商的直接介入。在 IPTV 广告运营的整个过程中，广告主、内容运营商和网络运营商三个环节构成产业链上最大的利益分享者。

与传统的广告运营模式相比，IPTV 广告运营摆脱了传统广告运营中针对性弱和个性化差的缺陷，成功实现了广告运营中“推”模式和“拉”模式的结合。直接的用户资料及其反馈信息为 IPTV 广告按区域进行直复营销创造了条件。直复营销是借助于一种或多种广告媒体，以在任何地点产生可度量的反应或产生交易的互动营销体系。直复营销与其他的营销方式相比较，最重要的改变就是其对以个体为对象的单独沟通功能的重视和加强，包括针对个体的广告与销售行为的结合、对客户服务特征的强调、对目标市场定位准确度的分析,以及对立即回复顾客信息的能力和营销活动的可监控性及可测量性等内容的重视等。

在这种广告运营模式下,广告节目的策划者和制作商不再局限于统一的制作模式,不同产品种类和内容类型间的配置与价值区分更加明晰和准确,根据广告产品和具体节目内容及受众群体特点进行的定制化生产成为潮流和趋势。广告主可以定制节目内容,并捆绑销售针对性广告,推动传统广播式营销向点对点式营销转变。由于在直复营销模式中去除了中间环节,广告与销售同时进行,企业与商家的销售利润在实质上获得了提升,传统的广告效果计算公式"千人广告成本"概念被淡化和削弱。在新型营销模式的推动下,整个IPTV广告运营的商业生态系统,由以传播和推销为中心的传统模式向以接收和"选""拉"为中心的新型模式过渡,"强迫式"广告营销逐渐淡出人们的视野。

(三)IPTV广告发展面临的挑战

IPTV业务所带来的创新型个性化广告运营模式以及新的广告市场,为电信运营商、IPTV节目运营商和广电运营商提供了合作契机,成为实现三网融合战略规划的最好切入领域。广电运营商对于本地广告市场的熟悉和其所拥有的强大的内容制作团队,可以为其拓展当地的IPTV区域性广告市场创造条件,吸引广告主的注意;而电信运营商对于互联网的了解和对节目内容的需求,则可以促使其积极拓展基于互联网的根据用户习惯定制的个性化关联广告市场。这种运营态势势必会在长远层面,形成对中国广电行业与信息产业行业分离状态的改写,搭建起合作共赢的多重盈利模式。

但是,从另外一个角度来讲,IPTV广告产业链目前最大的问题也恰是作为内容提供商的广电部门和作为运营商的电信部门之间合作模式的建构问题。由于三网的资源配置和利益分配归制于不同的管理部门,在较长一段时期内,围绕着IPTV产业链经营标准和核心权力的归属,部门之间的利益均衡之争还不可能得到根本的解决,这一僵持局面将在很大程度上制约IPTV广告产业链良好生态系统的构建与发展。IPTV广告业务的理想模式在三网无法融合形成优势互补的情况下,内容播放中可选择性广告的插介、有偿广告的过滤、广告分类点播功能的完善、遇广告时节目信息的切换与提示等业务,还不可能得到最后完善和定型。

同时,个性化定向广告和按地区直复营销策略的全面推行也亟须技术层面的进一步完善和提高。定向广告是建立在用户信息数据的大量收集和准确分析基础之上的,但在目前的技术条件下,能够实现这一功能的平台设备与运行软件还很少。除了信息的收集,定向广告还是一个涉及面很广的业务系统,对信息资源的深度挖掘也需要技术平台的配套支持,策略资源分配软件和硬件平台都亟待开发。

另外,由于目前中国内地的 IPTV 产业收益模式还处在发展初期,个体订户比例较大,企业用户偏低,IPTV 广告的发展基本上还处于提升用户数据挖掘能力的阶段,以地域为单位的定向广告投放尚不能充分展开。而 IPTV 所具有的把广告变成服务,进行全方位差异化运营的强大功能优势,在发挥上也还面临着阶段性制约。

第八章　价值网视阈下广电视频网站的节目研发与交易

“互联网+”语境和价值网产业体系，推动着广播电视从数字化、网络化向智慧化转型。转型的目的，不仅仅是完善广播电视的信息生产和传播职能，更重要的是使广播电视成为智能互联时代社会生活的中心枢纽之一，更好地服务国家战略和人们智慧生活的需要。这不仅需要智慧广电在建设中完成“多媒体形态、多信息服务、多网络传播、多终端展现”的全业务布局，还要完成“全程媒体、全息媒体、全员媒体、全效媒体”的生态观念转换和生态体系重塑。

2016 年 7 月，国家新闻出版广电总局下发《关于进一步加快广播电视媒体与新兴媒体融合发展的意见》（新广电发〔2016〕124 号）。文件指出：用深度融合的战略谋划，推动广播电视媒体和新兴媒体在内容创新、渠道拓展、平台运营、流程再造、组织重构、安全保障等各个环节协同演进、一体化发展，力争通过资源共享、此长彼长，实现广播电视媒体与互联网从简单相“加”到深度相“融”的根本性转变。2018 年 11 月，经过改组的国家广播电视总局下发《关于促进智慧广电发展的指导意见》（广电发〔2018〕71 号），提出以政治建设为统领，坚持创新驱动的发展战略和规范有序的发展理念，从实际出发推动广播电视从功能业务型向创新服务型转变，加快形成以创新为引领和支撑的广播电视发展新模式。

一、广电新媒体的智慧化转型

“无论未来的终端如何发展，一个整体的趋势是，人与这些终端的交互将越来越回归‘自然’，也就是说这些终端将越来越‘人性’”。伴随着互联网技术向物联网技术的演进，网络广播电视媒体也必将并且必须做出与之相适应的调整和变革，在自身的智能化建设上做出更多更新的尝试。“技术将带来各种物体的数字化与网络化，会使信息的采集方式发生革命性变化，当每个物体都成为一个信息终端时，当每一个物体都可以向互联网发送信息时，人在信息传播中的角色以及功能，也必然会产生很大的变化。”①对于这种泛在网环境下的信息传播，网络广播电视媒体所亟须做到的就是在改进网台的全天候响应机制、更加个性化和私人化的信息处理方式、更加简便易用的网台版式设计等方面做出持续探索，以使网络广播电视媒体的新技术功能和人性化服务融合为一、立体对接。

（一）广电媒体的互联网化

广电媒体视频网站（网络广播电视台）作为传统广电媒体顺应互联网和新媒体发展趋势大力建设的新形态广播电视播出机构，在应用互联网与物联网技术方面实现了许多突破，譬如网络广播电视台已经依托互联网平台，实现了传统电视节目的时移、点播、互动和多讯道选择等功能，并在电商经营、App 封装和社交化媒体建设上做出了许多新的探索和尝试。除此之外，网络广播电视台还在内容建设方面，实现了 UGC 制作模式与 PGC 制作模式的兼容，为广大草根用户提供了专业化的视频制作、上传与分享平台。在传播渠道建设方面，网络广播电视台还实现了一次制作、多屏分发的全媒体覆盖，在与互联网的立体融合上迈出了重要一步。

但是，要想实现传统广电媒体与互联网甚至与物联网的无缝对接，尤其是在思想观念和运作形态上实现完全转型，却绝非借助互联网平台开几个视频网站，将传统广电媒体的内容资源上传网络或封装进移动客户端这么简单。实现传统广电媒体的互联网转型，就要求广电媒体必须具备真正的互联网思维，能够真正运用互联网思维对网络广播电视媒体的运作流程进行彻底改造。

具备互联网思维，首先要求网络广播电视台必须具备用户中心思维。用户中心思维是互联网思维的精髓，也是网络广播电视媒体实现互联网化的基础和关键，需要贯穿于网络广播电视台运营的始终。

在没有互联网的时代，传统广电媒体的传播模式是不可逆的单向线性播出，缺乏快速有效的反馈机制和互动机制，广播电视台制作播出什么节目，受众就收听和收看什么节目。虽然有视听率作为衡量节目好坏的测评标准，但是从接到反馈意见到做出调整，往往需要经历漫长的等待，受众在此过程中基本处于被动地位。互联网时代，由于网络的透明开放和传播技术的革新，信息传播模式日益呈现出非线性、可逆化、交互式的新特点，再加上市场竞争程度的加剧，受众逐渐掌握了选择信息的主动权。在这种情况下，如果用户对媒体所提供的某项服务不满意，就可能弃之如敝履并做出差评，这种差评又会以几何级数增长，成千上百倍放大，从而影响到其他网络用户的选

① 彭兰.社会化媒体与媒介融合：双重旋律下的关键变革[J].新闻战线，2012(2)：83-85.

择。因此,在互联网时代,尊重用户就成为包括网络广播电视台在内的所有媒体必须首先学会的一课。

其次,具备互联网思维,还要树立简约与极致思维。简约意味着各个网络广播电视台在定位和设计自己的产品与服务时,能够删繁就简,做到专业而简单。在"快餐式"文化大行其道的时代,人们的耐心会越来越少,当面对海量信息和众多的选择项时,人们更愿意看到一个操作界面简单、使用方便、定位准确、资讯明晰、语言精少的产品。极致则意味着网络广播电视台要把自己的产品和服务做到最好,努力超越用户的期待,甚至想用户之未想,一如苹果手机那般以简单、极致的创意赢得大多数用户的青睐。然而,纵观各大网络广播电视台,能做到这一点的却少之又少,大多都是在追求大而全上下足了功夫,却很少见到有出类拔萃的独特产品横空出世。对某些网台来说,因其网页界面的堆砌和繁杂,受众甚至会在心理上产生不适感。

再次,具备互联网思维,还要具备组织架构上的扁平化理念。传统媒体内部的组织结构是按层级设置的,是层层传导的金字塔式结构,这种多层级的官僚式管理体系,其好处是职权集中、运行有序,但缺点是决策缓慢、反应迟钝,对员工的积极能动性,尤其是创造性调动不够。在互联网时代,外界环境变化太快,需要临时决策的事情太多,如若仍固守原有管理体制,必然难以适应瞬息万变的信息世界。因此,改变金字塔式的科层化设置,建立平台辐射式的扁平化管理体系,就成为网络广播电视台在发展过程当中亟须解决的问题。平台辐射式管理体系纵向层级少,有利于缩短决策半径,对突发事件能做到灵活及时应对,同时,也有助于权力下放,激发员工在事件决策过程中的责任感和创造力。

最后,具备互联网思维,还要养成跨界思维的习惯。网络广播电视台是媒介融合和网络融合背景下的产物,本身就是广电网、电信网和互联网的三网融合、交叉运作催逼出的业态,再加上三网融合过程中的行业利益博弈,远非一个部门、一个行业就可以决断清楚所有的问题。因此,在这一过程中,树立跨界思维的习惯,有利于网络广播电视台在自身发展中做到未雨绸缪、统筹兼顾。同时,互联网和信息产业融合度的加深,也使网络广播电视台在内容制作和平台经营上面临产业链上下游环节的整合问题,网络广播电视台若想跻身商业视频网站已经捷足先登的网络视听服务高地,就必须顺应潮流,尽可能多地汲取其他领域的人才和资源,包括技术人才、创意人才、管理人才等,汇聚各方优势资源开门办台。

(二)广电媒体的物联网化

如果说互联网是指"将两台计算机或者是两台以上的计算机终端、客户端、服务端通过计算机信息技术的手段互相联系起来”形成的网络，那么物联网就是指由物与物相互连接而形成的网络。“物联网又称传感网，英文名称叫‘Internet of Things’（简称 IOT），1999 年在美国召开的移动计算机和网络国际会议上首次被提出，2005 年在突尼斯举行的信息社会世界峰会上，国际电信联盟（ITU）发布了《ITU 互联网报告 2005：物联网》，正式提出了物联网的概念。”①

物联网包含两层含义：其一是，物联网仍然是以互联网为基础，在一定程度上可以说是互联网的延伸与扩展；其二是，这种终端的延伸与扩展在理论上可以包含任何物体，任何物体之间都可以进行交互从而实现信息的收集与交换。“实际上，互联网实现了人与人之间的信息交互，而物联网实现了人与物、物与物之间的信息交互，因此它的范围有了很大的推广。”②

1999 年，美国麻省理工学院 Auto-ID 实验室在移动计算机和网络会议上首次提出物联网概念后，2005 年国际电信联盟又对其含义进行了进一步扩展：“无所不在的‘物联网’通信时代即将来临，世界上所有的物体从轮胎到牙刷、从房屋到纸巾都可以通过互联网主动进行交换。RFID（Radio Frequency Identification，即无线射频识别技术，可通过无线电讯号识别目标并读写相关数据）、传感器技术、纳米技术、智能嵌入技术将得到更加广泛的应用。当司机出现操作失误时汽车会自动报警，公文包会提醒主人忘带了什么东西，衣服会‘告诉’洗衣机对颜色和水温的要求，等等，都可以通过物联网来实现。”③

在我国，物联网得到重视是在 2009 年 8 月以后。2009 年 8 月 7 日，国务院总理温家宝在考察中国科学院无锡高新微纳传感网工程技术研发中心时，提出要尽快去做三件事情：“一是把传感系统和 3G 中的 TD 技术结合起来；二是在国家重大科技专项中，加快推进传感网发展；三是尽快建立中国的传感信息中心，或者叫‘感知中国’中心。”④此后，“积极推进新能源汽车、‘三网’融合取得实质性进展、加快物联网的研发应用”，作为加快经济发展方式转型、调整优化经济结构的重要措施，被一同写入《2010 年度政府工作报告》。

随着科学技术的快速发展，物联网技术逐渐深入人们生活的方方面面，在现代传媒领域，最常见的就是通过手机扫描二维码获取信息和服务。网络广播电视台作为传

---

① 黄孝斌.物联网应用实践[J].信息化建设，2009(11)：21-22.

② 黄孝斌.物联网应用实践[J].信息化建设，2009(11)：21-22.

③ 袁楚.物联网：信息网络化的趋势[J].互联网天地，2009(11)：16-19.

④ 赵承，郭奔胜.让经济发展更具有可持续性和竞争力——温家宝总理在江苏考察纪实[N].人民日报，2009-08-10(1).

统广电媒体网络化的重要平台,也积极应用二维码技术为用户提供更多、更便捷的资讯服务。比如,在《汉字听写大会》播出期间,中国网络电视台就在其页面推出了二维码扫描区,用户通过扫描二维码,就可以实现与节目的有效互动。当然,这仅仅是网络广播电视台物联网化的第一步,面对日新月异的技术更新和逐渐加快的媒介融合步伐,物联网势必会成为网络广电谋求更大发展的重要依托。

物联网技术的发展及应用主要依靠无线射频技术、传感技术、通信网络技术等展开。由于 RFID、二维码、红外传感器、激光扫描器、全球定位系统等的广泛使用,物体也都被赋予了信息,并且拥有了自我表达的能力,任何物体都可以附上电子标签或植入电子芯片。人们用各种终端设备扫描这些电子标签或读取芯片时,便可获得有关物体的各种信息,甚至还能实现对这些物体的远程操控和管理。

如今,各种移动终端设备(如智能手机、平板电脑和可穿戴设备等)和无线通信技术(如 3G、4G、5G、WLAN 等)的发明与使用,不仅使人们获取信息的能力大大提高,还极大提升了信息自身传播的效率。与此同时,云计算技术和大数据的迅猛发展,还使得人们搜集信息与处理数据的能力大幅度提升。在物联网时代,面对纷繁复杂的海量碎片化信息,这些先进数据分析技术的引入和使用,不仅会帮助人们更好地完善自己的信息处理能力,还会不断满足人们更加多元化的信息需求。

物联网表面上是物物相连的网络,但其实质却是人与物的联通,因此,物联网的特点之一就是能够创造人机交互的体验。现代网络视频就是基于物联网实现的交互性视频,网络广播电视台也不例外。这种交互性的视频业务不仅能够为用户带来丰富的视听享受和全新的服务体验,还能使用户不再受电视台播出资源和播出平台的限制,大大提升自己的现场感、参与感和愉悦度。

与此同时,网络广播电视台利用自己的多屏分发系统和后台数据处理中心,还可以将各种终端设备连接起来,准确掌握用户的地理位置和移动规律,做到节目信号的全覆盖和相关内容的精准推送。甚至在不久的将来,网络广播电视台还可以利用物联网技术,实现多屏互看功能的无缝切换,将投放在不同终端上的节目内容实现以用户为中心的共享——电脑端可以看到手机端的内容,智能电视端可以接收电脑端和手机 App 上的节目等。

比如用户正在家中通过电视机收看一部电视剧,而此时需要出门,那么就可以将内容切换到手机上,而到了办公室又可以马上切换到电脑上继续收看。总之,网络广电基于物联网应用的交互视频服务,突破了时间、空间和节目资源的限制,使人们可以在任何时间、任何地点、任何设备上,都能享受到广播电视媒体带来的方便、快捷的各种服务,包括音视频点播、网上购物、听歌、玩游戏、远程会议、远程诊疗、LBS 定位和投票等。

二、智能泛在网与智慧广电建设

随着科技的不断进步，移动互联网的发展速度已经超越了桌面互联网，一部小小的手机就能够代替家用电脑满足人们日常的上网需求。于是，人们摆脱了固定空间和时间的束缚，只要手里有一部智能手机，再连上无线网络，就可以随时随地上网搜索、聊天、购物、看视频，实现人与人、人与物、人与社区之间的频繁交流和互动。在此情境下，我们似乎无时无刻不处在无所不包的网络圈层之中，网络就如同水和空气一样渗透到人们生活的方方面面和各个领域，须臾不离。“泛在网”就是在此情景之下被提出来的。

（一）智能泛在网

所谓智能泛在网，即智能化的、广泛存在的网络，它以无所不在、无所不包、无所不能为基本特征，以在任何时间、任何地点都能和任何人、任何物顺畅地实现通信为基本目标。[①] 随着信息技术的演进，泛在化的信息服务将渗透人们生活的方方面面。

智能泛在网的实现，需要建立在移动通信技术、云计算技术、物联网技术发展的基础之上。移动通信技术经历了3G、4G时代，现在已经发展到了5G。“与4G相比，5G在规模和场景、数据速率、时延和能耗上都具有较大提升。十倍用户数密度增长，百倍数据流量密度增长，两倍移动速率增加，这些将意味着未来可实现高铁场景下的良好用户体验。千倍单位面积容量的增长，百倍用户体验速率的增长，几十倍峰值传输速率的增长，用户体验速率将达到1Gbps，在4G基础上提升10—100倍。时延降到4G的1/10或者1/5，达到ms级水平，将支持虚拟现实、自动驾驶、工业控制等时延敏感性应用。能耗和成本方面也具有百倍能耗提升、十倍频谱效率提升和百倍成本效率增加的特点。”[②]而且近几年来，云计算技术也越来越成熟，许多企业开始推出专门的云存储、云计算服务，泛在网是以物联网技术、云计算技术和移动通信技术的发展为基础的，因此，三者的快速发展，也为泛在网环境的形成提供了物理基础和现实支撑。

在泛在网逐渐形成并日益深入发展的大背景下，探讨移动信息平台的构建问题，也成为网络广播电视媒体发展中一个需要认真思考的问题。作为汇集各种信息资讯的综合化视听服务平台，网络广播电视台在泛在网环境下，需要更加强调自己在以下

---

① 任丹，赵鸿燕.物体即媒介：物联网的传播图景与伦理困境[J].新闻前哨，2011(1)：28-30.

② 傅力军.5G技术现状及4K over 5G业务前景[J].广播与电视技术，2018(6)：54-58.

四个方面的特长和优势:第一是在传播范围上,需要更加强调网台覆盖范围的广泛性。截至2018年12月,我国网民规模已达8.29亿人,其中手机网民规模为8.17亿人,较2017年年底增加了6,433万人,手机网民在整体网民中的占比达到98.6%,较2017年增长了1.2个百分点。[①] 如此大规模的手机网民,都有可能成为网络广播电视台的使用者或潜在用户,这需要网络广播电视台在覆盖范围上和视频解压缩技术上进一步跟进提高,以适应这部分移动群体的需要。

第二是在突破时空限制上,网络广播电视台需要进一步跟进世界先进视频网站的建设经验,推进网台的本土化建设和信息全天候响应机制。由于移动通信技术和终端设备的快速发展,人们对网络的依赖早已超出了地域与时空的限制。无论是在国内还是在国外,无论是在空中还是在路上,无论是在白天还是在黑夜,也无论是在工作中还是在学习中,人们都已经很难离开网络信息的服务与支持。在立体化的互联网时空中,网络广播电视台也必须突破时间和空间的限制,为人们的娱乐、工作和信息需求提供跨时空、全天候的周密服务。

第三是在智能化和个性化服务上,网络广播电视台需要进一步强化自己的人性化服务理念。泛在网的发展,使得人们对于信息平台提供的各项服务有了更高的要求,因此,网络广播电视台必须设计出更加简洁易用的界面,开发出更加具有自然带入性的广告形式和更加方便易控的视频播放器,来适应人们不断提高的要求。同时,随着数据收集与处理能力的提高,网络广播电视台借助大数据的支撑,也可以进一步细化自己的信息服务项目,开发出更加具有个性化和私人化的增值业务。或许在不久的将来,网络视频广告也会改变目前泛滥成灾的现状,实现真正意义上的精准投放。

第四是网络广播电视台需要进一步强调自己的开放性和社交化特点。随着视频云计算技术的不断发展和成熟,视频转码、存储、多码率自适应等技术在云端逐步完善,移动智能终端将成为视频读取的核心设备,成为视频的控制终端、收看终端和多屏互动终端。此时,网络广电媒体需要成为更加开放的平台,以适应来自移动终端的海量UGC和PGC内容汇聚的需要,这些内容将成为未来网络广播电视台赢得受众的最主要资本。同时,泛在网条件下的网络广播电视媒体,还需要更加普遍地与社交网络相结合,以方便用户随时随地地拍摄视频、上传视频和发现视频,并能够即时与感兴趣的受众展开互动交流。

---

① CNNIC.第43次中国互联网络发展状况统计报告[EB/OL].(2019-02-28)[2019-07-08].http://www.cac.gov.cn/2019-02/28/c_1124175677.htm.

（二）广电媒体的智能化

互联网是物联网的基础，物联网是互联网延伸至物物相连后形成的网络，泛在网又以物联网为基础，物联网是泛在网实现的初级阶段，而当未来泛在网真正实现的时候，互联网与物联网也势必结合得更加紧密，"智慧地球""智慧城市"等场景就会随之出现。所谓"智慧地球""智慧城市"等，其实质就是人们生活的各个方面都将更加智能化和人性化，这当然也包括新媒体在内。网络广播电视台作为传统媒体转型新媒体的尝试，只有顺应潮流，加快实现智能化的步伐，才能够在激烈的未来市场竞争中抢得先机、站稳脚跟。

首先，实现智能化需要有足够的带宽。如果一个人想要上传自己旅游时拍摄的视频，若上传速度太慢，势必会影响用户体验，若网络无法满足人们即时性的需求，那就自然谈不上智能化了。现在网络运营商们都十分重视网络建设，4G 网络发展已经很成熟，5G 网络也已经进入实际应用阶段。移动通信技术的发展使得网速越来越快，上传和下载视频所耗费的时间越来越短，传输视频的质量和清晰度也越来越高，这些都为网络广播电视媒体的智能化提供了基础。

"5G 网络将会把广大用户带入一个'信息随心至、万物触手及'的新世界之中，在这个全新的信息世界中，光纤般的接入速率，'零'时延的使用体验，百亿设备的连接能力，超高流量密度，超高连接数密度和超高移动性等多个场景的一致服务，业务及用户感知的智能优化，同时将为网络带来超百倍的能效提升和超百倍的比特成本降低"①，能够满足所有普通视听用户对无线服务的要求。

其次，智能终端设备和相应服务的及时更新也很重要。因为只有终端设备实现了更新和智能化，许多优质的 App 及其服务才能够完美地呈现在用户面前，才能够更好地满足市场的需求。目前，许多电子设备生产厂商，已经制造出了针对不同用户需求的定制款电脑，随着移动互联网时代的到来，各种智能手机在生产上也延续了这一研发趋势。还有对可穿戴设备的构想，也给了人们无限的想象空间。与此对应，移动操作系统和所有 App 平台的免费开放也不断完善，越来越适应移动互联网的发展需求。

最后，三网融合的推进与实现也可以加快智能化的普及进程。三网融合使得普通用户在家中只需要接上一根电线，即可以实现电脑、电视和手机业务的互相联通，这会为智能化服务的普及提供广泛的群众基础与社会需求。

智能化究竟是怎样一种状态？广播电视媒体可以在实现智能化的道路上做出哪

---

① 傅力军.5G 技术现状及 4K over 5G 业务前景[J].广播与电视技术，2018(6)：54-58.

些尝试呢? 首先,智能化应该是一种全天候的响应,无所谓在线或者是离线。只要用户进行了注册,那么就总是处于在线状态或说潜在被服务状态,广播电视新媒体需要时时对用户的服务请求进行扫描和及时回馈。

其次,智能化还意味着广播电视媒体应该变得更加个性化和私人化。如果广播电视媒体的产品和服务,只能满足大多数人的普遍需求,那就和传统时代的服务功能没有什么两样了。智能化的广播电视媒体需要强调的是,能够满足每一个用户的个性化和私人化服务需求,在理想状态下,智能化广电媒体应该让用户感受到它是属于用户个人的电视台。

再次,智能化还意味着简约和易用。简约会让用户在使用时感受到视觉上和心理上的舒适,易用是让用户在使用时感受到方便而不繁杂。试想,如果一家网络广播电视台的网页看上去凌乱错杂、茫无头绪,没有主题和特色,用户还会选择继续浏览下去吗? 如果网台推出的产品和服务在操作上异常复杂、步骤繁多,用户还会选择继续注册和使用下去吗? 恐怕就连紧跟时尚潮流的年轻人也要掉头离去,更毋庸说疏远网络的中老年人。

最后,智能化还意味着广播电视媒体必须具备能够时时更新的服务研发能力。这不仅需要台内资源的支持,更需要兼采台外人员的智慧,建立常规性的意见征求机制和奖励措施。就目前来看,在力所能及的范围内,广播电视媒体可以在实现智能化方面做出以下尝试:譬如为部分残障人士设计出能够提供语音输入和输出的 App,研发出一套能够自动审核和过滤 UGC 内容中不良信息的后台程序包,开发出能让用户观看视频的体验基本不受到影响的广告植入技术,研发出节目观看与视频下载能够同时进行的视频播控技术等。

总之,智能化将促使广播电视媒体在服务形态上向更加生活化和便捷化的方向转型,引导广电机构由提供资讯和娱乐,向提供“资讯+娱乐+服务(党务、政务、公共事务)”过渡,直至最终嵌入我们的生活,成为与我们的衣食住行等各方面密不可分的组成部分。或许到那时,广播电视媒体的互联网化和智能化才算真正完成,我们也将借助数字技术带来的变革力量,进入以广播电视为社会服务终端的“大视频时代”。

2018 年 11 月,国家广播电视总局印发《关于促进智慧广电发展的指导意见》(广电发〔2018〕71 号),全国第一个智慧广电综合试验区——中国(贵州)智慧广电综合试验区揭牌,12 月中央广播电视总台启动全国首个“5G+AI+4K”新媒体平台建设,这一系列举动均体现出中国广电机构致力于向智慧化媒体转型的努力。2019 年 1 月,习近平总书记在中央政治局“全媒体时代和媒体融合发展”学习会上讲话强调:主流媒体“要因势而谋、应势而动、顺势而为”“打造新型传播平台,建成新型主流媒体”“牢牢占据舆论引导、思想引领、文化传承、服务人民的传播制高点”[①]。在此语境下,智慧广电建设无疑是其中的重要内容之一。

三、社交电视业务及其国内外发展

让广播电视媒体发展出具有社交功能的新媒体平台,是智慧广电建设的题中含义之一。移动新媒体的迅猛发展冲击了传统广播电视媒体的地位,尽管节目种类不断增多,接收终端设备质量不断提高,但电视所占市场份额还是呈现出下降趋势,英国传统媒体巨头 BBC 在困境中的自救突围,似乎让人们看到了社交网络和移动传媒时代,传统广播电视媒体的自救之道——让屏幕成为未来网络社交的一部分。移动互联网时代,用户在观看电视和视频节目时使用社交媒体已成为惯例,智慧广电建设需对这一需求做出回应。

(一)社交电视的类型和特点

社交电视是什么？其实在 BBC 之前,2009 年 1 月,美国 CNN 就已通过社交媒体 Facebook 网站直播了奥巴马就任总统时的场面,并由此在全球范围内开启了一种新的电视播出形式——社交电视。此后,电视与社交媒体的融合成为不可阻挡的趋势。社交电视(social TV)即是指将社交媒体(Twitter、Facebook、新浪和腾讯微博等)同电视台进行无缝对接,让电视成为社交媒体呈现终端的媒介形态。社交电视使观众随时随地观看、分享和讨论电视节目成为可能。

社交电视的特点:一是它同时做到了媒介的融合与细分。依托“双屏战略”(The Second Screen)[②],将电脑屏(第一屏)和手机屏、电视屏(第二屏)相结合,用电视屏观看节目,用手机或电脑观看节目预告、发表评论、分享看点。如 BBC 推出的 iPlayer,用户可以轻松将其与 Facebook 等社交媒体账户进行整合,同步建立节目收藏列表,与好友分享收视信息。而且目前的 BBC iPlayer 网站的播放模块已经可以独立出来,成为一个单独的网络电视客户端,可以一边浏览网页新闻,一边看 BBC iPlayer 的电视节目。与此同时,用户还可以把电视用信号联结到电脑上,直接从电视上观看输出的内容。

二是社交电视真正实现了媒介是人体的延伸的理念。打造个性化、个人化媒体,

---

① 习近平.推动媒体融合向纵深发展 巩固全党全国人民共同思想基础[EB/OL].(2019-01-25)[2019-07-08].http://www.xinhuanet.com//zgjx/2019-01/25/c_137774646.htm.

② 方世彤.传统电视的转型之路:社交电视[J].新闻实践,2012(1):27-29.

让观众可以随时随地观看自己喜欢的节目,将电视打造成网络社交的工具。传统电视媒体提供的是宽众化服务,即所有人都只能观看电视里播出的节目,且很多电视台播出的节目内容高度雷同,不是在同一时段播出同一电视剧,且进度类似,就是多家卫视一哄而上,上演相亲、选秀的闹剧。新兴网络电视媒体则趋向窄众化,越来越将电视产业从产品业升级为服务业。用户可以根据自己的口味选择喜爱的节目,还可以突破时空的局限,收看各种直播、重播节目。如海信社交电视,作为海信自主研发的"围观"系统级电视社交应用,用户可以通过该平台组成自己的圈子,分享自己喜欢的食品、音乐、图片、网页和电视应用等。又如 2012 年伦敦奥运会在网络上的播出,中国用户不用再怕错过精彩赛事而熬夜,而是可以通过网络重播观看赛事视频。

三是服务样态更多元包容。2012 年 2 月,英国《每日电讯报》的调查报告显示,青少年将浏览 Facebook 和 Twitter 等社交网站作为首选的娱乐消遣方式,而不是像以前那样最注重看电视。社交媒体取代电视成英国青少年首选娱乐方式,"电视+社交"成为受众新形势下的首选娱乐模式。对此,微软推出第二代家用视频游戏主机 Xbox360 就巧妙地将娱乐、社交和电视融为一体,用户可以通过 Xbox360 更新状态、玩游戏、看电视和在线互动。

社交电视类型以业务形式为标准进行划分,可分为三类:第一类是以电视为中心的形式,如美国 Verizon 的 FIOS TV 业务和美国电话电报公司 Havac 247 频道等。这种模式的核心是电视机,操控工具主要是遥控器,在使用上相对于手机存在不便,所以互动形式倾向于简单。国家广电总局对传统电视播出业务管理较为严格,因此其播出内容不像网络视频那样丰富,同时其播出成本也较高。

第二类是以电脑为中心的形式,即用户通过访问特定的门户网站,对正在观看或者观看过的电视节目发表评价、推荐或者分享给好友等。这种门户网站支持节目"签到"(check-in),同时支持与第三方社交网站的联结,方便用户将自己喜欢的节目分享给社交网站里的好友。如百度奇艺网旗下"奇谈"门户等。

第三类是以手机或平板为中心的形式,如国内的蜗牛电视等。该类型业务可以方便观众随时随地地观看电视节目,并用手机或者平板电脑代替遥控器,操作也更加方便。

(二)国外社交电视发展

近年来,全球范围内有超过 1,000 家公司从事与社交电视相关的服务,如 BBC、Google、苹果等公司均已进入该市场,Tune TV 等多家社交电视创业公司发展势头良好。BBC iPlayer 是英国广播公司推出的一项播客服务,可以让用户点播过去七天里播出的节目，该服务推出后在英国网民中受到追捧，目前已有超过 450 个电视平台，总计超过 10 亿分钟的 BBC 电视节目可供观看。从开始试运行到如今，这项服务已经成为一个多平台全方位覆盖的综合服务。除了能够支持移动平台、电视平台、电脑平台的播放之外，iPlayer 还与微软 Xbox360 结盟推出 Xbox Live，成为英国国内领先的全面视频点播和电视娱乐服务之一。由于在国外受到 Hulu、Netflix 及亚马逊等在线服务商激烈竞争的影响，iPlayer 国际版业务在 2015 年关闭，目前只对英国国内受众提供服务。（见图 8-1）

图 8-1　Viggle 社交电视界面

不论国内还是国外，社交电视的功能首先是受众之间的互动。观众在所观看的频道和节目进行签到，然后分享，吸引更多受众观看同样的节目。签到以后，自然会伴随一系列的社交类行为，比如围绕节目的聊天室、发送与电视节目相关的信息到社交网站上、互相推荐自己喜欢的电视节目等。某种程度上，2016 年至今风行的网络直播即纳入了这一基因。

其次是受众与电视节目、节目制作商之间的互动。比如,观众可以在移动设备上收看节目指南,并依据自己的兴趣和时间设置节目播出提醒。它既迎合了受众的需求,又保证了节目收视率。此外,受众还可以通过智能终端参与节目的投票、竞猜等互动行为(通过扫描屏幕二维码,亦可实现),或者给节目制作商提供意见或建议,让节目制作商时刻把握受众的心理动态和诉求,对自己的节目做适时调整。

最后,社交电视还应用在许多有特色的领域,比如政党领袖和总统竞选。这些政治活动历来是 Twitter、Facebook 等社交网站上的热门话题,Facebook 上不但有当季美国偶像的投票,还能依据大数据等要素预测投票胜出者。另外,以"社交+电视+游戏"的形式为观众提供综合娱乐服务,也是社交电视的功能之一。微软推出的第二代家用视频游戏主机 Xbox360,就巧妙地融合了社交、电视和娱乐等功能,并加入了对 Facebook、Twitter 等社交应用的支持。此外,社交电视还十分热衷于体育赛事。在伦敦奥运会举办期间,现场的网络通信一度因为观众过度发送短信和 Twitter 消息而备受干扰。

目前,中国的社交电视应用也面临着一系列的问题,如受技术手段、政策监管等因素的影响,在产品和服务的优化上还存在一定困难。再有就是商业模式和盈利问题,植入式广告和页面投放广告仍然是现阶段社交电视最主要的盈利手段,但这常常会引发用户的反感,降低用户的使用频率和黏着度。在 5G 移动互联网技术支持下,未来的社交电视需要提供给用户的是多屏联动、多场景对接和多时空转换的"自由行"体验,而这将是一个长期的智慧电视生态系统的打造过程。

四、网络广播电视台的节目研发

网络广播电视台的节目研发是一个复杂的系统工程,既要考虑到网台作为信息集成播控平台的普遍性要求,也要考虑到网台用户的个性化服务需求。这要求网络广播电视台的节目研发,必须将信息集成播控平台的标准化建设和满足个体用户上传分享视频、参与互动点评、搭建社区功能圈的个性化服务功能结合起来;在进行直播、点播和音视频付费模块建设的同时,做好个性化服务模块和增值信息服务模块的建设。为更好适应网络广播电视台跨屏传播的需求,节目研发还需考虑到广电行业与移动通信行业、IT 信息业之间的终端适配与联通性问题。

在网络电视台的节目研发中,So-Lo-Mo 正成为一种基本思路。So-Lo-Mo 是对 Social(社交)、Local(本地化)、Mobile(移动)的简写和缩写,它反映的是互联网营销的发展趋势,也是视频网站和网络广播电视台的节目研发规律,即网络视听节目应在社交化、本地化和移动化三大趋势上下功夫。随着社交产品、LBS 服务(Location Based Services,即定位服务)、智能手机的普及,互联网朝 So-Lo-Mo 发展的趋势也越来越明显。网络广播电视台作为互联网平台上的后发产品,在传播渠道的拓展和节目内容的组织上,其 So-Lo-Mo 发展趋势主要体现为:So——对社区、微博等社交化产品的聚合与输出、Lo——拍客与爆料等业务对本地事件的参与和分享、Mo——对移动新业务的封装和拓展。

(一)产品或服务的设计目标

互联网技术和数字化技术的飞速发展,带来的不仅仅是一场科技革命,还使得信息市场的发展环境发生了巨大变化,市场逐渐从过去的有形市场转换为一种无所不在的网络市场。在极大丰富的信息产品世界里,信息消费的主动权,也由生产者一方更多地转移到了消费者一方。面对这些变化,标准化的、传统的、大批量式的信息产品生产方式,已很难再适应今天信息消费市场急剧变化的现实,于是,越来越多的个性化产品和定制性生产开始出现。

网络广播电视台作为一种基于互联网技术和数字化技术发展起来的新兴媒体,其产品设计的目标就是最大限度地占领网络视听市场,满足互联网用户特别是年轻受众群体的需要,这要求其产品生产方式也要由过去传统广电传播模式下的标准化内容生产,向大规模的个性化定制生产转型。

大规模个性化定制生产模式本身适合于需求碎片化但潜在用户整体规模庞大的商业环境,也适合于初始投资较大但边际成本较小的产业,如家电、汽车、视频网站等。在网络广播电视台这个平台中,视听节目资源本身繁复多样,但只有一部分充满个性化且带有互动功能设计的内容会受到大多数用户的推崇,从而成为稀缺资源,而且随着用户人数的增多,这部分资源的价值会越来越大,其边际成本则会逐渐降低(如 QQ 软件、支付宝等产品)。对于网络广播电视台的内容研发而言,开发具有上述特征的互联网产品,就是其需要长期致力的目标。

上述规律要求网络广播电视台在产品研发的初始阶段,就必须密切关注对用户个性化服务需求信息的及时收集和处理。如今,不少网络广播电视台或广电网站都在其首页界面设置了用户中心专区,该专区在为用户提供视频收藏、上传和分享服务的同时,也可以为网络广播电视媒体个性化产品的研发提供后台大数据支撑。

(二)产品或服务的研发

网络广播电视台的产品或服务大多是以模块化的形式设计的。模块是总系统中的一个组成部分,同时其自身又构成一个小的系统,因此,模块化的设计过程既是一个集中的过程,也是一个分解的过程。“具体到信息平台产品来说,模块分解是把一个复杂的信息产品或信息服务系统按照一定的联系规则分解为可独立设计、生产和运营的半自律的子系统的行为;模块集中是指按照市场需求和某种联系规则将可进行独立设计、生产和运营的子系统(模块)统一起来,构成更加复杂且个性化的信息产品或信息服务系统的行为。”①在一个信息平台中,模块化程度越高,意味着这个信息平台的灵活性就越强,感知市场变动的灵敏度和应对市场变化的能力就越强。根据模块是以满足大众普遍需求为主,还是以满足用户个性化需求为主的原则,我们可将其分为标准化模块和差别化模块两种。

在网络广播电视台的平台设计中,标准化模块就是统一的信息集成播控平台建设,其功能主要以集成视听资源、提供视听直播、点播和付费服务为主,节目内容则主要由传统广播电视机构和影视制作公司提供,内容类型也基本大同小异。差别化模块则主要以各网台自主研发的子模块为主,譬如中国网络电视台的“爱西柚”专区,其用户就可以在“爱西柚”界面上以自主产制和上传内容的方式建立个人化的网络电视台。差别化模块的一个重要特征就是要根据不同地区用户的特殊需求,为其提供个性化的差别化服务,包括少数民族语言服务、社区交友服务、个人维权服务、爆料/曝光服务等。

从整体上看,网络广播电视台的服务体系就是围绕一个核心模块层层展开,最终形成立体式的服务框架。它的核心模块是视听节目,围绕着这个核心可以衍生出三个层次:第一个层次是直播频道模块组,第二个层次是视频节目点播模块组,第三个层次是付费节目模块组。这三个层次都是广电机构最擅长的领域。接下来第四个层次是能够为用户提供个性化服务需求的模块,包括为用户个人收藏、自主制作和上传视频提供服务,为有相似志趣的网友们在网台中相互认识和交流提供社区服务等。第五层是增值信息模块,比如电子商务、LBS 服务、远程诊疗服务等。第六层是无线互联网增值模块,建立这层模块是为了让网台更好地适应移动互联网发展的需求,对已有的服务模块进行整合,挑选出适合在手机小屏上使用的业务。

---

① 谷虹.信息平台论——三网融合背景下信息平台的构建、运营、竞争与规制研究[M].北京:清华大学出版社,2012:192.

以中国网络电视台为例，其页面设置既有直播频道（包括央视各频道和各地方电视台频道），也有点播频道（包括各品牌栏目专区、特色化频道和海外系列本土化台、网络视听联盟协作台等）。前者可满足网络用户对视听服务的普遍需求，积累基本用户规模，后者可封装央视各品牌栏目和特色频道的资源，在拆分重组之后供用户依据自身喜好，不受时间、地点限制地自由点播观看。

同时，中国网络电视台还设置了爱西柚专区，主打视频直播和点播之外的分享与交流服务，用于鼓励用户自己制作、编辑和上传视频。同时，用户如果下载了央视影音 C-Box 客户端和央视新闻、央视体育、央视悦动等业务模块，还可以享受到智能节目单、电视预约功能等特殊服务，当然，一些服务项目需要支付一定费用才能开通。

此外，中国网络电视台的电子商城频道、健康频道、游戏频道等，也都构成了 CNTV 平台经营的有效途径，可以为网台增值业务的拓展提供着力点。因为每家网台拥有的资源禀赋和办台条件各不相同，所以，在进行业务模块的研发时，各网台也需要紧密结合自身实际情况，围绕核心业务设计出能够体现自身特点的网台产品，如江苏网络电视台的“维权全出击”平台（见图 8-2）、山东网络广播电视台的“齐鲁拍客”平台等。

图 8-2　江苏网络电视台——维权全出击平台

（三）不同产业间的联合

网络广播电视台的建设和运营离不开其他产业的支持，这其中包括传媒产业、电信产业、电子设备制造业和其他相关 IT 产业等。其中，传媒产业主要是指广播电视业，电信产业主要是指电信网络运营商，电子设备制造业主要指终端设备生产商，IT

产业主要指互联网企业和软件技术开发商等。

网络广播电视台大多是依托原有的传统广播电视媒体建设和运营的,它们与原有的广播电视媒体保持着密切的业务往来和经营联系,这种关系为网络广播电视台的发展带来了两大宝贵资源,即节目内容资源和媒体品牌优势。同时,网络广播电视台的运营也离不开与各大电信运营商的合作。电信运营商可以利用自身的网络优势和用户规模,为网络广播电视台的发展提供带宽支持,并为网络广播电视台开展增值服务创造有利条件,譬如为网台应用软件提供预装机服务等。

IT 产业则为网络广播电视台的运行提供了技术支持。IT 产业的发展使得网络广播电视台可以在信息集成播控平台的建设上、应用软件的开发上,获得良好的外脑支持,并同时节约大量人力资源开支。电子设备制造业作为个人电脑、电视机、手机和平板电脑等终端产品的生产方,也与网络广播电视台的节目供应和内容集成发生着千丝万缕的联系,特别是在定制产品的开发和应用软件的匹配上。如今,各个网络广播电视台都在其首页显著位置,开设了适应于不同终端电子产品的客户端下载专区,以对应日益多样化的电子终端市场。

五、网络广播电视台的节目交易模式

网络广播电视台是媒介融合的产物,媒介融合的形态包括了内容融合、网络融合和终端融合。媒介融合的过程也使原有的产业链在各个环节发生了不同变化,并日益呈现出横向打通和纵向融合的产业特征。网络广播电视台也随着这一变化的加深,围绕着内容生产、内容集成、内容分发、广告经营和增值服务等环节,衍生出品牌授权交易、版权交易、广告交易、内容收费交易和增值服务交易等几种交易方式。

(一)品牌授权交易

品牌授权是指“品牌拥有者利用自身品牌资产价值,允许被授权者使用该品牌生产销售某类产品或提供某种服务,并对其收取授权费”①。对于传媒产业来说,一个成熟的内容品牌可以衍生出横跨多个产业种类的产品,比如一部电影可以衍生出相同名字的网络游戏、漫画、电视剧、音乐、图书等。同样,媒体自身通过长期经营形成的机构品牌,也会为市场合作方的相关产品带来良好影响,甚至会形成受众聚集效应,帮助合作方拉升产品销售业绩。比如芒果 TV 推出的芒果游戏,浙江网络广播电视台推出的

① 周胜,段淳林.全球化背景下文化创意产业创新模式研究[J].经济问题,2009(3):23-25.

米秀游戏,中国网络电视台和小米公司、乐视网联合推出的互联网电视机顶盒小米盒子、乐视盒子等。这些产品在增加网络广播电视台经营收益的同时,也有效增加了其用户黏性。

(二)内容版权交易

这里的版权交易,既包括了内容生产商向内容集成商出售版权,也包括了内容集成商将购买的内容打包整合后,向其他内容集成商和终端服务商出售版权。网络广播电视台在节目内容的集成过程中,向其他影视制作机构,包括国外影视制作机构购买内容使用权,属于第一重意义上的版权交易。与此同时,网络广播电视台为了获得内容运营上的商业效益,还会在第二重意义上展开版权交易活动。一些有实力的网络广播电视台,不但会将自有资源打包出售,还会将自己购买的版权进行分销和转让,如中国网络电视台对奥运会、足球世界杯等大型体育赛事转播权的购买和二次分销,芒果TV对湖南卫视独播剧、自制剧资源的独家垄断和转让等。

(三)广告交易

广告交易是网络广播电视台最主要的内容经营方式之一,也是目前网络广播电视机构最主要的盈利来源。和传统广播电视台的广告竞争类似,网络广播电视台的排名越靠前,网页和视频的浏览量越大,其广告价值就越高。目前,网络广播电视台的广告交易模式主要包括以下三种:

一是广告推送模式,即广告商将广告直接投放到网页上或者视频界面当中,不加掩饰地呈现给用户。二是广告赞助模式,即广告商对自己感兴趣的信息内容或节目进行赞助,而网络广播电视台则协助广告商将网台中与其品牌相关的内容整合成一套专题或一个频道,达到宣传企业产品、企业文化和企业品牌的效果。三是植入式广告模式,即将产品或服务信息隐性地内置于影视或娱乐产品中,达到间接宣传和营销企业产品的目的。

从规模上看,推送模式是目前网络广播电视台中应用最为广泛的广告交易模式,它的特点是直观、覆盖面广,在不影响用户浏览内容的前提下,页面和视频窗口的许多位置都可以投放广告。除了文字和图片广告之外,网络广播电视台中的视频推送广告类型最为多样,它们包括了前置式广告、插播式广告、播放器背景广告和覆盖式广告。

其中,前置式广告是指在视频内容播放之前插播广告,这类广告属于强制性广告,一般要持续数十秒钟到一分半钟不等,除非用户付费跳过,否则必须等待广告播放结束后才可以观看视频内容。插播式广告是指在视频内容播放期间,暂停内容播出推送的广告,一般较前置式广告时间要短。播放器背景广告是指在视频播放过程当中,以企业产品或者企业品牌作为主要画面,构成播放器背景的广告形式。播放器背景广告与其他视频广告的不同之处在于,它是一种播放窗口外的伴随性广告形式,不会影响到用户正常观看视频,且能够收到长时间宣传的效果。覆盖式广告又称为浮层广告,是指在视频内容播放过程中出现的广告。这种广告会半透明地浮现在窗口的上端或下端,而不是占满整个视频窗口,因此也不会影响到用户正常观看视频;只有当用户点击广告时,覆盖式广告才会弹出更大的广告界面。

赞助模式的广告,在呈现形式上也比较多样,可以是单独的通栏式、弹出式、视频贴片式广告,也可以是同时包含了以上多种形式的综合性广告,还可以是独家冠名式广告。广告赞助商既可以对网络广播电视台的常规性节目进行赞助,又可以在特别事件或重大节日期间对网络广播电视台的特定节目进行赞助,比如在2011年春节期间,娃哈哈集团就独家赞助了CNTV网络春晚,并以CNTV网络春晚为核心,将广告触角延伸至了所有与该春晚活动相关的新媒体平台。

植入式广告从宣传技巧上看,是最为符合信息传播本质的广告形式,它以对信息传播活动的低干扰性赢得了网络广播电视媒体和互联网用户的认可。目前,比较常见的网络广播电视台植入式广告,是在网台的节目演播室中,往其背景板、桌面设置和主持人着装上添加相关的广告元素。一些网台自制剧和体育比赛,也可以用剧情植入或打角标的方式插入广告。

(四)内容收费交易

这种交易方式是指网络广播电视台向用户提供某些特定的高品质视听资源,网络用户必须支付一定费用后才可以享受相关服务。最典型的就是付费点播业务,用户通过支付平台付费点播并在线观看节目。中国网络广播电视台的“App 汇”板块中汇集了各个节目的客户端下载区,用户可以免费下载其中的一些客户端,但利用客户端点播相关节目资讯时却需要支付相应费用(见图8-3)。芒果TV的客户端下载专区中,也提供了手机版和电脑版的客户端免费下载服务,但若要享受电影包月、电视剧包月、动画包月等内容服务,则需要支付一定的费用。

另外如高尔夫网球、江苏靓装、天元围棋等产品,也都是不同网络广播电视台提供的付费频道服务。除了以上收费方式之外,网台用户若要享受高清、流畅、无广告打扰的视频节目,也需要支付一定费用。

(五)服务收费交易

服务收费交易是指网络广播电视台通过经营电子商务等获得收益。电子商务是

图 8-3　中国网络电视台“App 汇”界面设置

指网络广播电视台为各个商家提供网络平台,并帮助它们在线销售各类商品,各个商家则根据货物销售情况向网络广播电视台支付一定费用。除了上述模式之外,网络广播电视台还会通过自营商品,获得营业收入。网台开办的电商业务与淘宝等专业的电商网站有所不同,它们多是将电视台的购物频道平移到网络平台上,加以整合改造,推出相应频道或专区,因此,在购物方面实际上形成了台网联动的模式,如中国网络电视台的央视商城、江苏网络电视台的“好享购物”、芒果 TV 的“快乐购”、云南网络广播电视台的“买乐购物”、河北网络电视台的“三佳购物”、河南网络电视台的“欢腾购物”等。其中,江苏网络电视台的“好享购物”还开发了专门的手机客户端软件,用户安装使用即可享受“好享购物”的专属价格。

六、电视购物节目的规范与发展

电视购物节目是广播电视媒体和现代商品零售业相结合打造出的新型商业营销模式。2006 年 11 月,中央电视台在获得全国性数字频道经营牌照以后,就立即进军电视购物领域,于当年 12 月开播了中视购物频道。在此之前,湖南卫视已于 2006 年 3 月份开播快乐购物频道,并于当年 4 月、9 月和 10 月先后完成三次扩军,打入南京、扬州和广州的电视购物市场。同年 10 月份,南方广播影视传媒集团旗下的开心购物频道开播;12 月,江苏广电总台、浙江广电集团和台湾东森购物电视台联合打造的“好易购”节目在江苏、浙江多个频道实行联动直播。2007 年 1 月,开播近三年的上海文广东方购物,也正式宣布与浙江嘉兴电视台合作进军沪外市场。作为电视媒体除广告收入、节目销售收入之外的重要创收途径和商品零售业中无店铺营销的新型运营模式,电视购物在十多年的发展中吸引了越来越多的电视媒体和企业商家投身其中,并影响了网络广播电视媒体的经营思路和内容设置。

(一)电视购物节目的运营模式

在传统经济理论中,人们普遍认为零售商业经历了三次革命性的变化,分别产生了百货商店、超级市场和连锁店三种标志性的运作模式。随着零售业本身和科学技术手段的快速发展,1992 年,美国俄克拉荷马大学的罗伯特·勒什等人提出了无店铺零售运营理论,认为这种理论下的运营模式将是商品零售业第四次革命后的标志性形态,电话购物、电视购物、网络购物等都是其具体表现样态。也正是基于这重认识,电视购物在世界经济发达国家——如美国、日本、韩国等国,已逐渐形成了横跨电视传媒、电信传播、商品零售和物流多个领域的、具有良好发展前景的新兴产业种类。

在我国,20 世纪 80 年代,台湾等地已开始出现电视购物的最早雏形。2005 年时,台湾著名的东森购物台会员人数已超过了 250 余万,销售总额也达到了 350 亿元新台币(90 亿元人民币)的规模。① 与台湾和香港地区相比,大陆的电视购物则起步较晚。广东电视台和广州电视台在 1992 年推出的《美的精品 TV 物惠店》和《直销 848 广告杂志》大概是内地出现最早的电视购物节目。在经历了 21 世纪前几年的发展低谷以后,内地的电视购物节目和频道建设在 2006 年时再度掀起新高,并一直持续至今。除去已经在市场上占稳先机的上海东方购物、广东 GS 以及重庆 LG 等合资电视购物频道以外,湖南、陕西、河南、河北等地的各家电视台已经开办和正在开办的电视购物频道(包括网络购物频道)也成为其中的亮点。

就目前的发展状况来看,我国电视购物大体上存在着以下四种运营模式:第一种是以电视台和其下属公司为运营主体的产业开发模式。在这种运营模式中,电视购物企业拥有电视台的频道资源,以开办专门的电视购物频道或在频道中不间断播出较长时间的购物节目为主要运作形态。北京电视台及其下属的产业开发公司即属此类,河南、陕西电视台的购物频道也基本上属于这一运作模式。在这种运作模式下,人员大

---

① 杨状振.电视购物:现象与思考[J].广告大观(综合版),2007(6):104-107.

多来自电视台内部,专业知识和商业素养都明显滞后于现代商业社会的发展,这成为制约这类电视购物节目长远、健康运营的关键问题。

第二种是以电视直销公司为主体,由它们负责组织货源和制作节目,然后再向广播电视媒体购买广告时段播出和销售商品的模式。这类运营模式也是目前国内市场上被电视购物企业和电视媒体采用最广泛的模式,像享有盛名的橡果国际、瑞仕邦、七星、安必信、驰奥玛和央视、凤凰卫视以及很多地方卫视的合作等都属此类,但这其中也存在着一个商品质量监管和售后服务体系不够完善的问题。

第三种是以电视台为主体,整合电视、电话、网络、社交软件等各种媒介资源联合打造的全国性、专业性电视购物频道的模式。2004 年安徽电视台开办的家家购物频道是这种运营模式的代表,2006 年 3 月湖南电视开办的电视购物频道也同属此类。这种模式具有覆盖广泛(全国 100 万个服务网点覆盖 5,000 余个城镇)、经营对象多样(包括房产、建材、家居、汽车、IT、服装、日用百货等各类商品)、媒体支持平台联动(电视、电话、网络、促销)等多种优点,但时效性差和个性化服务不足也同时成为其运营中无法避免的软肋和硬伤。

第四种是以某一区域中心城市电视台为核心,联合各家电视媒体组建电视直销网的模式。这种模式最大的优点是可以实现广告资源、产品信息的交流和共享,组建起强大的营销网络。但是在这种模式里,利益分配难以均衡的问题就显得特别突出。另外,以上四种电视购物运营模式,无一例外地都存在着一个将节目/栏目广告化的倾向。

(二)电视购物节目的生态调整

电视购物作为广电媒体拓展经营思路、增加媒体收入的一条渠道,从严格意义上来讲,其重心在物流经营而非广告,但在我国目前各大电视台的电视购物节目中却普遍存在着煽情渲染、夸张虚构乃至故意造假宣传的广告化倾向。名人代言的形式和充满故事性、人情化的攻心策略很容易让观众信以为真,引发其购物欲望。在产品质量无法保证的前提下,很多通过电视购物方式购买商品的观众会大呼上当。有过这样的经历之后,电视购物极容易在观众的收视认知心理上留下阴影,从而引起他们对此类节目和营销行为的反感乃至厌恶情绪,在客观上不利于电视购物节目的长远健康发展。

从这个层面上讲,树立起电视购物运营主体和产品开发商的品牌意识、诚信意识迫在眉睫。中国消费者协会曾指出,伴随着近几年商品零售业中无店铺销售模式的兴起,电视购物已经成为产品虚假宣传、侵害消费者权益的投诉热点。无保证的商品质量、不完善的售后服务和虚高的商品价格、厂家/媒体之间对售后问题的相互推脱,严重影响了电视购物在受众心目中的形象和声誉。为此,原国家广播电影电视总局和市场监管机构曾联合下发《关于整顿广播电视医疗咨询服务和电视购物节目内容的通知》,对药品、医疗器械、丰胸、减肥、增高产品等五类广告进行了强制性停播。此后,有关部门又对继续违规播放该类节目的多家地方电视台发出警告和整改通知单,但这并没有从根本上杜绝类似问题的发生,相关规章制度的欠缺和电视购物管理权限的不明晰造成了实践操作中的难点。

从性质上来讲,电视购物归属商业零售业,理应归工商行政部门管理,但电视购物节目赖以传播信息、组织货源、进行销售活动的行为又同电视、网络等媒体平台密不可分,有时甚至是多位一体、利益同构的整体。再加上电视等媒体又实行的是属地管理制度,由当地政府主管部门负主要责任,国家广电总局只能实行业务上的指导、行使有限的一些管理权,并不具备直接调查处理的权力。如此一来,电视购物实际上已经陷入了一个与各方都有关,但各方又都无法单独处理的怪圈中。

2009 年 9 月,国家广电总局颁布了新的《广播电视广告播出管理办法》,正式将电视购物节目纳入电视广告的管理序列中来,至此,开播以来就一直争议不断的电视购物节目内容监管问题,终于有了明确的解决方案和执行依据。不仅如此,在与“管理办法”同步下发的《关于加强电视购物短片广告和居家购物节目管理的通知》中,广电总局还进一步将电视购物节目区分为“在专门电视购物频道播出”和“在其他电视频道播出”两种类型,分别给予了“电视节目”和“电视广告短片”的不同监管机制。经过多年的探讨和争论,“建立行业准入和退出机制,促进形成‘广电为主,诚信为本,规范发展’的电视购物健康发展格局”,成为此后广电总局调整中国电视购物节目结构,促进行业健康发展的政策共识。

2010 年 1 月开始实行的《广电总局关于电视购物频道建设和管理的意见》,进一步强调:“除经批准开办的电视购物频道和经备案的专门购物时段外,其他模拟、数字和付费频道,一律不得播出电视购物节目。”已经开播购物频道和购物节目的电视媒体,要严格按照广电总局《关于加强电视购物短片广告和居家购物节目管理的通知》的要求,真实介绍和展示所售商品,不得做虚假、夸大宣传。购物节目播出时,须在屏幕右上角明确标明“购物”字样,电视购物频道的经营主导权也不能以收取节目审查费、播出费和频道占用费等方式,变相出租或转让,“社会合作机构可以参与购物企业的经营和管理，但不得介入频道编播业务”①。

随着国家相关规范措施的出台及部委整改力度的加大，电视购物市场向集约化、规模化、正规化和品牌化方向发展，将成为确定不移的趋势。在这一过程中，小型的社会电视购物公司要么与广电媒体融为一体，要么被淘汰出局，经过这一转型后，国内电视购物市场也将步入更加良性、健康的可持续发展阶段。

（三）国外及我国台湾地区电视购物节目的参考意义

在国外，电视购物多采取承包和独立注册的经营模式，除了在经营上自负盈亏外，整个商业形态类似于电视超市，购物频道和购物时段能够担负起独立的法人责任。商品一旦出现问题，观众或消费者不必找生产者，电视购物经销商会承担起独立的法律责任和销售风险，如韩国 LG 购物频道，美国 QVC 购物公司等都是如此。

在具体运作上，美国 QVC（即 Quality-质量、Value-价值和 Convenience-方便的缩写）公司的运营理念具有现实借鉴意义。作为全球最大的电视与网络购物零售商，QVC 公司在 2000 年时的营业收入还只有 30 多亿美元、现金业务流 6 亿美元，但五年后这一数字已达到了 65 亿美元和 14 亿美元，成为世界最大的电视购物网络运营商之一。

QVC 公司在运营方式上，全程介入产品的设计、开发、生产、宣传、销售与售后服务等系列运作环节，它不仅仅搭建了一个播出平台，更贯穿了整个产业链，这使其在极大程度上实现了与所销售产品的无缝连接。在宣传思路上，QVC 公司十分注重观众/顾客的购物心理，充分尊重他们的个人体验和心理感受，在节目播出中注重将高度的便利性和娱乐性相结合，寓“卖”于乐。这种无缝连接式电视购物，同目前国内市场上绝大多数电视台所采用的与商家进行疏离式合作方式形成了明显反差。

在欧洲，电视购物节目则多限制在专门的购物频道中播出，公共频道中的电视购物节目累计时长不得超过 3 个小时，这在事实上把很多电视购物节目逼到了专门的购物频道中去运营，从而既保证了公共频道的公益性，也提升了电视购物企业的专业性和独立承担宣传责任的法律意识。我国台湾地区则从《公平交易法》《消费者保护法》《广播电视法》《卫星广播电视法》《有线广播电视法》等角度对电视购物节目传播进行规约，赋予了消费者商品鉴赏期、特殊解约权等法律保障，并在明示产品制造商、认定不实广告等具体政策执行上向受众倾斜。

---

① 国家广电总局.关于电视购物频道建设和管理的意见［EB/OL］.（2009-12-15）［2019-07-08］.http://www.gov.cn/gzdt/2009-12/15/content_1487922.htm.

第九章　价值网视阈下国外及中国港台地区视频网站建设

传媒技术和产业模式的变革,其意义更多的不是体现在后台操作上,而是体现在用户的终端消费与体验上,换句话说,即新技术、新模式和媒介融合能否为受众带来全新的、更加舒适的和有价值的服务,才是技术变革能否成功落地的关键。国外及中国港台地区视频网站在上述方面的许多尝试,为中国内地提供了榜样和经验。它们基于价值网模式的产业融合和业务创新实践,也较我国内地更早且总体推进顺利。尤其是在管理制度的架构和融合上,从单一的行业管理到跨行业协调,再到彻底融而为一,它们的发展思路和价值网操作模式值得我们借鉴。

一、YouTube、Hulu 和 Google TV 模式

美国是全球最早实现三网融合和视听新媒体产业跨界发展的国家,1993 年 9 月,美国推出的"国家信息基础设施"工程计划(又称"信息高速公路"计划)就是其加速经济和社会向信息化时代整体转型,抢占世界信息产业制高点的一项重要决策。"国家信息基础设施"工程计划作为美国提高国际竞争力的重要手段之一,特别强调了解决信息在不同网络间的平滑流通问题,希望能够建设一个能将所有分散的网络和信息连接起来的"网络的网络(Network of Network)"①,以便为用户"提供远距离的银行业务、教学、购物、纳税、聊天、游戏、电视会议、点播电影、医疗诊断"等服务。1996 年,美国实施新的《电信法》,取消了电信和电视业互不进入对方市场的限制,为三网融合扫清了法律障碍。在此后的 10 年间,美国迅速发展成为全球三网融合程度最高的国家,电信和广电业的双向进入,使美国的视听市场呈现出媒体、通信产业融而为一的发展趋势,尤其是在终端消费市场上。

---

① 王喜文,江道辉.美国"信息高速公路"战略 20 年述评[EB/OL].(2013-09-16)[2019-07-09].http://intl.ce.cn/specials/zxxx/201309/16/t20130916_1508249.shtml.

（一）YouTube 模式

YouTube 是美国也是全球目前最大的专业视频分享网站。该网站于 2005 年 2 月由查德·赫利(Chad Hurley)、陈士骏(Steve Chen)和贾德·凯利(Jawed Karim)创办于美国加利福尼亚州的圣布里诺市,最初的目的是为方便在比萨店或餐馆里就餐休闲的用户自由下载、观看及分享影片(或视频)提供服务。但到 2006 年时,由于其巨大的市场需求和网站极具个性化的服务设计,YouTube 已聚集起超过 4,000 万条视频,日均观看量 3,500 万条,吸引独立访客 910 多万人,成为美国在线视频服务提供商中市场份额最大(42.9%)的专业性视频网站。①

YouTube 所秉持的"Broadcast Yourself(播出你自己)"理念在美国在线视频市场上提供了一种别具一格的视频分享文化。这是一种有别于传统媒体"我播你看"模式的视听服务理念,它把互联网提倡和追求的平等、开放、互动精神,融入网站的平台运作和市场开拓中,使其创新实践与网络平台的精神指向、受众群体的个性化需求达成了某种超越商业利益关系的内在一致性。以真正的互联网思维办网络视听媒体,是 YouTube 能够在短短一两年时间中迅速超越许多老牌电视媒体,成长为引领美国视听新媒体发展方向标志性力量的重要原因。

2006 年 7 月,YouTube 日浏览量突破 1 亿次大关,其自身蕴藏的巨大市场发展潜力及渐趋形成的品牌效应,使 YouTube 成为美国由传统电视时代向网络视频服务时代转型过渡的标志。与此同时,YouTube 用户提供内容的节目产制模式,也面临着视频内容多涉侵权的窘境。同年 10 月,谷歌公司以 16.5 亿美元收购了创办一年半的 YouTube 网站,并与环球唱片、索尼-百代、华纳音乐、哥伦比亚广播公司(CBS)等达成内容授权协议,为 YouTube 网站可能面临的内容版权纠纷解除了后顾之忧。

2008 年 11 月,YouTube 为了和专业视频网站 Hulu 展开竞争,进一步与米高梅公司、狮门娱乐公司和哥伦比亚广播公司达成协定,获得四家公司拥有版权的完整长度的电影和电视剧播放权。当年,YouTube 在美国在线视频服务市场上的份额达到 73.18%,较 2006 年增长了 30%。除了用户自制上传的内容资源外,与传统媒体和电影公司合作,也成为 YouTube 巩固自己市场地位、提升行业影响力、抢占广告市场的重要发展方向。

除了巩固在美国视频服务市场上的地位之外,自 2007 年起,伴随谷歌公司在全球的扩张,YouTube 还积极寻求拓展全球在地化服务,先后与欧洲、澳洲、亚洲的许多国

---

① 梁晓涛,汪文斌.网络视频[M].武汉:武汉大学出版社,2013:72.

家和地区,包括中国香港和中国台湾,开办以本地语言为主的镜像分站点,并积极与当地广播电视内容提供商展开合作,提升其在当地音视频服务市场上的传播力和话语权。目前,YouTube已在美国、澳大利亚、巴西、加拿大、德国、西班牙、法国、英国、中国香港、爱尔兰、印度、意大利、日本、韩国、墨西哥、荷兰、新西兰、波兰、俄罗斯等国家和地区开办了20余个区域频道,使用语言涵盖了英语、汉语、日语、韩语、法语、西班牙语、俄语等全球十多种主要语言。

随着美国和全球在线视频服务市场的成熟和完善,越来越多的传统电视媒体和网络视频内容提供商将YouTube作为合作伙伴,借助其全球化的传播平台及镜像体系,开设企业频道,将旗下内容资源创造的效益最大化。这些企业频道目前已成为YouTube维持内容更新和在线视频集成服务霸主地位的重要力量。根据美国互联网分析公司comScore 2014年1月公布的统计数据,在YouTube合作企业中,由谷歌、环球音乐和索尼音乐共同出资成立的专业音乐电视网站VEVO,以3,846万的独立访客量位居第一。其后依次是Fullscreen(2,734万)、ZEFR(2,660万)、Maker Studios(2,473万)和华纳音乐(2,267万)。

在排名前10的YouTube合作企业频道中,Maker Studios的平均观看时间最长,平均为每人72分钟,其次为VEVO(51分钟)和Fullscreen(41分钟),而在视频播放数量排名中,VEVO位居第一(6.22亿个/段),Maker Studios(5.23亿个/段)和Fullscreen(3.58亿个/段)分居第二和第三。当月YouTube的总独立访客数量为1.59亿,平均观看时长356.7分钟,两者数据均居全美在线视频服务提供商首位。其后依次为Facebook(7,910万访客、50.1分钟观看时长)、AOL(7,618万访客、60.4分钟观看时长)、雅虎(5,350万访客、47.8分钟观看时长)和NDN①(4,939万访客、71.2分钟观看时长)。

YouTube成功的经营模式与文化形式也吸引了众多研究者的关注,澳大利亚昆士兰科技大学文化创意产业教授让·伯吉斯和约书亚·格林认为,尽管YouTube的网站技术架构是公司所提供的,但YouTube网站本身已经超越了这一内向型界定,向外蔓延成为各种社会组织、媒体机构、专业人士和普通用户上传内容、参与文化生产和社会交往的共享平台。作为一个由商业利益驱动的公司,和作为一个让受众广泛参与讨论的社会文化平台,二者在角色定位上是存在冲突之处的,但YouTube的成功之处,恰在于其利用其平台内容的开放性、丰富性和多样化,解决了用户体验与市场盈利间的矛盾。

---

① 即News Distribution Network(新闻发布网),是2007年成立的美国在线视频服务商平台,与CBS地方频道、美联社、彭博社、法新社等传统媒体机构有合作关系。

瑞典乌普萨拉大学信息和媒体系教授克里斯蒂安·福克斯则在其2008年出版的《互联网和社会:信息时代的社会理论》一书中认为YouTube的商业模式,是一个基于与商品和礼物相结合的例子。“商品化的网络空间皆为利润导向,但它们所提供的商品不一定必须具有交换价值或者是市场导向,在某些情况下(如谷歌、雅虎、MySpace、YouTube),提供免费商品或平台来作为礼品是为了增加使用者的数量,广告因用户数量的聚集也随之进驻,最后达到的仍然是盈利目的。”①但基于对广大用户的责任,YouTube在处理因角色矛盾产生的冲突时,也往往能够采取更加审慎的措施,比如,对于网站上的广告,YouTube就以更加柔性化的方式使其嵌入情境而不是直接跳出,以避免妨碍用户的消费体验,这种被称为“原生广告(Native Advertising)”的形式②,也正越来越成为商业性视频网站追求的主要广告介入方式。

YouTube网站在内容上有两个显著特征:互动性强和以UGC内容为主。事实上,在YouTube出现之前,网络视频模式已经存在,只是缺乏一个集互动、分享、下载以及观看视频于一体的强有力平台,而YouTube的出现填补了这一空白。其经营模式也以此为基点展开。

首先,YouTube网站内容具有鲜明的草根性质,人们将其比喻为“草根文化的狂欢”,这也是网站创办者恪守的初衷。其好处是节目资源来源广泛、无穷无尽,每个人都可以是视频的创作者和提供者,并因此赢得广大网民的喜爱。YouTube通常把视频长度控制在10分钟以内,1—2分钟的视频在YouTube上很常见,这明显区别于动辄以小时计的影视剧长度,特别方便用户上传和下载。同时,其内容绝大部分来自用户自制和分享,也导致网站内容质量参差不齐,时有版权纠纷发生,许多优质广告主因担心影响自身品牌形象而放弃在平台投放广告。

其次,YouTube的营销方式依托于SNS系统。SNS的全称是Social Networking Services,即社会性、社交性、社区性网络服务。SNS起源于“六度分割理论”,即任何两个陌生人之间所隔的人不会超过六个,通过六个人,我们就可以认识任何一个陌生人。③ YouTube利用这一原理,通过网络视频把人们聚合在一起,建立起一个成功的网络视听服务社区。在这里,网民可以发布视频、分享视频,从一个圈子传播到另一个圈子,从而建立起一个个“趣缘”群体和网络社区。在这里,参与者不但可以用视频记录自己生活的点滴,还可以记录一些重要的社会事件(incident),日积月累使其逐渐成为

---

① FUCHS C. Internet and society: social theory in the information age[M]. New York: Routledge, 2008.

② 原生广告主要是指从网站和App用户体验出发,把广告作为内容的一部分植入实际页面或设计中的广告形式,其主要特点是视觉整合(Visually Integrated)、用户主导(Choice)和内容对用户确有价值(Content)。

③ 余学军.六度分割理论成就SNS[J].信息网络,2008(11):37.

世界新闻报道的消息来源渠道之一。

最后,YouTube 在盈利方式上坚持手段多元化。YouTube 允许广告商在搜索结果旁边放置宣传自己产品的视频片段,广告商可以将视频广告和 YouTube 搜索框中的搜索词捆绑起来。YouTube 的视频内广告和在线视频广告牌也颇具特色,由于其时长都很短,很多时候广告也被当作视频内容的一部分,让观众津津乐道。对于广告收入,YouTube 通常会和合作方,如电视台、影视公司等分成。2013 年 5 月起,YouTube 开始推出付费频道,最先推出的是月费用不足 1 美元的 50 个频道,每个频道提供半月左右的试用服务,这些频道的收视费用比美国有线电视收视费用和我们国内视频网站的收费要低许多。

(二)Hulu 模式

与 YouTube 只做分享自己不产制内容不同,Hulu 的建设目标即是打造互联网领域电视节目数量最多最全、品质最优最专业的一站式流媒体视频服务网店。为了实现这一目标,Hulu 与包括 NBC、FOX、ABC、BBC、PBS、Sony、米高梅、华纳兄弟、狮门影业、Comedy Central、圣丹斯频道等在内的全球数百家媒体内容提供商进行了合作,将这些机构自主产制的优质视频节目,如新闻、访谈、电视剧、音乐电视、电影、动画片、演唱会等正版音视频内容集纳到自己的服务平台。

Hulu 是 2007 年 3 月由美国国家广播公司(NBC)和福克斯广播公司(FOX)共同投资成立的在线视频服务网站,2009 年 4 月,迪士尼旗下全美广播公司(ABC)加入投资。作为应对网际融合背景下在线视频迅速发展,拓展传统电视生存空间的重要手段,Hulu 一出现,便以其浓厚的电视媒体背景和正版内容集成优势,获得了网络用户和广告商的青睐,仅用一年时间便跻身美国在线视频服务提供商的前 10 名,年广告收益达到 7,000 万美元,用户规模达到 500 万户。①

Hulu 得以快速发展的保障是其优质的内容资源和使用上的便利性。2010 年 6 月,Hulu 开发设计的视频订阅服务软件 Hulu Plus 上线,该软件不仅实现了互联网电视机、个人或平板电脑及手持终端的一体覆盖,方便用户通过各种网络终端收看、点播正版电视节目内容,还以不到 10 美元的廉价资费为用户提供 720 万像素高分辨率的电影在线观赏服务。或许正因为这些廉价优质的内容服务和处处为用户着想的方便设计,才使得 Hulu 在竞争激烈的美国在线视频服务市场上,迅速发展成为最具影响力和广告投放价值的高品质、专业化视频网站。

---

① 梁晓涛,汪文斌.网络视频[M].武汉:武汉大学出版社,2013:112.

互联网分析公司 comScore 2014 年 2 月发布的统计数据显示(见表 9-1),当年 1 月美国视频广告观看量为 269 亿次。其中,视频广告网 SpotXchange 以 34.6 亿次观看量排名第一,其次为 AOL(29.2 亿次)和谷歌(29 亿次),Hulu 以 11.7 亿次观看量排名第八。当月,美国视频广告总播放时长为 100.4 亿分钟,其中 AOL 最高,达到 13.2 亿分钟,Hulu 为 4.66 亿分钟,排名第七。在当月统计时段内,美国在线视频广告的总人口覆盖率达到 52.6%,人均观看视频广告 165 次,其中超过 80 次来自 Hulu 网站,Hulu 成为当月全美视频广告访问频次最高的在线视频服务商。这也从一个侧面印证了 Hulu“正版内容+视频广告”运营模式的成功。

表 9-1　comScore Hulu 广告视频独立访客量排名(2014 年 1 月)

Property	Video Ads (1000)	Total Ad Minutes(MM)	Frequency (Ads per Viewer)	% Reach Total U.S. Population
Total Internet: Total Audience	*26,907,310*	*10,041*	*164.6*	*52.6*
SpotXchange Video Ad Marketplace†	3,461,166	1,113	26.9	41.5
AOL, Inc. (including Adap.tv)	2,916,947	1,316	19.0	49.6
Google Sites	2,903,087	286	27.3	34.2
LiveRail†	2,418,272	1,023	16.4	47.6
BrightRoll Platform** †	2,298,960	1,098	14.1	52.6
TubeMogul Video Ad Platform†	1,825,644	587	17.3	34.0
Specific Media**	1,354,872	513	9.6	45.3
Hulu	1,173,975	466	80.8	4.7
Tremor Video**	887,532	418	8.5	33.8
Videology†	518,542	245	7.1	23.6

说明:表中“ ** ”代表视频广告网站,“†”代表视频广告交易平台、需求方平台或供应方平台。

数据来源:comScore, *January* 2014 *U.S. Online Video Rankings*, http://www.comscore.com/Insights/Press-Releases/2014/2/comScore-Releases-January-2014-US-Online-Video-Rankings.

除此之外,为了应对网络受众的个性化订制需求,Hulu 还有所针对地雇佣专业团队自主生产了《西部速战速决》(*Western Quick Draw*)、《误打误撞》(*The Wrong Mans*)等动画喜剧、情景喜剧和纪录片产品。在提升用户的消费体验上,Hulu 为用户提供了在线点播和搜索兴趣产品的服务,允许用户无论何时何地都能观看、收藏和发现更新的电视节目,即使一些节目 Hulu 暂时无法提供和使用,用户也依然可以通过其搜索功能在其他网站发现目标。Hulu 提供的在线视频剪辑功能,则从满足受众的主动参与意识上优化了用户的消费体验,使其可以自由截取想要分享的视频段落,并通过电子邮件,或嵌入其他网站、博客及社交网络页面的方式进行分享。

Hulu 的首页界面设置以清晰简单著称,画面加上简单扼要的说明文字是其基本表现风格。在 Hulu 的首页频道设置栏中,只有电视、电影、原创频道、少儿频道、视频游戏、推荐专区和国际频道几个栏目。国际频道中已经列入的音视频资源,包括拉美电视剧(Latino)、英国电视剧(British)、日本动漫(Anime)和韩剧(Korean Drama)。

在运营模式上,Hulu 采用广告分成模式,将由优质视频资源带来的广告收益进行三次分配,其中 70%的收益反馈给核心内容提供商,如 FOX、NBC、ABC、SONY 等媒体公司。10%的收益反馈给内容推广商,如 AOL、Yahoo、MSN、Fancast 等门户网站和互联网公司。Hulu 自己则从用户的视听服务费和外围内容合作商的平台收益中获得 20%到 30%的广告分成。

从总体上看,Hulu 模式的优点主要集中于版权内容、广告策略和用户体验优势三方面。就版权内容而言,Hulu 拥有 NBC Universal 和新闻集团旗下的 FOX 新闻网的资源,在成立之初就得到了专业制作机构和正版视频的保证,再加上与传统媒体内容供应商,如米高梅、华纳兄弟、索尼等的合作,使其拥有得天独厚的内容播放版权和海量节目内容。

Hulu 不仅正版数量占优,而且网站的节目内容质量整体很高。它致力于提供专业制作的精品、独家视频内容,不开放 UGC 内容,这使其在很大程度上和无法保证节目版权的 YouTube 走上了不同的发展道路。此外,凭借其每秒 1M 的高速宽带连接速度,Hulu 的在线视频节目观看效果也要比其他同类产品高出许多。除此之外,因拥有内容实力雄厚的股东,Hulu 网站的内容版权价格相对较低,授权方式也简单,这使得竞争中的 Hulu 可以向用户提供部分正版视频的免费服务。

在广告经营上,Hulu 广告虽然不能跳过,但是却尽其可能地压缩了广告时长占比,广告时长配比大约只有电视的 1/4,而且鉴于视频的高质量,对于用户来说,这也就可以接受了。同时,用户可以自主控制广告,选择自己喜欢的广告,或者选择在开头看一段电影预告片来抵消广告。所以 Hulu 的广告接受效果较好,其广告所得甚至比电视台黄金时段所得还要高,而其高收视、高点击率也为其赢得源源不断的广告投资商提供了谈判优势。

在用户体验上,Hulu 网页设计简洁整齐,图文位置大小合适,同时后台数据可根据用户登录时的个人信息和之前浏览记录,为用户精准提供其可能感兴趣的视频节目。在播放上,Hulu 摒弃播放软件,让用户直接在线观看,且由于带宽支持条件好,网站出现视频缓冲和观看等待的情况也很少。Hulu 在界面内容上设置了电视和电影两个频道,电视频道还为观众提供了非常全的节目分类,电影频道则增加了纪录片内容、电影预告和搜索工具，使用户体验得以优化。

（三）Google TV 模式

Google TV 是世界互联网公司巨头谷歌公司 2010 年 5 月推出的一项业务，该业务成功将网络和电视服务结合在一起。Google TV 内置了谷歌的整合搜索技术，输入简单的文字即可在电视节目、网络、YouTube、订阅视频里搜索想要观看的视频。但在诞生初期，美国几大电视网 ABC、NBC、CBS 和 FOX 等，为避免谷歌利用 Google TV 获取广告利益，均对其予以封杀，导致用户无法在 Google TV 应用上观看这几家媒体网站的视频内容。

为了解决内容来源问题和相关争议，谷歌在 2010 年 10 月将 Google TV 项目并入 YouTube 部门。2011 年，Google TV 发布了 2.0 版本，在以前基础上做了改进，并增加了新的频道。2012 年 2 月，新版 YouTube 应用进驻 Google TV，用户可以在 Google TV 上观看有线频道和 80,000 套节目及电影。2012 年 11 月，谷歌发布了 Google TV 3.0 版本，进一步扩大了内容版权的合作范围，与 Netflix 和 YouTube 影视库建立连接，并在 Google Play 商店中收录了超过 10 万部影视剧。除此之外，Google TV 3.0 版本还引进了高级语音控制功能、新的节目表和谷歌知识图（Knowledge Graph），可为该平台提供各种智能服务。

从整体上来看，Google TV 的最大特点就是对 YouTube 海量影视资源的集成以及对谷歌强大搜索功能的充分利用，这形成了它的核心竞争力。除了像传统电视一样通过卫星天线、电视线路收看电视剧、电影以外，Google TV 还可以从网络获取内容，且 Google TV 上的 YouTube 应用反应速度和视频加载速度更快，画面也更加清晰，用户体验接近高清有线电视。Google TV 的语音搜索功能，则大大突出了谷歌的搜索优势，用户不但可以简单地通过说出自己想要搜索的内容进行搜索，还可以运用“知识图谱”增加搜索的精确度。另外，其开发的画中画模式、将安卓手机当遥控器使用等功能，也都让人惊叹谷歌公司业务生态的完善和其开发能力的强大以及以人为本的特性。这些无疑也是 Google TV 能在互联网电视业务和全球视听产业价值网体系中后来居上的重要原因。

二、英法视听新媒体建设及监管情况

为了加强传统电视媒体在网络视听服务市场上的份额和话语权，德国、法国、英国等国，从 2010 年底开始推出以电视台和相关家电厂商为主导的 HbbTV 混合广播宽带电视服务模式。所谓 HbbTV,即 Hybrid Broadband Television,是立足现有网络技术、IP 视频点播和数字电视机顶盒,向用户提供三网合一服务的宽带电视业务模式。作为一个混合型的解决方案设计,HbbTV 的目标是为传统电视媒体、内容提供商、终端设备制造商和电信标准制定者,提供一条可以广泛参与、共享市场的媒体融合新模式。目前,在欧洲大陆支持 HbbTV 的广播公司已经覆盖了法国、意大利、西班牙、芬兰、比利时、挪威、荷兰等主要欧盟国家,英国则推出了与 HbbTV 模式相似的 YouView 服务。

对于在线视频网站来说,欧洲市场上包括谷歌(以 YouTube 为主)、Dailymotion、Facebook、VEVO 和 ProSiebenSat.1、BBC 等在内的音视频服务提供商,大体包括以下三种类型:一种是以 YouTube 和 Dailymotion 为代表的视频上传、订制、分享模式,一种是以 Facebook 和 Mail.Ru 集团为代表的社交视频网站模式,另一种是以 BBC、VEVO、德国电视集团和第四频道等为代表的正版电视节目视频网站,该类视频服务提供商所播出的节目内容主要由各大电视台和专业影视公司制作,实行收费观看和订阅。

(一)英国 BBC 的视听新媒体建设实践

"激烈竞争呼唤技术进步,技术进步驱动业务形态变革"①,在网际消融、业务混融的开放市场上,英国传统广播电视媒体和电信服务提供商同时经历着业务转型的挑战。这种挑战对于习惯了传统广播电视业务经营方式的电视台来说,不仅需要急速调整思维方式以抢占互联网传播的新空间,同时也意味着对轻车熟路的传统内容制作、投放方式进行调整,以应对正快速进入音视频服务市场的互联网企业和海内外内容提供商。

在争雄业务蓝海的过程中,英国广电企业的视听价值网业务基本形成了以下两条途径:一是广播电视企业与移动网络运营商合作,通过彼此间的扬长避短展开业务互助,即移动网络运营商提供网络平台,电视媒体负责提供内容,如商业电视台 ITV 和英国移动运营三公司建立的"内容+平台"合作机制,第四频道公司和英国移动通信商 Vodafone、法国电信公司 Orange 合作开发的移动电视频道。二是广电企业独立开发 App 软件,独立经营音视频融合业务,如英国广播公司的 BBC iPlayer 业务。

作为享有世界声誉的老牌广电媒体,英国广播公司 BBC 于 2007 年 12 月推出了网络视频点播服务 iPlayer。从推出至今,BBC iPlayer 已经历了三代更新,并发展成为全球影响力最广、由传统电视媒体主导的网络视频服务品牌。BBC iPlayer 在发展战略上严格遵守了重内容产品、更重产品服务质量和用户体验的发展理念,先后投入

① 常颖.英国"三网融合"市场研究[J].广播电视信息,2010(6):17-20.

2,300 万英镑(约合 3,680 万美元)用于 iPlayer 的技术研发、更新换代和运营维护。从推出第一代 iPlayer 至今的六年时间中,iPlayer 不仅迅速拥有了与互联网企业不同的独立的核心控制及用户管理系统,还在音视频格式的编码、分发、传输层面不断拓展,寻求创新空间,目前已能够为包括个人电脑、手机、平板电脑、智能机顶盒等在内的不同接收终端提供涵盖 14 种不同视频格式的转解码服务。除此之外,为了形成良性健康的音视频版权保护机制,维护音视频市场的公平竞争,iPlayer 还开发了内容版权保护系统,对于由其提供的下载内容和允许在线播放的视频流内容,分别提供定时删除或拒绝复制的版权保护功能。

为了应对移动互联网时代的挑战,2010 年 iPlayer 进行二次更新,把社交功能整合进产品平台,并与美国社交媒体代表企业 Facebook、Twitter、Windows live Messenger 等展开合作。经过此次技术更新后的 iPlayer,覆盖范围进一步扩大,由其提供的内容资源已可以在 40 种不同的移动设备和平台上安装使用。

在强化节目内容和拓展传播范围的同时,iPlayer 开始尝试在功能上向更加贴合现代人消费需要的智能化"认知媒体"转型,探索可以使用手势和语音控制在线音视频服务的技术路径。如 BBC 全球网络及全球 iPlayer 的总裁雅娜·班纳特(Jana Bennett)2011 年在伦敦举行的数字电视峰会上所言的那样,"这个平台的扩展,并不只是将电视移动到平板设备上,它也关乎着一个移动战略——让电视前所未有的,变得真正的无所不在。我们也希望全球 BBC iPlayer 不仅能够代表英国的电视节目水准,而且能够代表英国的创意文化"①。借助 iPlayer 这一创新技术平台,BBC 成功实现了品牌资源和内容优势的延伸。

当然除了 BBC 自身的品牌优势之外,iPlayer 在技术创新中所遵循的以用户体验为中心的发展思路,以及其随处可见的化繁为简、方便使用的"极简、极优"化设计理念,也是其得以迅速占领市场并赢得用户青睐的一个原因。一如 BBC 未来媒体和技术部主任埃里克·修格斯(Erik Huggers)所说的那样:"我们没必要在网络上做所有的事情,但是必须聚焦于传递真正具有世界级水准的产品,就像 BBC iPlayer 一样——真正获得用户的喜爱并体现出 BBC 在数字时代的核心使命——简单、个性化和易于连接。"②

随着 iPlayer 等网络视频服务的普及,以及美国视频服务商的大举进入,英国的网络视频服务市场越来越频繁地冲击着传统有线付费电视的市场份额。这迫使许多电

---

① CLOVER J.Globe iPlayer finds new platforms[EB/OL].(2011-12-06)[2019-07-08].http://www.broadbandtvnews.com/2011/12/06/global-iplayer-finds-new-platforms/.

② 唐苹.BBC 的新媒体战略[J].视听界,2011(2):83-86.

视内容供应商，包括 BBC 公司在内，不得不更注重网络平台在电视节目制作和播出中的效应，有时甚至会把网络平台作为节目播出时的首选，以满足网民对免费收看在线电视节目的强烈需求。

2012 年 10 月，英国完成了广播电视信号的数字化转换工程，在其国内结束了长达 70 年的模拟信号广播历史。模数转换的完成，不仅为英国模拟信号的盲点地区用户带来了 Freeview（“免费看”）数字电视服务，同时也可将节省下来的频谱资源用于开发和提供 4G 移动宽带视频服务等新兴业务。目前英国第一个移动 4G 服务，已由法国电信和德国电信合资运营的 Everything Everywhere 公司推出，4G 服务的推出无疑给竞争激烈的英国媒体融合市场带来了更加立体、多元、便捷的在线音视频服务可能。

（二）France 24 和 Dailymotion 视听新媒体建设实践

在视听产业跨界融合的浪潮中，创办于 2006 年 12 月的法国电视 24 台（France 24）是较早立足于传媒技术变革，在网络平台开通电视节目直播的法国电视媒体。“对于我们来说，互联网与广播没有区别”[①]，敏锐的市场意识和技术先行的发展理念，使 France 24 不仅在建台之初即采取了卫星、有线、网络三种途径同时传播的电视节目播出模式，同时还促使其与引领法国在线视频发展的网络巨头 YouTube、Dailymotion 等视频网站建立了长期合作伙伴关系，借助第三方传播平台将自身拥有的内容资源变现为市场价值和社会影响力。

为了增加与网民的互动，改变传统电视单向传播的弊端，France 24 在官网建设上，不仅纳入了全台的音视频资源，还在网页设计上开辟了“观察家”社区及“我的 France 24”服务专区，力图将新闻事件的当事人、见证者和网络观察家纳入其中，使其能够借助媒体主办的官方平台对新闻事件的报道角度、报道层次、事实细节进行多方位、立体式互动或补充。这一互动专区的增设，不仅增强了 France 24 新闻报道的黏着度和影响力，也使这一平台变成了电视直播新闻延伸其话题性的社会空间。

随着近年来社交媒体的活跃，France 24 还在其网站顶栏位置增加了 Facebook、Twitter、Google+ SNS 等知名社交网络平台的链接入口，并在上述平台上创建了 France 24 社区，以便为自己的网络用户提供更多的信息服务和社区交往功能。同时，为了适应移动互联网的规模化发展，2009 年 3 月 France 24 还推出了自己的移动终端应用软件 France 24 Live，用以拓展传统电视节目的覆盖市场和传播平台。坚持“用法国视角

---

① 张聪，张焕萍.法国 France 24 电视台：媒介融合 敢为人先[EB/OL].（2011-09-13）[2019-03-18].http://www.cctv.com/cctvsurvey/special/d/20110913/105428.shtml.

报道国际时事,并向世界传播法国价值观"的 France 24 在跟踪技术变革的同时,还把拓展国际市场作为其目标之一,在推动互联网和传统电视平台结合的基础上,陆续开播了法语、英语和阿拉伯语频道,面向全球提供非加密的免费新闻时事播报服务。

2012 年 6 月,法国工业、能源和数字经济部发布了《数字法国 2020》。该规划方案以发展移动宽带、推广数字化应用和服务、扶持电子信息企业发展为主题,勾勒了法国未来信息化发展的主要方向。方案提出,到 2020 年时法国所有的电视频道都将以高清和移动形式播出,同时,借助广播电视和通信技术的进步,法国政府还将全面完成政务系统的电子化和信息化过程。以此为契机,法国的视听新媒体市场也迎来了新一轮发展浪潮。在这一过程中,美国在线视频网站 YouTube 和法国电信下属的 Dailymotion 成为引人瞩目的赢家。根据国际互联网统计公司 comScore 提供的统计数据,YouTube 和 Dailymotion 无论其提供的视频总量还是其独立访客数量,都占据了法国在线视频服务的第一和第二名,远远超过了法国传统电视媒体在网络视频市场上的影响力和所占份额。

Dailymotion 是 2005 年 3 月创办于巴黎的一家专业视频分享网站,与其他同类型的视频分享网站相比,Dailymotion 以其高清晰的画质和提供支持开放格式的视频上传服务等特点赢得了法国用户的欢迎。从创办至今,在近 10 年的发展历程中,Dailymotion 网站以"观赏、发布和分享(Regarder, Publier, Partager)"①为服务宗旨,每天吸引用户上传视频短片超过 16,000 多段,在 2014 年 8 月 Alexa 全球网站的流量排名中,Dailymotion 以日均 3,410 万次的 IP 浏览量排名第 69 位。这一数据超过美国在线视频服务商 VEVO、Facebook 和法国电视一台(Group TF1)、France 24 等传统电视媒体主导的视频网站,在法国排名第二,仅次于全球最大网络视频分享服务商 YouTube。(见图 9-1)

除了依托用户上传音视频内容外,Dailymotion 还于 2007 年和法国最大的付费电视运营商 Canal+ network 公司签署了内容合作协议,根据该协议,Dailymotion 获得了 Canal+电视台所播节目内容的全部网络播放授权。获得内容扩容后的 Dailymotion 不仅进一步巩固了自己在法国在线视频市场上的地位,还迎来了资金投入的增长。2011 年 1 月和 2013 年 2 月,法国电信集团(France Télécom)下属移动网络运营商 Orange 公司,以 1.68 亿美元的价格分两次收购了 Dailymotion 的全部股份,成为这家法国本土最大在线视频服务商的全资母公司。在内容扩容、平台拓展、资金来源多样性的基础上,Dailymotion 在全球视频网站中的排名也稳定在 12 名上下,月独立访客量达到 1.16 亿

---

① 梁晓涛,汪文斌.网络视频[M].武汉:武汉大学出版社,2013:295-296.

图 9-1　Dailymotion 首页设置

次，月视频播放量超过 20 亿次，成为全球最具影响力的网络视频提供商之一。

三、日韩和新加坡等地视听新媒体建设实践

与欧美国家在三网融合和视听新媒体建设上的推进力度相比，作为亚洲发达国家的日本和韩国，也在 2000 年后加大了广电视听业和通信业的融合力度，并在保持市场开放、业务对接的同时，通过修订相关法律法规，促进了本地广播电视业、网络视听业与新兴信息技术产业的混融监管与一体化发展。经过一系列改革，日本、韩国和新加坡的视听新媒体建设，也得以在整个亚洲地区和世界范围内保持领先地位。

（一）日本视听新媒体建设实践

2006 年，日本总务省组织“通信与广播电视事业改革委员会”，制定完成《通信与广电事业改革促进方案》。2010 年 3 月，日本总务省在上述方案基础上，将日本政府“二战”以来制定的有关通信和广播电视的 9 部法律《广播法》《有线广播法》《有线电视广播法》《电信业务利用广播法》《电信事业法》《有线电信法》《电波法》《有线广播电话法》《NTT 法》等统一整合为《信息通信法案》提交国会审议。《信息通信法案》的核心目的即在于“实现信息业、电信业、广播电视业法律体系由‘垂直结构’向‘平行结

构'过渡"①,促进日本广播电视与电子通信业的一体化发展。

日本政府在三网融合上的法律修订及制度建设,为广播电视业和电信业间的业务融合创造了便利条件。电信企业开展视听业务的服务方式大体分为两种:一种是借助已有的通信网络和相关设施开展传统的广播电视节目播送服务,二是借助互联网开展网上音视频点播服务。2011 年 7 月,随着日本模拟电视信号的中止播出,依托数字化技术和网络化平台发展起来的网络视频业也在日本国内迎来了自己的进一步发展。

根据互联网分析公司 comScore 提供的数据,日本人均每月观看网络视频的时长为 12.5 小时,月观看视频总量为 84.2 亿段,在视频浏览总量上仅次于人口大国中国(102.8 亿段),排在亚洲第二位。同时,在网络视频市场上,"同欧美市场一样,YouTube 在日本占据龙头老大的位置,日本本土公司如 Niconico、Gyao、ShowTime 分割了剩余主要领地"②。Hulu 尽管也打入了日本网络视频市场,并已与日本龙头电信企业 NTT 展开移动视频业务合作,但在整体发展态势上仍较 YouTube、Niconico 等有较大差距。

Niconico 动画是日本互联网信息科技公司 Niwango 2006 年 12 月创办的一家在线视频分享网站,网站创办之初既不提供视频上传服务,也不生产内容,只是单纯地对 YouTube 网站上储存的影片进行转存和在线评论。2007 年 2 月 YouTube 禁止 Niconico 动画存取其音视频内容后,Niconico 开始依托日本发达的动漫文化自办动画分享服务业务 SmileVideo。作为日本排名第二的视频分享网站,Niconico 动画与 YouTube、Hulu 等全球在线视频服务商相比,最大的特点是为用户提供了实时字幕留言功能。借助该功能,用户不仅可以方便地看到别人和自己对某段节目的评论意见,而且还可以自由约定字幕出现的时间、位置、字体大小及颜色等。

Niconico 动画的使用者绝大部分是日本人,还有约 1.5%的用户来自中国台湾和中国香港地区,为了赢得这部分受众,Niconico 动画还于 2007 年 10 月面向中国台湾地区特别推出了繁体中文版使用接口。2011 年 12 月,Niconico 动画实现季度盈利 3 亿日元,先于 YouTube 在日本本土实现盈利。相对于免费用户,Niconico 的付费会员可以享受在该网站优先上传或下载视频的服务特权,还可以在实时视频点播上享受高速、高清的画质服务。此外,为适应手机用户增多的趋势,Niconico 动画还于 2013 年在首页设置上增加了 Facebook、Twitter 等网络社交媒体的访问链接入口,通过上述网站与用户实现更加便捷的互动和沟通。

---

① 王润珏.日本的三网融合之路及其对中国的启示[J].新闻界,2011(6):89-92.

② 梁晓涛,汪文斌.网络视频[M].武汉:武汉大学出版社,2013:296.

随着移动互联网建设步伐的加快,日本民众越来越多地把过去由电视和个人电脑承载的音视频服务功能转移到手机和其他手执终端上来。为了适应这一变化趋势,日本电信运营商也不断把服务重心由传统网络视频服务领域转移到移动视听新媒体建设领域。2012 年 4 月,日本多媒体广播电视公司 Mmbi 成立了日本首家面向 Docomo 智能手机播放音视频节目的手机电视台 NOTTV①。

NOTTV 实行 24 小时播出制,频道内容涵盖影音、综艺、动漫、体育等各种类型的节目,视频画质是普通电视台的 10 倍,月收费则只有 420 日元(约合 4.5 美元),与传统电视台在线视频节目的点播费用相当(富士电视台在线视频点播费为 525 日元,日本电视网公司则实行单节目收费 100 日元制度)。

2013 年 5 月,日本最大的移动通信运营商 NTT DoCoMo,借助收购有线电视网络运营商 MCV 关岛控股公司的机会,还进一步实现了向当地用户提供"四重播"服务功能(移动通信业务+有线电视业务+互联网接入业务+固话业务)的业务集成模式。

在电信企业和互联网公司加速视听新媒体建设的过程中,日本传统电视媒体囿于自己的收费经营模式,长期拒绝在官方网站上提供其所播节目的完整视频,导致其在视听新媒体建设领域的影响力远远弱于互联网公司和电信企业所办的专业视频分享网站。

在日本传统电视媒体中,日本广播协会 NHK 电视台由于对新技术研发的长期重视,在视听新媒体建设上是做得相对出色的一家。从 2004 年起,NHK 就开始在台网融合战略上,有意向更加符合网络传播特性的互动性节目形态拓展,并逐渐把自己的传播平台和业务种类延伸到手机、IPTV、NHK 文档馆(包括图像、文字、音视频等各种资料)等诸多领域。

2013 年 1 月 15 日,NHK 开始设立免费在线视频网站,向网络用户提供之前播放过的部分电视节目内容。网络用户可以根据自己的喜好在网站创建"我的页面",收藏自己喜欢的节目,发表评论并与其他用户分享信息。2013 年 9 月,NHK 还推出了名为 Hybridcast 的可提供受众与电视互动交流的新技术模块。

"Hybridcast 可利用通信/IP 宽带网络来增强现行的广播服务,能提供具有许多功能的多种业务,例如与电视广播节目相关的视频点播(VOD),允许电视观众定制他们的收视体验(定制化、个性化服务)、提供社交网络服务(SNS),将智能手机与平板电

① NOTTV 即为"一个普通电视机不能收看的电视台",它所有的节目内容专为手机而制作,节目时长通常在 10 分钟左右。

脑'连接'等。"[①]Hybridcast 系统是基于互联网平台的新型技术,该技术在 NHK 的广泛应用,也增加了 NHK 电视台的互动媒体功能,加快了其由传统电视媒体向视听新媒体的转型速度。

(二)韩国视听新媒体建设实践

和亚洲许多国家一样,韩国在 2008 年之前实行的是广播电视业和电信业分别监管的管理体制,广播委员会(KBC)和信息通信部(MIC)是两个行业的最高管理机关。但随着三网融合业务的增加和传播技术一体化趋势的推进,分业监管的管理模式给广电业和电信业的混融发展带来了许多难题,两行业因产业政策不同而产生的管理矛盾和业务争执越来越多。

2008 年 2 月,在韩国时任总统李明博的强力推动下,韩国政府出台了《广播通信委员会组织法》,宣布对原本分设的信息通信部和广播委员会进行撤并重组,并依据新法组建新的跨行业大部制管理机构——韩国广播通信委员会(Korea Communications Commission,简称 KCC)。"韩国广播通信委员会的成立在很大程度上得益于韩国新任总统李明博的强势支持。这位韩国历史上首位出身于 CEO 的总统此前就公开表示,他任期内的首要大事就是要放松对广播和通信业的管制,原因是韩国在发展广播和通信融合业务方面比先进国家已经落后了 5 到 10 年。"[②]

韩国广播通信委员会在功能设置上效仿美国联邦通信委员会(FCC)和英国通信管理办公室(OFCOM),以打破行业分割、实现统一监管为主要目标,在加快韩国媒体和通信业的一体化发展上起到了重要促进作用。韩国广播通信委员会直接隶属于总统领导,下设 1 名常务委员长和 4 名常务委员,内设广播通信融合政策室、广播政策局、通信政策局、用户网络局和企划调整室等二级机构,总人数约 1,400 名左右。根据 2008 年出台的《广播通信委员会组织法》和《IPTV 业务法》,韩国广播通信委员会的首要任务是对一系列宽带网络融合服务做出明确的管制规定,包括 IPTV、直播电视和视频点播等业务。

经过 2008 年的机构改革和相关法案的陆续推行,韩国的三网融合业务实现了突破性发展。根据经济合作与发展组织[③] 2012 年 7 月发布的《OECD 宽带统计》报告,

---

① 李玉薇.未来广播电视服务和超越——访 NHK 广播技术研究所规划协调部副部长村山研一[J].广播电视信息,2014(9):14-15.

② 郭庆婧,王保平.韩国广电和通信监管体制发生重大变革[N].人民邮电报,2008-03-07(3).

③ 经济合作与发展组织英文全称为 Organization for Economic Co-operation and Development,简称经合组织(OECD),是由美国、英国、法国、德国、日本、意大利、韩国、加拿大、西班牙、希腊、瑞士等 34 个市场经济国家组成的政府间国际经济组织,1961 年成立,总部设于法国巴黎。

2011 年 12 月韩国宽带普及率已达 100%,在 34 个 OECD 成员国中位居首位,超过美国、英国、日本等发达国家(瑞典 98%、芬兰 87.8%、日本 82.4%、丹麦 81.5%、挪威 77.9%、美国 76.1%)。[①] 随着移动宽带网的普及,移动网络、智能手机和网络频道的互补播出也成为韩国网络音视频服务新的业务增长点。目前,韩国主流的视频分享网站包括 Pandora、Freechal、Mncast、Mgoon 等,其中,以用户产制内容为主要特点的 Pandora(潘多拉)网站是最具代表性的一家。

潘多拉 TV 2004 年 10 月由原 Lettee.com 网站改组而成,是韩国目前最大的在线音视频服务网站之一。自 2004 年正式上线运营以来,潘多拉 TV 即以为用户提供高清晰的画质和无限量的存储空间而著称,常设频道包括高清影视、娱乐、游戏、卡通、体育、生活、新闻、音乐等音视频专题和其他丰富多彩的文字图片类资讯,内容涵盖韩国最新的流行剧集、流行音乐、流行服装、热门体育赛事等。2008 年 1 月起,潘多拉 TV 开始面向全球提供多语种(英文、日文、韩文和简体中文)点播服务,月访问量也随之突破 2,000 万人次,成为韩国排名最靠前的主流视频网站之一。此后,潘多拉 TV 又通过收购移动通信服务商,把视频网站的影响力扩大到移动通信领域,为企业的未来发展提供了新的生长动力和市场空间。

(三)新加坡和中国香港、中国台湾视听新媒体建设实践

2008 年 1 月,新加坡媒体发展管理局(MDA)和中国香港电信管理局(OFTA)也分别就手机电视和移动电视的服务监管框架向公众征询意见。在相关文件和声明中,市场主导、科技中立和便于监管[②]等原则成为意见征询的重点。

事实上,自 2000 年 6 月新加坡新闻通讯和艺术部(MICA)宣布实行媒体产业自由化政策以来,新加坡国内广播电视业和电信业间的业务进入壁垒已经被打破,广播电视服务提供商可以经营电信业务,电信企业也可以进军广电市场开展视听服务。

为了进一步在市场融合的同时,在管理体制上也做出相应变革,新加坡政府还于 2003 年元旦将原本分散管理的媒体监管机构广播管理局、电影与出版物管理局、电影委员会进行了撤并整合,重组为实行一体化监管的大部制媒体管理机构——媒体发展管理局(MDA)。而在此之前,新加坡国家电脑局和新加坡电信局已于 1999 年年底完成了合并,重组为新加坡信息通信发展管理局(IDA)。

经过重组后的媒体发展管理局和信息通信发展管理局同置于新加坡新闻通讯和

---

① 韩联社.韩无线宽带普及率居经合组织成员国之首[EB/OL].(2011-07-07)[2019-07-08].http://www.mofcom.gov.cn/aarticle/i/jyjl/j/201107/20110707634235.html.

② 曾剑秋.网和天下——三网融合理论、实验与信息安全[M].北京:北京邮电大学出版社,2010:101.

艺术部之下,协调管理有关三网融合的交叉性业务,其中,前者重点负责内容管理,后者重点负责基础网络建设,在一些争执较大的问题上,则采用联席会议的方式会商解决。

在此前后,借助传播技术和监管框架的变革,新加坡还陆续推出了"数字电影"计划和"智慧国 2015(iN2015)"计划,其目的都在于把传媒、艺术和通信产业进行对接,实现把新加坡打造成亚洲数字中心和文化创意产业中心的目标。围绕这一目标,新加坡电信业和广电业间的竞争和合作都同样充分。

在竞争方面,新加坡电信公司在 2001 年就开始了 IPTV 业务试点,并于 2007 年时再度推出了 IPTV 业务的升级版 Mio TV 付费电视业务,更加强调用户观看视频体验的自由性、灵活性和可选择性。2010 年 7 月,新加坡电信公司又同美国娱乐及体育节目电视网 ESPN 合作,推出了互动性更强、资讯更加丰富的在线体育视频服务项目 ESPN Player,而由其提出的"Your Game、Your Place、Your Time"口号,更是旗帜鲜明地表明了该项业务的自由化、个性化和无所不在的渗透性。

在合作方面,新加坡广电业不仅和电信公司从 2003 年起一同负责实施了"数字电影"发展计划,还在 2006 年 6 月积极参与了"智慧国 2015(iN2015)"发展计划,推动广播电视有线网、电信网和宽带网的一体整合和协同升级。截至 2014 年 8 月,新加坡已基本建成全国新一代信息通信宽带网(Next Gen NBN,包括有线宽带和无线宽带两种),宽带接入速度达到 1KMB/秒,在亚洲仅次于日本、韩国等少数国家和地区,位于前列。①

与新加坡相比,中国香港地区在推进三网融合,尤其是决策机构的整合上与新加坡同步或略早。1998 年 4 月,香港回归后不久,特别行政区政府就对原本分散在不同决策局②的资讯科技工作和原隶属于文康广播局的广播影视决策工作进行了合并,成立了新的决策机构资讯科技及广播局(ITBB)③。资讯科技及广播局的成立,为此后香港广电业和电信业的业务双向进入奠定了决策机构一体化的基础,并对相关法律的修改完善起到了促进作用。

2002 年 7 月,资讯科技及广播局与工商局合并,成立工商及科技局;2007 年 7 月,

---

① 动点科技.新加坡推出 1Gbps 高速光纤宽带服务[EB/OL].(2014-02-10)[2019-07-08].http://www.cnii.com.cn/broadband/2014-02/10/content_1300549.htm.

② 香港特区政府除行政长官外,行政机构由司长(第一层)、决策局(第二层)和部门(第三层)组成。除直接隶属政府的机构外,在一些涉及社会公众事务的管理上,特区政府还会通过社会公共机构进行间接管理或"代议式"管理,譬如香港广播事务局就是这种类型的法定公营机构。该类型的机构由香港政府出资成立和营运,负责特定公共服务或政府认为需要较多社会人士参与的工作,具半官方性质。

③ 文康广播局英文全称 Broadcasting, Culture and Sport Bureau,成立于 1989 年,为香港特别行政区政府原决策局之一,1998 年 4 月整合进资讯科技及广播局(ITBB)。

工商及科技局在决策局的重组调整中,并入商务及经济发展局,该局下设通讯及科技科负责中国香港地区广播电视业和电信业的政策规制工作。

随着决策机构的调整和重组,中国香港广电业和电信业的双向进入也在2000年后进入发展的快车道。香港最大的电信运营商电讯盈科自2003年起就开始为香港受众提供一系列创新性三网融合服务,如“now 宽频电视”和移动视听服务“eye 多媒体服务”等新兴业务。

now 宽频电视是香港首个 IPTV 电视网络,自2003年9月开播以来,已迅速成长为香港本土最大的付费电视网,拥有180多个频道及自选视频服务。而 eye 多媒体服务则依托移动互联网的发展,主要面向 $3G^{+}$ 手机用户提供移动视频和流媒体资讯服务。此外,1999年5月成立的香港有线宽频通讯公司也依托自己的电信网络,面向香港居民开展了网络宽频和付费电视观看业务,在香港地区逐渐成长为具有广泛影响力的传媒集团①之一。

依托传统广电媒体开办的在线视频网站,如无线电视的 TVB 新视线网站(www.tvb.com.cn)、亚洲电视的 ATV 亚视官方网站(www.hkatv.com)和凤凰卫视的凤凰宽频网站(v.ifeng.com)等,也都以其良好的节目品质和丰富立体的资讯内容赢得了中国香港和中国内地以及海外华人华侨受众的喜爱,在全球华语传播体系中具有广泛影响力。但基于中国香港地区电信业和广电业实行的全面开放政策,其在线视频市场份额多被国外视频网站瓜分,其中尤以雅虎、谷歌(以 YouTube 为主)和 Facebook 等北美在线视频巨头为最。

为适应中国香港广电业和电信业业务形态创新及市场融合发展的需要,2012年4月,香港特区政府将负责执行广电业和电信业市场监管的公共管理机构广播事务管理局和电讯事务管理局合并,重组为新的一体化监管机构——香港通讯事务管理局(Communications Authority,简称 CA)。香港通讯事务管理局的成立,进一步优化了香港网络通讯和视听业务融合发展的市场环境,在增强融合业务的监管协调、促进融合业务的公平有序竞争等方面,为香港的广电媒体和电信企业创造了良好的外部条件,保证了香港视听新媒体建设在亚洲的领先地位。

根据互联网分析公司 comScore 2013年10月发布的相关统计报告所提供的数据来看,中国香港地区无论是在在线视频到达率上,还是在人均观看的在线视频数量上,均超过了中国内地和中国台湾地区,其在线视频网民到达率更是以90.3%的比例领先于英国、美国和日本等发达国家。

---

① 彭兰.香港媒体网站发展概况[J].国际新闻界,2004(2):33-39.

中国台湾的三网融合较中国香港为晚，2002 年台湾开始实施“数字台湾计划（e-Taiwan）”之后，台湾地区的广电业和电信业才逐渐借助宽带网络和数字技术的普及进入业务融合的发展阶段。2004 年，台湾地区最大的电信运营商“中华”电信公司率先推出多媒体内容点播服务，从传统通信运营领域进入广播电视服务领域，直接推动了台湾地区此后《电信法》《广播电视法》《有线广播电视法》和《卫星广播电视法》的修订工作。

修法的一个重要目的，是为台湾地区广电业和电信业的业务融合、市场开放及对等进入，搭建一个统一、公平的法律监管框架。2006 年 3 月，台湾通讯传播委员会（简称“通传会”）成立，该机构整合了原台湾新闻主管部门和交通主管部门承担的广电业和电信业的行政监管职能，并适应台湾地区视听新媒体市场全面开放的建设需要，转化成一个相对独立的社会公共事务管理机构，这在一定程度上为台湾地区三网融合的持续推进奠定了管理和服务基础。

2005 年和 2009 年，承接“数字台湾计划 2002（e-Taiwan）”，中国台湾地区又陆续启动了“移动台湾计划（M-Taiwan）”和“智慧台湾计划（Intelligent Taiwan）”①。这两个计划以发展下一代通信网络和优质网络化社会为建设目标，致力于在台湾地区建设成无所不在的宽带网络基础设施和无所不感的信息应用环境，极大改善了台湾地区的信息化环境和视听新媒体传播网络。

在网络带宽和市场监管得以极大改善的情况下，2012 年 7 月中国台湾地区全面关闭模拟电视信号，整体进入无线数字电视传播时代。台湾通讯传播委员会也根据市场变化情况，于 2013 年进一步取消了有线电视分区经营及有线电视和电信产业跨业经营的限制，鼓励双方在不违法且协商一致的前提下，为台湾消费者提供跨行业的内容整合服务。在目前的中国台湾网络视听服务市场上，除了台湾“中华”电信在线影音占有一定市场份额外，与中国香港类似，绝大部分市场份额也为美国在线音视频服务商所垄断，如谷歌公司、雅虎公司、Facebook、Viacom Digtal、VEVO 等。优酷 & 土豆、法国 Dailymotion 视频网站和日本的富士电视台在线视频业务，在中国台湾市场也占有一定份额。

---

① 郭庆婧.台湾电信产业发展协会理事邓添来：三网融合有助于打造智慧台湾[N].人民邮电，2010-06-11(8).

第十章　价值网视阈下中国内地广电媒体改革实践

无论是基于技术推动、市场倒逼,还是基于政策扶持和自身发展需要,从传统价值链到新兴价值网,中国内地广电媒体从节目制播、管理体制,到具体的收视评估机制,一路伴随着广电行业的产业发展探索前行。从20世纪90年代启动集团化改革、推行制播分离,到21世纪以来的数字化、网络化、智慧化转型,在20多年的改革实践中,中国广电媒体始终紧盯传媒科技变迁和受众需求,在实现自身产业规模壮大的同时,也实现了单一计划经济管理体制向多元化运作管理模式的过渡。

在这一过程中,有几个问题始终制约着中国广电管理体制改革的步伐与深度,并在有形无形中,成为牵引和制约21世纪中国广电产业价值网体系打造的关键节点。集中起来,这些问题大概包括了制播分离、传媒集团化、三网融合、智慧转型、品牌发展与综合收视率评价体系打造等几个问题。这几个问题虽然不能涵盖中国广电媒体改革中的所有领域和方面,但在很大程度上影响了中国广电视听产业价值网体系的打造和其服务能力的提升。它们在前伸后延中,构成了观察中国广电行业近30年发展历程的一个窗口。

一、广电整体制播分离的意义与问题

制作播出相分离,是推动中国广电节目生产力发展及提升节目质量的有效手段,这一尝试其实在20世纪80年代初就已经开始,只不过那时的制播分离还仅仅是雏形,而且也不具备市场化名号。那时的制播分离实践多是借助国内各大电视台间的节目交流活动来实现,且交易的形式也多限于“物物交换”,只计数量不计质量,也没有统一的衡量标准和市场评估过程。从这个意义上来说,那时的电视节目交换还不具备严格意义上的“商品流通”意义,而更像是各台间的业务交流与友情往来。

（一）制播分离的历史实践

在这一时期，为了规范电视剧的制作播出流程，1986 年 6 月，当时的广播电影电视主管部门（1986 年，国务院将文化部、电影局与广播电视部合并组成广播电影电视部；1998 年 6 月，广播电影电视部改组为国家广播电影电视总局）开始在全国实行电视剧制作许可证制度，这在一定程度上为社会力量参与电视节目制作提供了空间。[①]

到 20 世纪 90 年代初期时，随着有线电视、卫星频道的出现，播出单位节目需求量大幅度增加，而电视系统内部的节目源提供能力却相对有限，两者之间的落差促成了社会上民营电视节目制作公司的崛起。从 1993 年开始，以广告公司名义进行电视节目制作和节目流通服务的民营公司逐步介入电视节目交易市场。而在此之前，为适应节目流通的需要，国家广电主管机构就和相关省区及有关管理部门合作，在上海和成都先后设立了上海电视节（1986 年）与四川电视节（1991 年），其职能之一就是搭建中国电视节目的市场流通体系，为节目交易提供贸易平台。至此，“电视节目制作和播出环节中两个重要的问题得到解决”[②]。

在此形势的推动下，1999 年 7 月，国家广播电影电视总局在上海召开了“全国广播影视系统内部管理改革座谈会”，就中国电视产业中的节目经营问题明确提出了“积极推进除新闻节目以外的其他广播电视节目播出与制作的分离，逐步发挥市场机制对广播电视节目制作的基础作用”[③]的观点，由此使之前一直处于含混状态的制播分离讨论正式作为行业管理指导意见被明确提出。按照市场经济逻辑和现代企业的资本运营理念，广电总局提出了可以把经营性资产从广电行业现有事业型管理体制中分离出来的指导意见，主张各广电集团（或总台）可以将除新闻以外的节目制作，特别是娱乐节目和影视剧的制作出让给社会资本，由面向市场、财务独立核算的法人公司来运作。

按照 1999 年“中国电视产业经营节目创新高级研讨会”的精神，制播分离包含了两层含义：一是在广义上，指把除新闻节目以外的电视节目制作交由独立的制作公司来完成，然后将节目推入市场渠道销售流通，再由电视台即播出单位择优选购播出；二是在狭义上，指在电视台系统内部实现节目制作部门的独立运作，由其按照企业化管理体制开展自负盈亏、自主运作式的经营活动，并在此基础上完成电视台制订的节目生产任务。这实际上总结并反映了当时中国电视制作市场上已经存在的“体制内制

---

① 顾宜凡.制播分离的政府规制[J].国际新闻界，2009(5)：76-79.

② 刘习良.中国电视史[M].北京：中国广播电视出版社，2007：443.

③ 哈艳秋，苏亚萍，等.我国广播电视制播分离研究[J].现代传播，2010(10)：83-87.

作”与“体制外制作”两种实践方式,前者如制片人制度、电视台内部的节目制作公司,后者如独立制片人、社会影视制作公司等。尽管这期间两种不同形式的制播分离尝试,曾受到过一定的抵制,如2000年时任中宣部副部长、国家广电总局局长的徐光春就在讲话中明确强调了“制作权、覆盖权和播出权三权合一的宣传权不能分离”的主张,在一定程度上对推进制播分离实践形成了影响。但从整体上来看,基于行业融资与发展的需要,制播分离实践在2001年以后,大体上保持了向前推进的态势。2009年7月16日,国家广电总局还向各地广电局下发了《关于推进广播电视“制播分离”改革(修改稿)》的文件,进一步推动制播分离在更大范围内扩展。这其中,就明确规定,“除影视剧外,电视台从市场购买节目的比例,原则上每年不低于播出总量的30%”。

对于当时中国广播电视节目的制播分离来讲,其中存在的最大问题主要集中于政策的稳定性与目标性两个方面。第一个方面,广电机构虽然出台了大量制播分离的文件(据北京大学顾宜凡博士统计最少在80种以上),但多是以规代法,这就造成了政策阐释或调改的空间比较大,而这对社会制作公司来讲,则意味着风险的增加。这在很大程度上也造成了节目制作公司只求眼前短期利益,在节目制作上只求单纯复制谋得一时利益,而不敢大胆创新求进等守旧现象的发生。这也同时造成了中国电视节目制作市场虽推行了市场化,但节目品种、质量却始终无法得到迅速改善和提升,节目制作公司也很难发展壮大的悖反景象。

第二个方面,则反映出了中国广电管理体制的症结之一——事业性质企业化运作,制播分离既追求社会效益的最大化又追求经济效益的最优化。换句话说,就是既要求达成公共目标,又要求达成产业目标,但却恰恰忽视了广播电视产业结构和类型划分的明晰性与完整性。从这个意义上说,在网络融合、业务融合、市场融合的新形势下,主张台网合一、制播合一的观点重又出现,并非完全没有道理。无论如何,重新厘定广播电视产业的媒体类型和市场结构,都是现阶段和未来一段时间深化广电媒体管理体制改革需着重探讨和解决的问题。

(二)上海广电整体制播分离的实践案例

2009年10月,上海文广新闻传媒集团在制播分离改革实践中,将集团广电业务整体分离为上海广播电视台和上海东方传媒(集团)有限公司。这成为当时全国文化体制改革中的一个标志性事件,同时这也标志着上海在全国率先实施了广播电视整体制播分离的试验。

制播分离改革本质上是一个政府、市场、媒体三方博弈的产物,制度建设的成熟与否不仅取决于市场经济体制的整体建设进程，也依赖于文化管理体制的整体环境与变革速度。上海文广新闻传媒集团从起初的部分制播分离，到2009年的整体制播分离，正是在中国文化体制改革政策不断明朗，以及实践探索不断成熟的背景下得以推进和实现的。

其实早在2002年底，上海文广集团就已开始实行内部新闻资源整合和制播分离等改革，从2003年开始，整个集团在内部全部启用企业报表管理制度，逐次展开成本核算、利润考核，并选择数个有市场前景的部门实施剥离，以公司形式推向市场，影视剧中心便是其中的典型代表。2007年，文广集团影视剧中心更名为上海电视传媒公司，即上视传媒，并在此后成功策划和营销了《麦兜响当当》与《喜羊羊与灰太狼之牛气冲天》等动画电影，创下中国动画片的票房纪录。从2001年相对单一的广播电视播出机构，到逐步成长为一个融合多媒体业务的综合性地方传媒集团，上海文广集团的市场化探索为其2009年度实施整体制播分离，奠定了一定的市场基础和改革经验。

所谓整体制播分离，就是指将原上海文广新闻传媒集团一分为二，分别组建上海广播电视台和上海东方传媒（集团）有限公司（SMG），前者是事业体制，包括广播电视台新闻中心、技术播出平台上的后端总控、总编室以及所有频道和频率四个部分。后者为企业体制，包括了除上述四部分之外的其他所有业务、资产和人员。这样，上海广播电视台就成为专业的播出机构和仅承担新闻制作的媒体机构，而新闻以外的所有节目内容则采用市场购买或引进的方式来充填完成。完全企业化的上海东方传媒（集团）有限公司，在剥离事业单位建制后，则全面承担起了电视节目制作、广告运营和其他服务等市场职能，并逐步进军资本市场。

整体制播分离在中国文化体制改革进程中，是体制改革深入推进的主要表征之一，其意义主要表现为：一是较为明晰地解决了产业与事业的矛盾。我国广播电视业实行的是事业性质企业化管理的经营方式，这种方式虽在一定程度上解决了新闻事业具有形而上的上层建筑属性和形而下的信息产业属性的认知矛盾，但事业和企业之间具有的利益矛盾使在这种模式下运行的广电行业，重新陷入了另外一重尴尬境地。因为依据上述界定，中国广电业既需要承担政治宣传和维护公益的使命，又需要实现资本增值和利益最大化的商业目标，而这两者之间的关系在实践层面上是很难厘清的。因此，当政治宣传、公益目标和市场利益发生冲突时，一体两制模式下广电业内部必然产生自我消耗，从而不利于这种运作模式初衷的实现。

国家广播电影电视总局发展研究中心在2007年《广电蓝皮书》中，将制播分离体制改革的目标界定为："促进电视公益性事业和经营性产业的共同发展，建立充满活力、调动各方面积极性的电视管理体制和运行机制，建立完善的电视产业市场体系，形成完整的电视产业链。”[①]整体制播分离正是为实现这一目标而进行的积极探索。上海文广新闻传媒集团实现整体制播分离后,根据其内部承担职责的不同,将承担政治宣传和公益责任的播出职能与承担市场运作职责的内容制作职能分开,在现有体制下最大限度地解决了广电业内部存在着的上述矛盾。“制播分离后,虽然双方出资方相同,但是由于各自的职责体系更加细分,双方原本的裙带关系发生根本变化,将导致原有广电制作体系逐渐面向市场开放。在这种结构下,更加独立自主的制作单位将以市场为导向,根据经济利益选择合作伙伴。”[②]

二是为解决广电媒体收益与公益的矛盾提供了参考方案。从某种意义上来讲,上海广播电视台和上海东方传媒(集团)有限公司就是一个为公益而建,一个为收益而建。前者致力于建设成为专业化的制作播出机构,形成面向多主体、多渠道的节目订购采购和择优播出机制;并凭借播出平台的天然优势,将其在选择、购买和播出节目时的公益原则发挥到最大,充分平衡节目的设置,最大限度地满足各分层受众的需求。后者,上海东方传媒(集团)有限公司则完全被推向市场,一切按照企业方式进行运行。作为内容提供方,公司将从“为播出制作”转向“为市场制作”,从一个地方广播电视内容商转变为一个面向全国乃至海外的内容提供商、发行商和服务运营商。与此同时,公司作为控股集团企业,旗下将拥有一系列的子公司,这些子公司包括已经进行公司化探索的频道(如第一财经、星尚等)、现有频道转制成的公司,以及集团此前探索的一些媒体延伸业务(如手机电视、IPTV 和宽带网络电视等)。

通过之前数年的发展,上海文广新闻传媒集团已经在市场运作方面积累了许多成功经验,这为新成立的上海东方传媒(集团)有限公司奠定了良好的前期市场效应和运作基础。在此基础上,公司将进一步按照市场内在要求,提升内部管理,搞活内部机制,选择最具市场潜力的业务板块创新经营,这将有力帮助其实现文化传媒产业“小巨人”的建设目标。

文广集团整体制播分离后,这一机制的活力也显示出了自己的优越性。就在上海宣告率先整体实施广电制播分离的第二天,小成本喜剧电影《倔强萝卜》在上海首映,这是继原上海文广新闻传媒集团成功营销《喜羊羊与灰太狼之牛气冲天》和《麦兜响当当》之后推出的又一力作。而在 2009 年 10 月 23 日开幕的第二届中国(芜湖)国际动漫创意产业交易会上,SMG 旗下的哈哈少儿频道与芜湖市广播电视总台芜湖教育电视台已经正式签订合作协议。根据该合作协议,未来五年内双方将携手在少儿电视

---

① 顾宜凡.制播分离的政府规制[J].国际新闻界,2009(5):76-79.

② 舒杰.广电制播分离利好[EB/OL].(2009-11-02)[2019-07-08].http://www.ccidcom.com/yaowen/20091102/7qNCneQRJo93cV4B.html。

节目、地方活动、艺术培训和衍生产品开发等领域展开全面战略合作，在泛长三角区域率先迈出电视媒体跨地区整合的新步伐。

这一举措也同时意味着以往局限于上海一地的《哈哈画报》、小荧星艺校等品牌文化产品，将会借助合作新机制与异地受众实现“零距离”接触。如哈哈少儿频道总监杨文艳所说，以前很多项目只能通过集团“专款专用”的“计划性”预算来跟进，没法进行“市场性”分配，现在拿到的资金可以根据市场需求自由分配，并可以用于更富长远意义的市场培育。“成为市场主体后，对哈哈少儿频道来说，节目输出可以不再按照‘传统’游戏规则来收取有限的发行价格，甚至可以免费提供。”①哈哈少儿频道的成功只是整体制播分离后向市场迈出的第一步，随着市场运作以及资本市场的运行，其产业化优势势必更加明显地体现出来。

三是为解决信息传播、娱乐功能与宣传功能的矛盾提供了案例。广电媒体承担着信息传播、娱乐、教育以及宣传的多重功能，如《中国广播电视新闻改革研究》课题组的一项调查结果所表明的那样，不少新闻部门的中层干部都谈到了这种难以两顾的无奈：“如果我们只完成上级任务，不考虑观众和市场的需求，宣传效果很差的话，那上级的任务也没有完成好；如果只考虑观众和市场的需求，没有完成好上级任务，那也是违背导向任务的。”②而新成立的上海广播电视台，则在解决宣传导向与经济利益难以兼顾的实践上提供了有益借鉴。上海广播电视台完整保留了新闻节目的制作及播出职能，在去除掉商业因素的掣肘后，其舆论宣传导向更加得以凸显，在广电系统内部较有效地解决了宣传导向与商业逐利之间的矛盾。

从后来的实践来看，上海文广集团整体制播分离实验也带来了问题。其中一个问题就是节目交易成本的增加，而电视节目交易成本主要包括谈判成本、风险成本和信息成本。同时，由于集团一分为二，机构增加，管理成本也会相应地增加。因此，如何在改革实践过程中，有效地控制因改革带来的交易和管理成本上升，并且使其小于市场化带来的收益，也将成为此后广电产业改革中需认真解决的问题。

作为广电整体制播分离的典型案例，上海东方传媒（集团）有限公司对中国广电管理体制改革无疑具有重要的启示意义。它既是近20年来中国广电体制改革探索的成果，也是推进广电产业改革向深水区迈进的一次重要探索。也正因为如此，它在改革过程中还存在着诸多的现实制约因素和体制难题，这有待后来者去探讨和解决，也需要国家从宏观规划层面加强广电制播分离的顶层设计和分类指导。

---

① 上海广电制播分离改革首战告捷[EB/OL].(2009-11-10)[2019-07-08].http://news.broadcast.hc360.com/2009/11/101351146358.shtml.

② 高传智，谢勤亮.“第三条道路”与中国广播电视新闻体制改革[J].新闻大学，2006(1)：66-74.

二、广电集团化改革及历史实践

广播电视集团化问题事实上也同制播分离大讨论一样,牵涉到中国广播电视行业管理运行中的“做强”理念和“做大”路径间的矛盾处理与协调机制问题。集团化的目的是为了应对中国广播电视小散乱的现状,推动中国广播电视传媒行业向产权明晰、实力增强、资源流动合理、媒体深度融合的方向跨越式发展。这里有解决历史遗留问题的考虑,也有着眼于提升广播电视传媒竞争力,适应国际信息传播产业格局调整、竞争环境日趋严峻的现实考虑。

(一)地方广电集团化实验与行业政策发展

事实上,自 1983 年第十一次全国广电工作会议提出“四级办广电”方针以来,中国各级电视台的数量也在 20 世纪 90 年代末期,达到了异常膨胀的地步。1997 年时,中国的电视台总量已经达到了 923 座之多,几乎是 1983 年时的 14 倍。① 广播电台和电视台数量的大幅度增长,一方面固然促进了中国广播电视事业建设的阶段性跨越,但同时也积累下了重复建设过多、资源浪费严重的弊端。广播电视产业改革所带来的竞争效应及竞争特点,让这一基于特殊历史条件下的粗放式经营管理体制更加遭遇了尴尬的整合困境。各级、各地广播电视媒体之间划区经营、各自为政、近亲繁殖、同质抄袭的现象大量涌现。在面临“入世”(加入世界贸易组织)挑战和国际媒体竞争压力可能增大的情况下,中国广播电视业所呈现出的小、多、散、乱现状和规模效益低下的运营困境,已经很难再适应新一轮广电事业建设发展的需要。

1999 年 11 月,根据市场形势的发展变化和建立竞争机制的内在需求,在理论探索和业界实践的合力推动下,国务院办公厅转发了信息产业部和国家广电总局《关于加强广播电视有线网络建设管理的意见》(国办〔1999〕82 号),从行业结构上引导并促进有线台与无线台的合并,在具体的操作实践层面,提出广电媒体应该跨地区、跨行业经营的原则是这一文件的亮点。这个文件的出台,不仅代表了广电管理高层因应形势,改革原有广电系统零散化分割格局的决心,也在总结实践经验的基础上,从政策层面开启了中国广播电视管理体制集团化改革的序幕。此后,从地方到中央,在短短五六年的时间内,20 多家地方广电集团陆续成立。

但这其中存在的问题也逐渐暴露,以率先成立的无锡广电集团为例,其成立之初

---

① 刘习良.中国电视史[M].北京:中国广播电视出版社,2007:309.

所实行的就是局机关和集团合一的运行体制，在运作模式和经营体制上都没有发生实质上的变化，而只是在量上进行了简单的叠加和累积，内中所潜隐的行政与业务混杂、事业经营与企业管理双轨并存的问题并没有因组建集团而自然消解。相反，简单的叠加模式和来自组织的外力推动，反而使渐进情况下较少出现的广播电视行业各组成成分间的磨合成本大大增加。因部门林立、利益纠葛等诸多问题而导致的矛盾集中化和激烈化现象，较集团组建前更为集中和突出地表现出来。其实，这个问题从 1999 年开始，就一直是隐藏于电视产业集团化浪潮背后的症结所在。对于中国的电视管理体制而言，“一元体制，二元运作”的模式，是很难产生真正意义上的竞争机制和大型传媒集团的。

2004 年年底，国家广电总局宣布不再组建新的广播电视集团，并对已经组建的集团进行经营性资产的剥离，这一举措也在一定程度上体现了管理层对电视产业集团化浪潮的反思与调整。如有的研究者所分析的那样：“‘一元体制，二元运作’运行模式更适合作为一种媒体转型的过渡性制度安排，而不应成为长期性运营模式的制度基础。”①这一决定出台之后，对于全国已经成立的众多广电集团，广电总局提出若要保留单位的事业属性，就必须剥离集团内的经营性资产，并建议将集团更名为广播电视总台。检点中国电视集团化的短暂发展进程，其问题的核心仍然出现在电视台“事业/产业”一体两栖功能的复杂属性上。这一属性让集团化本应该发挥的资源整合作用，最终演变成了追逐政策时尚的简单的机构、人员、资产间的无序捆绑与叠加。在这一硬性的捆绑过程中，集团化原本追求的产权明晰，却因为在没有明确审计和监管制度前提下的按单位归属进行无偿资产划拨的调配形式，变得越来越不明晰，从而也从根本上违背了广电集团化所最应达到的产权归属明晰、资源配置结构合理的改革初衷。

除此之外，这里所反映出的还有一个广电集团市场主体地位的“悖论”问题。按照广电集团“事业单位、企业化管理”的做法，很多集团仍然保留了与同级广电主管机构相当的行政级别，其管理层也由上级政府机关任命，在管理层上保留了所有事业单位的运作特征。这样做的目的当然是为了确保媒体舆论导向的正确，确保广电媒体主管主办的权力不出问题，却也同时模糊了广电集团作为市场主体的独立地位。再加上行政区域的间隔又阻滞了广电集团的跨区域发展，在此情势下的集团化，实际上陷入了既无法完全按事业单位的机制进行运转，也无法以独立的企业身份进行运营的两难境地——“按照国家有关法律规定，如果集团是事业单位，就不能进行盈利性活动，资

① 胡正荣.构建我国特色的媒介体系的开始——当前广电集团重组的意义[J].南方电视学刊，2005(5)：13-17.

产属财政所有，不能进行对外投融资；如果是企业，就不能有行政级别，就不能享受财政补贴和拨款，要依法纳税。”“现在把两类不同性质不能相容的组织整合在一起，只是为了强化集团对当地电视产业资源的垄断，而对推进产业经营则无多大意义。”①

这一问题直到十八大后，中央全面深化改革领导小组审议通过《关于推动传统媒体和新兴媒体融合发展的指导意见》后，仍然是困扰广电媒体集团化改革的难题之一。为了应对这一问题，在全国推进融媒体中心建设的大趋势下，对广播电视“四级管办”的管理体制进行调整，特别是以分类、分层为指导原则，对广电媒体存量进行盘点整合，优化其结构，强化其能力，推动广电生产要素合理流动，成为广电管理体制改革必须迈出的一步。特别是在全面推进国家治理体系和治理能力现代化的背景下，包括广电媒体在内的媒体融合改革，已被置于和司法体制改革、户籍改革、央企薪酬体系改革同样重要的地位。这一认识背后所折射的，固然是中国信息传播与社会舆论场形成机制发生的革命性变化，但也反映了传统广电媒体管理体制机制改革的滞后。②

（二）成都传媒集团的改革经验及启示

作为全国省会城市中第一家横跨报纸、广播、电视、网络、期刊、出版等多个领域的大型传媒集团，成都传媒集团（CMG）在 2006 年的成立既是理论上的一次全新尝试，也是一次实践上的大胆探索。回过头来看，成都传媒集团在管理理念和具体操作上，为今天全国地方性传媒集团的改革提供了可资借鉴的宝贵经验。站在历史的角度上，我们思考成都传媒集团多年来所走过的改革之路，不但可以从中洞察到中国地方传媒改革的艰辛，也可以从中领悟到地方传媒集团发展的普遍规律。

1.成都传媒集团的媒体融合之路

2006 年 11 月，成都市委市政府将原成都日报报业集团和成都广播电视台合并，成立了全国中心城市第一家综合性地方传媒集团——成都传媒集团（CMG）。该集团从成立之日起，就努力在行业管理上向部门对接转向，除继续保留原报业集团和原广播电视台的牌子，沿用广播电台和电视台的播出呼号之外，在具体运作上努力推行和实施的都是“事业法人登记 & 企业化管理”的操作模式。合并后的成都传媒集团，拥有 4 个办公区（高朋大道 2 号、红星路二段 159 号、大石西路 1 号、双林路 99 号）、6 个电视频道（成都电视台新闻综合频道、经济资讯服务频道、都市生活频道、影视文艺频

---

① 张作兴.中国电视转型问题研究[M].北京：中国广播电视出版社，2008：187.

② 杨状振.舆论场与产业革命：传统媒体与新兴媒体融合的知与行[J].南方电视学刊，2014（5）：39-43.

道、公共频道、少儿频道)、4 个广播频道(成都人民广播电台新闻广播、交通广播、音乐广播、文化休闲频道)、3 家日报(《成都日报》《成都晚报》《成都商报》)、2 份周报(《居周刊》《蓉城周报》)、3 家杂志(《时代教育》《青年作家》《公司・地产商》)、1 家出版社(成都时代出版社)和 3 家公司(成都博瑞投资控股集团有限公司、成都新闻实业有限公司、成都兴网传媒有限责任公司)。作为中国地方传媒中的“航空母舰”,这也是国内首家在中心城市成立的传媒集团,涵盖了报刊、广播、电视、网络等多种媒体形态的综合性地方传媒集团。

从理论上来讲,报业和广电都是党的喉舌,都属国有资产管控范围,所不同的只是传播方式和表达方式而已。在国际传媒市场上媒体间融合步伐加快的大背景下,一个地区的报业和广电即使现在不走向融合,将来也会走向融合。在深化文化体制改革和大力发展文化产业的背景下,在保持党的领导地位不动摇和喉舌功能不改变的前提下,任何一种媒体形态都是可以以资本为纽带进行强强联合和深度整合的。

其实,早在成都传媒集团成立之前,成都日报报业集团就已经开始了自己的业务拓展步伐和资本扩张进程,并试图同广电媒体资源进行深度合作,但在两者之间所存在着的行政分割和行业进入壁垒等条件限制下,最终并没有取得大的进展。在这种情况下,成都市委市政府从推进文化体制改革的整体战略部署出发,在调研和征求意见的基础上,决定将成都日报报业集团与成都广播电视台合并为“成都传媒集团”,并提出了“政治上不削弱、经济上不滑坡”的基本改革要求,希望集团立足四川和西南,最大限度地激活本地传媒生产力,尽快走到全省乃至全国的前列,在国际上赢得一席之地,取得 1+1>2 的集团合力效果。

2.成都传媒集团的管理思路

从大体上来讲,传媒扩张主要有两种模式,即滚雪球式的单一发展模式和集团化、跨媒体的合力经营发展模式。相比而言,后者能够在短期内迅速实现扩张,而前者则需要一个漫长的、循序渐进的历史累积过程。在不改变成都市广播电视局是成都广播电视台设立主体、管理上不增加运作层级的前提下,成都传媒集团在运营策略上以“扁平设计、垂直管理、层次清晰、责权明确”的总体思路为组织体系,设立了党委会和董事会,并以党委会为整个传媒集团的领导核心和决策中心。围绕党委会,集团设立编委会和经委会,分别负责采编和经营工作。集团总部在内设机构上设立集团党委办、行政办、编委办、经委办、人力资源部、财务中心、总工办、监察室 8 个公共职能部门,在事业部门设置上则配备了广告中心、技术中心和节目中心 3 个直属部门。集团总部以下,则为各子媒体和各个子经营机构,囊括了近 30 家生产单位和近 9,000 名在岗职工。

成都传媒集团成立之初,在人力资源管理体系、运营管理体系、财务管理体系、企业文化建构等方面并不完善,基本上处于由事业向企业转型的过程中。集团的业务组合和业务模式亟待调整,管控体系亟待完善。从总体上来看,这些问题集中表现在以下三个方面:一是传统媒体业务急需做精,新媒体业务需要发展,新的业务发展模式亟待形成;二是现有多元产业急需清理整顿,资源配置急需进行再调整,以形成新的产业聚合效应;三是体制机制上的陈规陋习急需冲破和解决,以便按照市场化、国际化、标准化的要求设计集团的战略管控体系、运营管控体系、财务管理体系和人力资源管理体系,打造集团的核心竞争力。

在理清这些问题的基础上,成都传媒集团在运营措施上积极改善战略管控体系,在谋求挖潜增效上初步建立了三大战略协同机制:集团内部纵向部门间的战略协同、集团公司与子公司间的战略协同以及子公司之间的战略协同。在改善运营管控体系上,集团则完善了结构功能设置与内部分工部署,制定出了经营管理组织结构阶段性调整计划,理顺了经营管理结构的汇报关系。在人力资源管理体系上,集团则在建立科学完善的财务管理体系的基础上,以平衡记分卡系统为指导,组建集团财务公司,逐步建立起了规范、科学、高效的管理体制,为在最大限度上激活集团的创造力和内在潜力打下基础。

3.成都传媒集团的经营之道

成都传媒集团在组建过程中,采取了整体上的"连横"策略,即以一个强大的集团为核心,充分整合集团内部的各种资源,降低集团的内容生产成本,最大限度地调动集团内部的生产力,通过集团的合力取得市场竞争的胜利。在集团成立后不到两个月的时间内,2007 年 1 月成都传媒集团就组建了全新的战略规划小组,着手起草《成都传媒集团"一五"战略发展规划报告》,其内容包括了《成都传媒集团新闻出版板块战略发展思路》《成都传媒集团广电板块战略发展思路》《成都传媒集团图书出版板块战略发展思路》《成都传媒集团蓝海战略规划》《成都传媒集团资本运作战略思路》等一系列重大战略性项目。

同年 3 月,成都传媒集团临时党委原则上同意了《2007 年"十个一"重点项目实施推进计划》,以成都日报报业集团为核心(对于成都传媒集团而言,其优势中的优势是《成都商报》。根据 CTR 市场研究机构的调查数据,在 2006 年《成都商报》年广告实际收入已经超过了 7 亿元,2007 年这一数字进一步提升至 8 亿元,进入中国单张报纸广告收入的前三名),将包括博瑞传播再融资、跨媒体合作、期刊运营整合、快速启动电视购物、建设大型文化产业园区、打造一系列影视大制作、打造全新户外广告形象等内容纳入其中。

首先,对于可经营性资产,成都传媒集团以集团经营性资产管理为核心,利用专业化、市场化的手段,实行存量盘活与经营性资产运营并进的经营模式,推行市场化运作进程。在集团组建之初,为了全力打造"地产系列",成都传媒集团陆续推出了《第一房产》《24 小时房产》等电视栏目和《好房 100》网站等联动措施,实现了"地产系列"在电视、报纸、杂志和网络等媒体上的全方位覆盖,电视板块的地产广告也由不足 600 万元增加到逾 3,000 万元,增幅高达 500%。

其次,集团还将原成都电视台的物业公司并入新闻物业公司,合力打造集团性物业经营平台。最后,集团启动下属公司的清理工作,将那些远离传媒主业链且经营不善的公司裁减撤并,并按照成都市国资委的相关要求,对集团所属的二、三级子公司及以下公司进行了整合。在进行以上工作的同时,成都传媒集团还实施了《成都晚报》的发行交接工作,全面完成了集团内部发行资源的整合任务。在这其中,成都传媒博瑞集团(B-ray Media)的崛起和改制引人注目。

早在 2003 年 10 月,成都日报报业集团开始进行资源整合时,博瑞集团就被定位为报业集团的投资经营平台,旗下上市公司博瑞传播则被作为报业集团的资本运作平台来打造。在报业集团资源整合过程中,本着资源整合集团化、资源配置市场化的原则,2004 年 11 月,博瑞传播旗下的成都"立即送"网络配送有限公司及成都博瑞广告有限公司分别签约成都日报社,取得了《成都日报》征订发行的全权代理资格和广告业务的总代理权。2005 年 7 月,博瑞广告又开始涉足《成都晚报》的广告代理,全权代理其周末版广告业务,并涉足新技术传媒领域,在成都传媒集团改革之前就起到了引领传媒产业结构升级的导航作用。作为中国西南地区传媒行业规模最大的企业,博瑞集团按照以传媒为主业的有限多元化策略,形成了传媒产业的核心竞争优势。成都传媒集团在资本运作方面,充分发挥并继承了博瑞传播的融资能力,在努力实现集团经营性业务整体上市的同时,通过收购、兼并等多种资本运作模式,搭建起新的更大的融资平台,向实现集团跨区域、跨媒体经营以及利益、资产、实力的高速增长目标迈出了重要一步。

成都传媒集团的报刊出版长期位列全国前十,广播电视媒体跻身全国各省会城市前列,已成为中国西部综合实力最强、影响力最大的综合性地方传媒集团。但集团各产业间盈利能力差距悬殊的问题却也同时愈趋明显,强强联合、优势互补、产业共生的良性发展局面,并没有像原来预想的一样顺利实现。这主要表现为:区域性媒介资源结构限制集团的外向拓展;网络媒体发展缓慢,盈利模式不成熟;多元化产业拓展力度不够,具有独立生存能力、良好发展前景且不受地区限制的经营领域开发不足等。从当前的资源组成分析,纸媒仍然是支撑成都传媒集团发展的主要优质产业,但在 2007

年以后以报业发达著称的成都传媒业也面临着广告增长遭遇“顶棚”的限制;广电有线网络则需要在加快双向网络建设上继续改进,网络媒体的发展重心则应聚焦于盈利模式的建构和内容产业的提升两个方面,这些成为很长一段时期内,制约成都传媒集团发展战略转移的瓶颈性问题。

4.传媒集团资源整合中的品牌建构意识

一个真正的传媒集团,应该是充分实现了文化、制度、人事和经营方式等全面融合的集团,而在中国现有的国情下,几乎所有由行政命令统合起来的传媒集团都或多或少地存在着“明合实散”的共有病症。由报业和广电两个板块组成的成都传媒集团也不例外,其同样面临着稳定、发展、激活上的巨大挑战。如何打造一个具有统一意志、统一文化、统一方向的传媒航母,随着改革进程的推进,这也成为成都传媒集团改革的重中之重。

其一,它以品牌策略和多渠道刊播方式,打造集团核心竞争力,增加市场经营收益。随着技术的进步,利润在信息的流动链条中出现了向下移位的趋势,内容的生产力(生产环节)价值下降,渠道的整合力(获取环节)和内容的呈现力(有针对性的组织和呈现环节)价值飙升,并逐渐成为媒体的核心竞争力所在。成都传媒集团通过各种外部合作,如塑造慈善公益形象、参与《赤壁》电影宣传制作、与新浪门户网站合作、打造百事可乐成都印象罐等,有效地彰显了作为媒介集团的整体品牌,提升了渠道的竞争力。传媒集团各子媒体间的相互协同和配合作战,不但可以有效地降低媒介产品的生产成本,也使新闻产品借助各子媒体刊播平台得到不同程度、不同样态的多方位呈现,进而在产品的深度开发和蓝海竞胜中获得市场先机。

其二,它积极开发创新能力,激发体制改革,占据二级市场,扩大传媒集团的战略版图。在机制创新上,成都传媒集团以项目运作带动机制调改,大力进行创新能力的挖潜和提升。通过电视板块选拔优秀节目主持人的活动、《成都商报》与成都电视台及成都全搜索网站的深度合作活动、广电与报业物业公司的整合行动、启动电视剧制作公司项目等,成都传媒集团在机制创新上实现了集团市场主体激励机制和创新意识的常态化,权力与责任挂钩,资本与效益搭配,创意与收入调和的运作模式逐步建立。除了在创新能力和体制改革上谋求发展之外,集团下属各媒体还在抢占省会成都以外的二级市场上积极探路,《成都商报》曾陆续在绵阳、乐山、内江和自贡等二级城市开设分印点,并通过强化零售体系建设,以高价向各地市级报纸购买稿件,迅速扩大了自己的战略领地和生存圈域。2007 年以后,通过“成都楼盘十城联展”活动,成都传媒集团把自己的品牌影响力进一步扩充到成都市中心版图之外,进一步强化和提升了集团品牌在四川全省和西南地区的影响力与号召力。

其三，它以强势团体为核心，实现各下属媒体间的深度合作，带动弱势团体的正向发展。在成都传媒集团各组成部分中，报业集团占据着优势地位，这同四川全省尤其是和成都的文化氛围和生活习惯有关。依托报媒丰厚的资源优势和市场化运营经验，传媒集团构成中相对弱势的广电板块，也被带动陆续开始推行全成本核算和企业会计制度，在划小核算单位、构建运作经营内部市场体系的同时，将生产要素和经营责任向频道和中心集中。在人事管理制度上，各广电媒体则开始实行全员聘用和竞争上岗制度，变身份管理为岗位管理，并确定了固定工资和绩效工资相结合的分配方式。如果持续保持良好的运营状态，居于弱势的成都广电势必逐步超越报纸的强势地位，转变为成都传媒集团新的经济增长点。

5.传媒集团需强新闻推产业

国内的新闻媒体和运营机构被历史赋予了两大任务：一是宣传好党的路线、方针、政策，坚持正确的舆论导向，提高舆论引导能力和引导水平，这是传媒的政治属性和社会责任。二是在市场经济条件下，进行产业经营和发展，通过市场来发展壮大，这是媒体的产业属性。在现有条件下，这两个属性互为依存互相促进，彼此统一不可分割。只有舆论导向正确，宣传深入人心，才能履行好传媒的喉舌功能，也才可能在现有的传媒语境下赢得市场，并进而获得发展的机会与可能。反过来，也只有做大做强了传媒的产业功能，媒体才有经济实力不断提高自己的硬件建设和社会影响力，从而也才可能更好地发挥舆论喉舌的宣传作用。

成都传媒集团自成立以来，就一直将把握正确的舆论导向放在集团发展的首要位置，坚持"政治家办报办台"，坚持党管媒体、管好媒体的基本取向。随着集团综合优势的发挥和增强，其新闻宣传的质量优势和规模效应也都不断得到体现和佐证。这主要表现在以下四个方面：一是在准确完成常规新闻的宣传报道任务上，成都传媒集团下属媒体相继编播了全国"两会"、成都市"三会""创佳""非遗""美食节""汶川地震特别报道"等一系列重大新闻，并先后推出了"暖冬行动""成都杰出贡献奖评选""'5·12'地震灾难百日悼念"等大型主题宣传活动，切实履行和承担起了主流传媒的社会责任。

二是在做深做透重大主题的宣传报道上，集团将不同媒体形态的记者进行队伍混编，组成深度报道课题组，以"科学发展观指导下的成都实践""工业发展在成都·走近工业园区"等为主题，对成都市近年来的城乡统筹实践进行了全面深入的宣传报道，并围绕"成都获批国家统筹城乡综合配套改革试验区"进行了大规模宣传报道。

三是在构建和完善集团层面的新闻资源管控体系上，集团以刚性原则确保了宣传的安全。面对媒体形态空前增多的现实，成都传媒集团以重大新闻宣传调控和底线管理体系为重点,实行新闻宣传统一归口管理制,协调资源使用,避免资源浪费,形成了“新闻宣传统一指挥、不同媒体分类指导”的新闻宣传管理格局。

四是在不同形态媒体的新闻报道合作上,集团内逐步形成了强大的宣传合力。不论是常规宣传报道,还是统一重大行动,集团报纸、广播、电视和网络等多种形态媒体立体响应,尤其是打通电视与报纸两大媒体之间的媒介性障碍,重大新闻宣传实施队伍混编,降低了生产成本,放大了宣传效果,逐步形成了“同题竞技、差异表达”的宣传格局。

在打好“新闻主牌”的同时,成都传媒集团还积极推进其产业发展项目建设,紧紧围绕文化产业市场,稳健拓展传媒多元产业,实现了资产规模的扩张。这同样主要体现在四个方面:一是跨媒体合作项目的稳健进行,利用打通行业分割所形成的平台,成都传媒集团实施了《成都商报》、成都33频道、环球资讯频率、全搜索网站四种媒体形态间的跨行业合作运行,在品牌、渠道、信息、广告等方面,四种媒体形态之间初步实现联动。

二是在影视剧大制作项目上,集团把原来隶属于电视台的电视剧制作中心部门性建制改造为集团旗下的先锋影视公司独立建制,集团作为投资方和出品方之一,联合中影集团、英皇集团和紫禁城影业共同拍摄制作了电影《赤壁》,以及《张居正》《龙的传人》《一品天下》等影视剧。

三是在全球营销项目上,集团借“可口可乐”全球更换包装的商机,在百事大中华区发售“成都印象罐”,在宣传成都形象的同时,使成都传媒集团站在更高的起点上向实现自己的品牌化和多元化发展战略目标靠近。同时,成都传媒集团还与韩国CJ家庭购物等有关企业公司进行合作洽谈,在与世界接轨上逐步跳出狭隘的地域和行业限制。

四是在期刊整合项目上,成都传媒集团将下属期刊资源进行了打通融合,成立了成都先锋文化传媒有限公司进行统一运作推广,面向全国打造出“先锋”系列期刊品牌,由其推出的《榜样》《评论》《慈善》《超级粉丝》《成都客》《高尔夫时尚》等刊物先后进入市场发行流通。

成都传媒集团作为一个综合性地方传媒集团,实现国内卓越、产生国际影响是其在成立之初就确定的发展目标。通过打造大媒体平台,成都传媒集团各子媒体立足于细分市场,满足多层次受众需求,进行跨媒体深度融合,在集团内部形成了“资源情报超市”的运作机制,推进了集团媒介产品链条的延伸和经营利益的最大化。随着联合经营趋势的加强,当下更多综合性巨型媒体集团应运而生的时机将逐步成熟,地区和行业限制也有可能在不久的将来随着媒体融合的推进被逐一打破。传统媒体发展趋缓，新媒体发展迅速，文化产业外围层高速增长的速度和空间的巨大，成为当前传媒行业发展的显著特征。成都传媒集团也因应这一形势，在深度融合传统媒体、巩固区域优势的基础上，通过"转制、转型、产业融合、战略联盟"，为传统媒体借集团化之机实现管理转型、经营转型、新媒体转型、业务重心转型提供了宝贵经验。

2018 年 3 月，中共中央印发《深化党和国家机构改革方案》。方案提出：坚持正确的舆论导向，提高新闻舆论传播力、引导力、影响力、公信力，牢牢掌握意识形态工作领导权，增强广播电视媒体整体实力和竞争力，推动广电媒体和新兴媒体融合发展，整合中央电视台（中国国际电视台）、中央人民广播电台、中国国际广播电台，组建中央广播电视总台。同年 11 月，中央全面深化改革委员会第五次会议审议通过《关于加强县级融媒体中心建设的意见》，提出以"互联网+媒体""媒体+服务"的思路，强化县级媒体的"融"（融为一体）与"合"（合而为一）建设。在强化宣传功能的同时，积极利用大数据、云计算和人工智能技术，把基层广电打造成为民排忧解难、提供各种便利服务的智慧化融媒体平台，成为广电媒体在新时期推进"集团化+分层式改革"的重要思路。

三、舆论场与产业革命视角下的媒体融合

2014 年 8 月，中央全面深化改革领导小组审议通过《关于推动传统媒体和新兴媒体融合发展的指导意见》。"指导意见"的首要目标是解决官方舆论场与网络舆论场在话语权上的失衡问题。"指导意见"的出台还对传统媒体和新兴媒体的融合路径、技术立场和组织结构产生了明显影响。影响之一是重视传统媒体转型中的互联网思维，各级党委政府将其和新时期提高党的领导能力相结合，把它提高到政治高度来认识。影响之二是强化媒体融合中的技术前导作用，高度重视推动媒体融合发展的战略性技术和安全性技术。影响之三是调整传统媒体结构布局和组织管理体系，体现出对以制度改革推动媒体融合发展的重视和扶持力度。

（一）舆论场和"塔西佗陷阱"

新华社原总编辑南振中先生曾提出过"两个舆论场"的观点："我认为在现实生活中实际存在着两个'舆论场'：一个是老百姓的'口头舆论场'；一个是新闻媒体着力营造的舆论场。"①前者是老百姓从自身观感出发，对社会热点事件口耳相传所形成的民

① 陈芳.再谈"两个舆论场"——访外事委员会副主任委员、全国人大常委会委员、新华社原总编辑南振中[J].中国记者，2013(1)：43-46.

间舆论场，往往代表着他们的朴素想法和真挚愿望，但难免会带有感情色彩和片面性；后者是官方媒体着力营造的主流舆论场，往往在对一些社会热点事件的关注和反映力度上不够。“有鉴于此，我们对热点问题应该采取的正确态度是：充分利用人民群众对社会新出现问题的敏锐反应，及时了解舆情；对民间的口头舆论要进行分析和选择，对正确的舆论要给予支持，对模糊的认识要给予解释和疏导，对影响社会稳定的错误传闻要设法予以澄清。”①

对于舆论场形成机制发生的变化及“两个舆论场”的形成，人民日报社、新华社、中央电视台等中央传统主流媒体感受最为深切。时任新华社副社长兼新媒体中心主任的慎海雄曾在2014年夏撰文披露：“据统计，在2013年前100大热点事件的传播中，由网络大V等首发或主导的占了近一半，传统平面媒体首发或主导的不足三成。”在内容生产和信息首发方面，新媒体已经占到了七成，而经由传统媒体首发的不到三成。②

传统上，舆论场的形成和主流媒体的议程设置是一致的，主流媒体在哪里，舆论的立场和方向就在哪里，社会情绪的流向和疏导重心就在哪里。但新兴媒体裂变式的发展，改变了人们这一相沿成习的看法。受众特别是青少年群体，由传统媒体向网络舆论场的整体、持续迁移，已经成为当下媒体生态变革的最主要特征。

人在哪儿，舆论就在哪儿，受众流失了，基于传统主流媒体形成的舆论场建构模式也就被削弱了。“传统媒体被边缘化，主流媒体难以真正掌控主流舆论，主流舆论难以有效传播主流声音的问题已经出现。”③“两个错位”的判断反映了新华社的担心，也反映了中央传统主流媒体在面对舆论形成格局发生重大变动时的焦灼。人民网舆情监测室秘书长祝华新，沿用新华社原总编辑南振中提出的观点，认为在中国当下的舆论场上，事实上已经形成了由传统主流媒体主导的官方舆论场和由网络社交等新兴媒体主导的民间舆论场并存的状况。但由于认知视角的不同、政府公信力建设的滞后和其他各种复杂的原因，两个舆论场之间的彼此芥蒂和隔阂也日趋严重。

通过对2010年度十大网络热点事件的分析，祝华新认为，中央传统主流媒体《人民日报》、中央电视台能够对80%的热点事件进行报道和关注，但起到正面舆论引导效果的只有30%，起到反向作用的也为30%，其他则效果一般。这反映出在变化了的媒体环境下，传统主流媒体如果继续沿用过去处理危机时的公关思路和方法，所导致

---

① 南振中.“三个代表”与新闻业务改革[J].中国记者，2002(5)：4-7.

② 慎海雄.创新创新再创新 抢占融合制高点[J].新闻战线，2014(7)：9-11.

③ 祝华新.“两个舆论场”的由来和融通之道[J].南方传媒研究，2012，38(1)：36-45.

的结果只能是舆论话语权的日益微弱。①

更为严重的是，在遭遇话语权挑战的同时，传统主流媒体和由其代言的各级政府，也更加频繁地陷入“塔西佗陷阱”②的泥沼中，被受众不分真假、对错、好坏的一律排斥和批评。打通两个舆论场，整合意见生产机制的流程和方法，重构舆论生态和媒体格局，无论从产业革命还是从舆论引导的角度来讲，都已经成为当下媒体，尤其是中央传统主流媒体发展所必须直面的问题。随着中央深化改革领导小组有关媒体融合发展“指导意见”的出台，解决这一问题还被赋予了“确保网络信息传播秩序和国家安全”，促进国家治理体系和治理能力现代化建设战略目标实现的意义。

随着中央推动传统主流媒体向新型主流媒体转型进程的加快，官方舆论场和民间舆论场（主要体现为网络舆论场）的隔阂程度也有所缓解。人民网舆情监测室 2015 年 1 月发布的舆情监测报告显示：在一些涉及社会敏感话题，如反腐、改进党风政风及户籍、教育、计划生育、劳教、司法、央企薪酬体系改革等问题的讨论上，2014 年度两个舆论场间的共识度已有明显提高。从 2011 年 7 月发表《打通“两个舆论场”》的评论文章迄今，“三年半过去了，我们通过舆情监测发现，在政府和社会各界的共同努力下，‘两个舆论场’的交集和共识度有显著增强”，“2014 年以来，主流舆论场和民间舆论场进一步加强融合，网络舆论共识度与政府认可度双双快速上升，网络舆论生态步入正轨”③。

（二）媒体融合的路径选择和问题

对于当下舆论场形成和媒体结构发生的变化，十八届三中全会通过的《中共中央关于全面深化改革若干重大问题的决定》，将其表述为：“健全网络突发事件处置机制，形成正面引导和依法管理相结合的网络舆论工作格局。整合新闻媒体资源，推动传统媒体和新兴媒体融合发展。”其中，重点强调了“重视新型媒介运用和管理，规范传播秩序”的观点。习近平总书记在关于《中共中央关于全面深化改革若干重大问题的决定》所做的说明中，进一步明确了互联网平台媒体属性正在加强的事实，以及现行管理体制中存在的四个弊端——“多头管理、职能交叉、权责不一、效率不高”。针对上述问题，总书记的说明将完善互联网管理领导体制的方向描述为“整合相关机构

---

① 祝华新.“两个舆论场”的由来和融通之道[J].南方传媒研究，2012，38(1)：36-45.

② “塔西佗陷阱(Tacitus Trap)”，这一概念来源于古罗马历史学家塔西佗所著的《塔西佗历史》一书。塔西佗在评价一位罗马皇帝时说：“一旦皇帝成了人们憎恨的对象，他做的好事和坏事就同样会引起人们对他的厌恶。”之后，中国学者将其引申为一种社会现象，指当政府部门（或某一组织）失去公信力时，无论说真话还是假话，做好事还是坏事，都会被公众认为是说假话、做坏事。

③ 人民网舆情监测室.2014 年：两个舆论场共识度明显提高[N].光明日报，2015-01-16(5).

职能,形成从技术到内容、从日常安全到打击犯罪的互联网管理合力”。

十八届三中全会《中共中央关于全面深化改革若干重大问题的决定》及习近平总书记所做的说明,事实上为传统媒体和新兴媒体的融合发展指明了基本方向和着力点。《关于推动传统媒体和新兴媒体融合发展的指导意见》则将上述内容进一步细化,从媒体融合的具体路径、实施方案和建成目标上,强化了顶层设计和一体推进意识,即理念创新、手段创新和制度建设。

理念创新即以强化互联网思维为切入点,保持媒体机构和从业人员的市场敏锐性与开放度,切实顺应新形势下受众群体年轻化及信息市场供求关系多元化的挑战;手段创新即以新技术的开发和应用为杠杆,撬动阻碍传统媒体转型发展的历史惯性与陈旧程式,进而带动新闻报道形式、新闻报道内容和媒体内部组织结构、评价体系的改变;制度建设则以全面协调和一体推进为重点,着眼于破除行业分割形成的体制壁垒,实现新型媒体集团管理职能的统一,提升媒体融合工作的实效和落地能力。

1.理念层面:以互联网思维强化媒体融合的专业精神

媒体融合的重点是“融”,“合”是“融”之后的水到渠成,而不是反过来以“合”求“融”。两种路径选择间所体现的是传统媒体时代和新兴媒体时代思维方式的差异,以及隐于其间的以谁为主的问题。1997 年迄今,媒体融合大体上已经走过了三个阶段:“一是传统媒体建设新兴媒体,二是传统媒体和新兴媒体互动发展,三是传统媒体和新兴媒体融合发展,现在正进入第三个阶段。”①在前两个阶段,无论是报纸在网上开办网站、做电子版,还是电台电视台将音视频内容放到网上回看点播,所表明的立场和看法仍然是以传统媒体为主、以新兴媒体为辅的主从式思维。

这一时期的媒体融合,与其说是融合,不如说是“携合”或“联合”,新兴媒体只被视为补充而非主体、更非主业的观点占据主流。沿着这一思路推进的结果,是为大量新兴互联网企业的媒体化转型提供了时间和空间,使其由本初的科技型企业成长为今天几乎无所不包的全能性公司,深度介入国内新闻报道和舆论市场的建构活动。这些借助市场、资本和技术的力量,一开始就采用互联网思维发展起来的企业,在聚集资源、博取关注和整合产业链上所爆发出的惊人力量,使其成为影响当下中国各行业发展态势的重要一极。此消彼长之间,传统主流媒体的守成思维和反映出的市场慢节奏,不能不说是造成今天舆论场两极分化和传统媒体渐趋边缘的重要原因。

互联网思维在双方的发展决策中起到了关键作用。所谓互联网思维,其实质就是一种依托生存野性,激发出的超强的意识行动能力、空间占有能力和技术创新激情。

---

① 刘奇葆.加快推动传统媒体和新兴媒体融合发展[N].人民日报,2014-04-23(7).

其直观表现则是开放、平等、兼容的市场观和以用户中心的消费观。对于媒体融合来讲，互联网思维要求传统主流媒体必须抛弃因行业保护和体制内生存所形成的市场特权意识，真正从价值观层面而不仅仅是从操作层面，认识互联网时代信息市场供求关系所发生的根本性变化——传统的"受众"正崛起为新兴的"用户"，信息的意义不再是传播，而是消费和互生产。离开了这一基本判断，新旧媒体间的融合，就有可能沦为南辕北辙的追击。

在这一点上，传统媒体人的观念转换及其速度的快慢，将成为影响媒体融合成败的关键。"对于传统媒体人来说，大多还是'爬格子的一代'，正在形成的新媒体不是这代人的'母语'。尽管我们在承受着媒体转型之重，嫁接、孕育之痛，但是时代赋予我们的使命不能忘。走一条有特色的融合发展之路，是新老媒体共同的责任，任重而道远。"①人民日报社副总编辑马利的这段话，点明了中国传统媒体人对于互联网思维的陌生感，而中国目前各级传统主流媒体的决策者和管理人恰是在这个群体中。从这个意义上来讲，互联网思维的推广和普及，要比让传统媒体单纯地采用某项新技术、新应用来得更为艰难，但也更为重要和根本。

2.操作层面：以新技术的开发和应用撬动媒体融合的市场力量

媒体融合中互联网思维难以深入传统主流媒体的一个重要原因，在于"本领恐慌"。习惯了旧的新闻报道模式、采编播流程及评论框架，也习惯了传统媒体环境下形成的信息市场消费规律及受众需求，传统媒体及其从业者也就具有了某种惯性。当历史惯性遇到与既往轨道不相兼容的前进环境时，他们首先想到的不是冒险冲关，而是减速慢行和试探性并轨。换挡减速慢行是必要的，但并轨提速才是目的，要实现这一承上启下的变挡、换轨和提速动作，迅速掌握新技术，开发新应用，就是媒体融合必需跨越的一关。

"明者因时而变，知者随事而制。"互联网带给传统媒体的挑战是全行业性和全社会性的，这一切皆因技术而起，皆因需求而兴。新旧媒体间的融合，必须借重技术前导的力量。人类社会无数次的变革和进步证明，技术变革的背后，都隐藏着可以改变结构的力量。"把核心技术掌握在自己手中"，"解决好'本领恐慌'问题，真正成为运用现代传媒新手段新方法的行家里手"，是习近平总书记在全国宣传思想工作会议上的要求，也是推动传统媒体和新兴媒体融合的具体抓手。

对于已经形成操作惯性的传统媒体来讲，以新技术的开发和应用撬动媒体融合的业务壁垒，激活行业内的创新元素，是新旧媒体融合过程中共识度最高也最容易率先

---

① 马利.媒体融合是场大变革[N].人民日报，2014-08-20(1).

突破的领域。“统计显示,同样完成5,000万的用户规模,报刊媒体花了50年时间;广播媒体用了38年;电视媒体用了13年;互联网媒体用了5年;博客用了3年;微博用了14个月;而微信只用了10个月。”[①]这就是技术和市场结合的力量:新技术的应用让新业务的产生成为可能,新业务的产生又直接满足了人们迫切的生活、生产和娱乐需求,并最终爆发出改变全行业的力量。

传统媒体对新技术的开发和应用目前存在的问题至少有三个:一是自主研发的核心技术少,大多还局限于对商业网媒和社交化媒体的跟踪式、借鉴性采用;二是对新技术的开发和应用缺乏系统性和规划性,多呈散点式、零散化布局,彼此难以形成聚集、贯通的效应合力;三是对新技术、新应用平台的传播效果缺乏科学评估,激励考核机制仍偏重于传统媒体,贯通二者的评估方法和评估体系有待建设。

对于上述问题,从2012年开始,人民日报社、新华社、中央电视台等中央传统主流媒体就开始加速解决。以2012年7月在北京暴雨之夜开通的法人微博为代表,《人民日报》目前已形成涵盖9种介质、覆盖2个端口的媒体融合布局:报纸、网站、微博、微信、电子阅报栏、手机报、新闻客户端、iPad客户端和人民电视,2个端口为二维码和即刻搜索。新华社则围绕新媒体平台的集成建设、核心技术的突破及操作层面的整合进行布局,2013年2月和2014年6月,分别推出“新媒体专线”和“新华社发布”客户端集群,以巩固新华社作为国内最大新媒体集群的领先优势。中央电视台则围绕台网融合和“一云多屏”,以音视频为重点,布局网络电视、IPTV、手机电视和移动电视集成播控平台领域,形成多语种、多终端、全覆盖的新传播体系。

“新媒体领域是一个无形的竞技场,核心技术如果不在自己手里,随时会有不测之危。”[②]新技术、新平台的集成应用与开发不但改变了传统的新闻采编、发布机制,也从整体布局上对传统媒体既有的资源形成了集成开发的挑战。以“新华社发布”客户端为例,该客户端充分利用新华社在传统新闻发布领域积累的党政客户群优势,以新华网、中国网事、新华视点等优质品牌资源的整合和核心技术的集成创新为基础,围绕“跨平台融合、全媒体集成”及“新主流、新体验”的定位,上线当日单条稿件点击量即突破1,100万人次,页面浏览量超过5,000万,全年下载量可迫近千万大关。“新华社发布”之所以能够产成良好的市场反应,除了其优质的媒体内容之外,客户端集成纳入的LBS智能定位、智能推荐、“用户画像”和自主订阅分享系统,也极大改变了传统主流媒体做新媒体平台淡化用户体验或无力创新用户体验的缺陷,以核心技术的领

① 罗琴.中国网络电视台:见证视听新媒体走向主流媒体[J].新闻战线,2013(7):34.

② 慎海雄.创新创新再创新 抢占融合制高点[J].新闻战线,2014(7):9-11.

先，赢得了改善用户体验的市场制高点，从而使新华社原有的品牌效应得以持续放大到新媒体领域，形成了良好的口碑传播效应。

新华社的另一新媒体项目“新媒体专线”则侧重打造“集成服务”理念，对新华社的资源配置进行了基于“聚合、整合、配合、融合”的机制改造和调整。从内容的融合（公共新闻+背景资料+延伸阅读），到形式的融合（文字+图片+图表+漫画+动漫+音视频等），从“国内+国际”“一级+二级”平台的聚合调度，再到各部门、各机构新媒体功能的整合运用和采编、营销、技术的协作配合，新华社“新媒体专线”形成了“市场倒逼采编”的媒体融合型内容生产机制及业务流程，较彻底地改变了传统媒体兴办新媒体过程中“以旧平台统率新平台”的僵化观念。

从“新华社发布”客户端集成和“新媒体专线”运营的成功经验，可以得到的启示是：对于传统主流媒体和新兴媒体的融合而言，先进技术的切入，为传统媒体注入大数据、云计算、可视化、移动性的技术支撑，改变的将不仅仅是传统媒体新闻产制的历史惰性和单一形式，还有对媒体结构层级扁平化的改造。技术创新逼转的可能更多是形式，但带动的却是内容资源的聚集与运营理念的调整，尤其是当技术和市场的力量相结合的时候，它们带给传统媒体的往往是单纯的行政手段所无法起到的“倒逼”作用。“倒逼”作用如果与良好的用户体验相结合，则技术产生的作用将是撬动传统媒体山河变革的关键力量。

在新技术和新平台进入市场，并迅速成为新闻发布和信息流转的重要渠道之后，如何将其纳入基于传统媒体建构起来的传播效果评价体系，就成为一个需要认真对待和尽快解决的问题。在这个问题上，国内主要商业互联网媒体和传统主流媒体面临着同样的困惑。尽管市场上已有百度指数、Alexa 排名统计、热词搜索等工具，但其分类的科学性和严谨性却始终饱受诟病。

针对这一问题，央视-索福瑞媒介调查公司设计推出了“微博电视指数”指标，为传统电视节目在新媒体平台上的传播效果提供了衡量标准。北京美兰德媒体传播策略有限公司则设计出“T3+2”的指标体系，用以衡量电视节目在互联网上的传播效果。这些商业评价体系往往更侧重于商业价值的判断，而同主流媒体所追求的社会效益优先目标还有一定的差距。如何解决这一问题，建立“党媒算法”，构建主流媒体统筹兼顾的综合评价体系，已成为推动传统媒体和新兴媒体深度融合发展的重要议题。

3.制度层面：以一体推进和顶层设计为契机破除体制机制壁垒

新技术带给传统媒体的冲击不仅在于业务边界的消失，还在于以“融”为基的渠道加内容间的“整合”，而渠道加内容间的“整合”势必会对原有的以传统媒体为主的管理框架提出挑战。“推动媒体融合发展，既需要进行技术升级、平台拓展、内容创新,也需要对组织结构、传播体系和管理体制做出深刻调整和完善。从目前情况来看,我们的一些体制机制还不能适应融合发展的要求,束缚了新闻生产力的发展。"①体制机制对传统媒体和新兴媒体融合发展的阻碍,主要表现为两方面:一是叠床架屋的媒体内部的组织结构,二是条块分割的行业管理体制。

从传统媒体建设新兴媒体,到二者互动发展,再到移动互联网时代传统媒体和新兴媒体的融合发展,绝大部分媒体的内部组织结构一直都是以传统媒体为主架构起来的,这形成了现行媒体内部组织管理体系的两大基本特点:一是既分散又叠加的科层建制,二是缺乏对新媒体业务的均衡激励机制。在传统的新闻采编生产流程中,前台后台、线上线下、部门中心,往往政出多门,采编播人员和部门管理层也多立足自身,围绕各自平台单独为战,彼此之间因缺乏有效沟通和一体协作,常常导致有限的采编播资源无法被充分利用,不得不在反复增补扩充中陷入叠床架屋式的恶性循环。推动传统媒体和新兴媒体融合发展,如果沿用上述思路,出现的必然结果将是"增一个平台、挂一块牌子、建一套班子"的搬演,不但会虚耗资源,还会远离媒体融合的初衷,更无助于新闻传播效率的提高。

融合媒体的管理方式,必须要破除传统媒体泰勒(F. Taylor)宝塔式的层级式结构,在管理体系中注入平等互动的理念,建立"辐射(一个主脑)—扁平化(一个操作平台)"业务体系。泰勒宝塔生产管理模式在工业化初期,以其有序性和垂直化提高了管理效率,但在信息化时代却也因其横向协调能力不足,暴露出适应性、灵活性欠缺的弊端。在媒体融合时代,新闻信息的生产呈现出明显的"产品迭代"现象,与产品迭代一同发生的则是传统意义上的"受众"向新媒体时代"用户"身份的转变,这些变化要求媒体内部的组织结构必须相应做出调整,适应线上线下一体、前台后台一体、部门中心一体的变化。

这一过程中,由生产中心向消费中心或用户中心转变,就是进行媒体组织结构调整的必需前提。建立统一指挥调度的多媒体采编平台、转变用人机制建立统一的人才管理体系、以新媒体平台为重心设计新的绩效考核体系,则是进行媒体结构调整的组织手段。所有内部结构的形成,重心不再是"分工",而是"合作"。在这方面,新华社"新媒体专线"、上海报业集团"澎湃新闻"和文广集团 iStudio 全媒体演播平台,已做出有益探索,这为通讯社、平面媒体和广播电视媒体的转型积累了有益经验。

除了媒体内部组织管理体系的变更之外,传统媒体和新兴媒体的融合还会势必推动业务体系的跨业发展,尤其是在舆论引导和产业管理方面,越界、跨界将成为媒体融

---

① 刘奇葆.加快推动传统媒体和新兴媒体融合发展[N].人民日报,2014-04-23(7).

合时代新闻传播管理的常态。在国务院机构改革中,国家新闻出版广电总局的组建即意在统一管理、拆除体制门墙。但在媒体融合时代,由于新技术带动下的网络平台媒体应用功能的不断加强,媒体管理和产业协调的需求,已远超出了新闻出版广电总局的能力范围,亟须从更高层面设计融合管理的体制框架。因此,由分业管理向综合管理过渡,遂成为推进媒体深入融合、解决舆论场两极分化亟须跨越的一步。2014 年 8 月,国家互联网信息办公室职能的重组、扩权(在指导、督促、协调基础上,增加内容管理权和监督管理执法权),及 2014 年 2 月中央网络安全和信息化领导小组的组建,事实上已在为媒体融合中可能出现的协调难题做出顶层设计。

媒体融合,无论是从打通舆论场的角度,还是从产业革命的角度,都要求新闻从业者和媒体机构必须“突破传统媒体思维,从‘媒体结合’的框框中跳出来,谋求‘媒体融合’的深度再造,彻底建立一体化思维”①。媒体的融合和创新,是一个知易行难的过程。和中国当下所有纷繁复杂的问题一样,除了解放思想,深刻认识互联网思维的特点之外,还必须坚持全盘统筹、整体规划、一体操作的原则。在观念不变、立场不变、路径不变的既有体制下,“传统媒体的豆子”其实是很难长出“新媒体的芽”的。媒体融合的核心在一个“新”字,其生命力和创造力也在一个“新”字——新的技术、新的平台、新的应用、新的管理。“新”开气象、“新”成格局,虽然“新”的模样很难被预设,但可以认定的是,新型媒体集团必须建立在知行合一的基础之上,因时而变、应势而变,知在理念和心态,行在技术和管理。

四、广电网台建设的地方经验及其创新

移动互联网和网络视频的迅速崛起,带动了网络内容提供商、集成播控平台和网络运营商的转型升级,也使三网融合和移动互联网环境下网络广播电视台的内容创新、传播创新和管理体制创新问题更加突出。笔者以上海、山东、江苏、安徽、湖北等网络广播电视台建设先进省市的经验为依托,对这一问题进行分析,并探索解决新环境下中国网络广播电视台建设在业务多元化、管理扁平化、运营统一化和产业长链化上遇到的问题和障碍。

(一)网络广播电视台建设的地方经验及启示

1.江苏网络广播电视台

统一域名、聚合资源、名栏带动,江苏网络广播电视台全力打造面向互联网世界的

① 杨世桥.媒体融合要有化学反应[N].人民日报,2014-08-28(5).

统一品牌。江苏网络广播电视台于 2010 年 12 月开播，开办之初的全国网站排名为 27,000 多位，现在省级网络广播电视台中居于第一梯队。其经验有以下三点：

第一是打造面向互联网世界的统一域名，形成统一标识。江苏省广播、电视实行总台管理体制，下属各专业频道，如卫视频道、城市频道、体育频道等域名庞杂，各自围绕业务板块运营，网台开播后所有域名统一于网台，形成面向互联网世界的统一标识。

第二是对传统名牌栏目影响力进行移植，迅速提升网络台的社会影响力和商业价值。江苏电视台拥有如《非诚勿扰》《非常了得》《南京零距离》等名牌栏目，网台借势运作，设置互动社区，开发专门参与渠道，获得成功。

第三是以独家资源和社会热点评论培养受众忠诚度，成就网台内容的独特性。江苏网络台长期推出名人独家访谈、曝光台和适时热点话题，以独家求生存，以监督求创新，以创新求发展。

2.湖北网络广播电视台

服务意识、互动理念、平民情怀，湖北网络广播电视台力争做“贴近生活、贴近实际、贴近群众”的主流网台。湖北网络广播电视台于 2011 年 7 月开播，是经原国家广电总局批准开播的全国第三家省级网络广播电视台。湖北网台依托云计算技术，强调网台内容的本地性和互动性，持续推进“I 爱系列”业务，使湖北网台迅速实现了影响力提升，成为与中国网络电视台、江苏网台、山东网台、浙江网台等强势网台比肩的行业翘楚，远超其母台在同业中的影响力。

其经验和启示表现为：

第一，尊重受众、强调规律、重视网台的社会服务功能。湖北网台配合时尚元素，紧扣社会律动，深刻理解网民乐于发布信息、关注视听、参与讨论的心理，设计独创了“I 爱系列”业务——I 爱拍客、I 爱社区、I 衣、I 食、I 住、I 行、I 娱、I 游等，把集聚在网络空间里的信息“供”“求”流打通，不但提升了网台的社会服务能力，还有效拓展了网台影响力。

第二，注重反映百姓身边事，办好新闻报料台，发挥舆论监督权，构建具有政府联动特色的地方主流媒体。湖北网台坚持将“报料台”板块与广播电视新闻栏目打通，与地方政府政务服务打通，引导和鼓励网民就身边事参与曝光，揭露丑行劣迹，化解百姓怨气，对网络舆情变堵为疏，唱响网络主旋律，使网台成为卓有影响力的地方主流传播平台。

第三，采用新技术，践行新模式，融合多媒体，形成发展战略组合拳。湖北网台建设奉行不破不立理念，大胆创新制播模式和旧有管理体制，全台办网，政策、资金、人力、物力向网台倾斜，自主设计打造了国内首辆 3G 网络直播车，制定了网络首发、手机联动、广播滚播、电视收官的新闻传播流程,开办官方微博,重大社会活动实行网台直播、实时更新,社会合作模式立体多维,使网台核心竞争力迅速辐射各领域。

3.上海网络广播电视台

建立品牌集群、形成规模效应,平台兼容并包、产业精耕细作,上海是全国广播影视和新闻出版行业较早实行文化体制整体改革的试点地区。上海广播电视业实行政事、事企、政企整体分离体制,分别由上海市文化广播影视管理局、上海广播电视台和东方传媒集团有限公司行使行业管理、平台播控、市场经营(包括非新闻节目的生产制作)职责。

其经验和启示表现为:

第一,立足全媒体布局,实行渠道优先发展战略。新媒体时代,渠道和平台变得更加重要,无平台无新闻、无平台无舆论,上海网络广播电视台从建设初期即实现了传媒产业链的全覆盖。

第二,建立品牌集群,形成产业规模效应。上海网络广播电视台在新旧媒体运营上,统一价值理念、统一品牌形象,将其旗下视听新媒体平台和传统媒体平台进行一体化构建,实现了集团品牌和子媒体平台的相互背书,增加了网台抗击市场风险的能力。

第三,内容生产柔性化,坚持产业链的精耕细作。在网台建设上,上海市充分尊重市场规律和网媒特性,实现内容生产从单向制作向双向互动的转型,内容产品围绕受众体验细分市场,呈现出多层次的形态和模式,延伸了新闻信息的生命周期,有效放大了主流媒体在网络空间的舆论影响力。

第四,强化突发直播功能,以信息的即时流传赢得社会公信力。网络广播电视台的突出优势之一在于反应的快速和播出的便捷,上海网台"看看新闻频道"即以其"提供最新最热的视频新闻"和"突发直播"模式,赢得了受众的广泛关注,进而获得市场发展空间和网媒公信力。

第五,建立网络视听产业基地,争取中央部委支持,促进创意产品开发、生产。网络广播电视台的发展依赖于内容的独特性和创新性,上海市政府和上海市文广局积极规划,争取中央财政及政策支持,与中央部委共建了中国(上海)网络视听产业基地,促进了网络新媒体、信息技术和地方经济的一体化发展。

4.山东网络广播电视台

山东网络广播电视台依托省域门户网站,发挥人才研发优势,争取政府支持,做出本地特色,成为政府新闻发布的权威平台。它依托具有良好社会影响力和品牌效应的山东门户网站齐鲁网运行,以二级域名做深做透视听内容和图文直播,在省级网台中的影响力持续上升。

其经验和启示表现为:

第一,依托具有良好品牌效应和建设基础的省域门户网,节约建设成本,整合全省视听资源,实现品牌延伸和影响力提升。山东网台依托齐鲁网建设,一是基于齐鲁网为全国地方门户网站十佳品牌,在国内外已形成影响力;二是齐鲁网技术平台先进,可为网台建设节约成本,避免重复和浪费;三是齐鲁网由山东广播电视台主办,为山东省委省政府指定的新闻信息发布平台,有利于网台进行深度资源整合。

第二,注重人才储备,建立研发机构,为新业务、新平台开发做好准备。山东省广电局(总台)重视人才储备在事业发展中的关键作用,设立局(总台)博士后科研工作站,围绕网台和广电新媒体、新业务建设未雨绸缪,先期研发(已启动全国第一个社交电视实验室),站位高远、思路清晰、规划明确。

5.安徽网络广播电视台

依托母台优势,细化市场定位,安徽网络广播电视台以"深""透"专业台立足,以多元业务平台谋求发展。安徽网台是经审批开办最早的省级网络广播电视台,发展思路延续了母台以专求精、以专扬名的路线,以影视剧为依托资源,定位于"中国热剧第一门户",在第一时间抵挡了竞争者的来袭,树立了热剧门户的首因效应,成为以精准定位助推网台发展的典型案例。随着网台综合竞争趋势的加剧,目前安徽网台已建立起涉及资讯门户、网络电视、互动社区、手机电视、电子杂志和电子商务在内的多元化业务平台,在延续优质精细服务理念的同时,更加看重平台和渠道对网台发展的带动作用。

(二)中国特色网络广播电视台建设的体制机制路径

(1)网络广播电视台是创意经济和"规模经济"的叠加,网台建设需超越传媒本位意识,建立"信息—技术—文化"一体化发展观念。网络使传统市场经济理论面临三重变革:一是"资源稀缺与消费欲望无限"的立论之本发生变化,二是"收益递减"规律转化为"收益递增"现象,三是市场经济"嫌贫爱富"本能转化为"收益共享,利益摊薄"趋势。这一趋势为原本处于天花板效应下的河北广电媒体实现建设转型和网络发展,提供了历史机遇。政府应由对实体台的输血,转向对提升空间更大的网络台的支持,整合政府意志和市场力量,打通行业管制壁垒,以网络视频和信息平台建设为切入口,将视频集纳、数据传输、政府专网建设、电子公益文化社区整合其中,统一规划,统一部署,全力带动"信息—技术—文化"大产业链的形成和升级。

(2)网络广播电视台在发展模式上,要摒弃竖井式建设模式,采取平台式发展策略。网络媒体最大的特征在于业务边界的消失,在于以"融"为基的"合"。网台建设应坚决摒弃“办一个媒体、挂一块牌子、建一套班子、增加一点收入、占领一个市场”的叠床架屋式发展模式，着眼点需要从消除频道之间、报网之间、部门之间的界限出发，围绕统一的数据中心和信息平台实现媒体优质资源的开放流通，在全媒体、全业务、数据化导向上实现管理战线的收缩和运作流程上的扁平化。

（3）网络广播电视台在组织管理上，要破除泰勒宝塔式结构，增加平等互动理念，建立辐射—扁平式业务体系。泰勒宝塔式生产管理模式时延性明显，适应性、灵活性不足，与新技术新条件下的网台建设脱节。网台建设须破除传统广电内部层级结构突出的部门制、频道制和部门/频道矩阵式管理体系，围绕网台内容产品的构成和生产，设置相应职位和部门，使其组织管理体系由递增集中的层级制向更快捷高效的“辐射—扁平式”转型。

（4）网络广播电视台在内容建设上，要强化新闻首发优势和地方舆论监督功能，提供政府权威声音，打造亲民信息源高地。网台建设的关键在于影响力的大小，影响力的大小取决于内容是否具有首发性和独特性，以及政府支持力度的大小。湖北网台、江苏网台、山东网台已经为这一发展措施提供了成功案例。新闻首发和舆论监督，可以促使网台内容实现从“传播关键词”到“制造关键词”的转变，大幅提升网台在同类媒体和当地主流媒体中的地位与影响力。

（5）网络广播电视台在拓展影响平台上，要建立微博、微信官方账号，开发手机移动端和与其相适应的内容，专人负责、即时更新。中国手机网民达 8.47 亿，以移动互联网和便携式智能终端为信息接收渠道的受众规模年递增 10%，新闻传播由“在客厅”转向“在路上”“在指尖”，已成当下信息传播的发展趋势。目前省级网台中开通官方微博认证账号且实现了信息及时更新的不足 1/3，这 1/3 中包括中国网络电视台在内，大多无法做到及时更新，导致官微形同虚设。在手机终端的开发上，湖南广电（芒果手机电视）、江苏广电（无线江苏、长江手机台、手机视讯）、山东广电（山东手机台）虽在内容推送和界面导航上有所探索，但与其相适应的内容生产匮乏。研发移动新业务，推出有特色、更实用的内容，是当下网台建设亟须补上的短板。

（6）网络广播电视台在人才队伍和评价机制建设上，应充分发挥外脑优势，建立智库，开放办台，实现政府、媒体、企业、高校间的联动。网台建设除主要管理人员外，编审、采访、经营和技术人员应以开放式选聘和选拔选调相结合的方式组建，在人员考评上采用点击量、重点网站转载量、原创与特别报道量相结合的指标进行；坚持开门办台，吸纳优秀人才，建立专家智库，确保新媒体业务研发人员的宽视野、前导性和梯队创新活力。

五、广电新媒体建设中的评价体系改革

商业视频网站的崛起、网络广播电视台的建设,以及二者形成的“一云多屏”的内容分发体系和跨平台发展的业务模式,使传统广电媒体的节目评价体系面临调整。作为一种重要的导向和激励机制,评价体系建设不仅需要纳入广电媒体在技术融合、业务融合、市场融合和制度融合上的发展指标,还需要纳入视听节目在内容引导力、内容影响力、内容传播力和内容专业性建设上所达到的水准,及其在网络视听新媒体平台上二次、三次传播获得的影响力。除了改造后的收视率评价指标之外,广电节目评价体系目前还形成了泽传媒“全网传播指数”、美兰德网络传播影响力评价和央视-索福瑞(CSM)“微博电视指数”、中科院网络电视“热度指数”等几种。

(一)广播电视节目评价体系的历史演变

1996年8月,中央电视台调查咨询中心和法国索福瑞集团开始合作,并于1997年底在北京注册成立了央视-索福瑞媒介调查公司(CSM)。从1999年元旦起,央视-索福瑞媒介调查公司的收视率统计方法由日记式调查法,改为测量仪统计法,并由此带动了收视率在中国电视节目评价中分量的不断增加。在此前后,另一家全球性媒介调查公司尼尔森公司也进入中国,在上海、广州、北京等地安装收视率测量仪,面向内地各电视机构提供收视率统计数据。

所谓收视率,是指在一定时段内收看某一电视节目的人数(或家庭数)占受众总人数(或家庭总数)的百分比,用公式表达就是“收视率=收看某一节目的人数(或家庭数)/受众总人数(或家庭总数)”。收视率只是一个用百分比表示的数值,是一个由市场调研公司经过抽样、测量、统计和运算得出来的电视观看指数,其最初的用途,是用来反映电视观众的收视行为:某个节目观众看了还是没看;如果看了,看了多长时间等。可是,伴随着中国电视业体制改革和产业经营步伐的加快,收视率却从最初的一个数字记录,逐渐演变成了媒体向受众推销信息和媒体向广告商推销受众两个环节中最为重要的市场衡量标尺。

从20世纪90年代中后期到2005年中央电视台提出“绿色收视率”概念,收视率一直是各家电视台衡量一档电视节目的主要标尺。客观上,收视率的引入和使用,促进了电视服务理念的落实,但是收视率与广告收益的挂钩使其最终变成了一种经济活动。这样,收视率的味道就变了。这集中表现在以下两个方面:一是收视率测量的准确性与真实性问题,二是收视率导致的价值标准倾斜问题。

收视率的样本户选择问题、样本户独立性问题，以及样本户人口与中国整体电视观众人口的结构特征是否一致等问题（包括城乡人口比例、地区分布比例、男女性别比例、人口年龄比例、受教育程度比例），都出现了真实性和吻合性上的问题。收视率很难不染上急功近利的色彩，所谓“收视率是万恶之源”①的说法即在此情况下产生。

为了解决这一问题，2005 年 10 月，时任中央电视台台长赵化勇提出了“绿色收视率”的概念。他认为：“以‘绿色收视率’作为节目、频道的评价依据，可以更科学、更合理、更有效地指导节目的生产和发展；以‘绿色收视率’作为评价指标，将为营造更和谐、更健康、更可持续发展的电视生态环境创造适宜的条件。”②所谓绿色收视率，就是指在坚持电视节目品位和确保国家主流媒体舆论引导能力的基础上，提高电视节目的收视率和收视份额。

围绕“绿色收视率”概念，中央电视台也在融合主、客观评价的基础上，将收视率与引导力、公信力、满意度、专业性等指标结合在一起，制定形成了“引导力（20%）+影响力（25%）+传播力（50%）+专业性（5%）”的新评价体系。“绿色收视率”仍是基于对电视台及其电视节目的评判问题而建构起来的，只不过在这种评判理念中，收视率不再是唯一和独大的局面。既要叫好，又要叫座，讲求经济效益和社会效益的双向衡量和综合考评，是绿色收视率概念的核心主旨。

绿色收视率所强调的媒体公信力的文化导向作用，对于中国语境下的电视媒体来说，既是必然的制度圈定，也是社会发展的客观要求。中国没有纯粹的商业电视台和公益性电视台，它的经营和管理制度是融合了两者属性的国有企业和行政机关双重运管方式。在这样的语境下，既不可能抛弃收视率不要，也不可能完全单纯地依据收视率实现长远发展。前者背弃了市场经济原则，后者又违背了国家调控方针，绿色收视率的提出，融合了二者，也兼顾了各方利益，是目前中国电视经营状态和未来发展中最合适的战略选择，也是中国电视节目评价体系重新架构的逻辑起点。在多年来形成的收视率一家独大，电视栏目/节目同质化现象严重，受众骂声叫好声此起彼伏的情况下，“绿色收视率”的推出及新评价体系的推广，有助于遏制中国电视节目娱乐过度、同质化严重现象的反复发生。

（二）泽传媒公司“全网传播指数”

“传统的收视率调查只涵盖对直播收视的观众行为统计，而跨平台多终端的收视

---

① 尧风，钱践.收视率再批判[J].现代传播，2006（3）：1-4.

② 赵化勇.倡导绿色收视率 提高品牌竞争力[J].电视研究，2006（1）：1.

率调查需要在直播收视统计之外增加对以上多种视频应用行为的监测。所以这种更广口径的收视率调查不再仅仅局限于电视观众测量(TAM:TV Audience Measurement),而必须升级为更具广泛意义的视频用户测量(VAM:Video Audience Measurement)。”①这样,建立在视频用户测量基础之上的“全网传播指数”评价体系、“微博电视指数”评价体系和美兰德电视节目网络传播影响力评价体系等,就可以构成对传统收视率的补充。

泽传媒公司的“全网传播指数”,由该公司2013年发布的“全媒体收视率”及2014年发布的“全媒体传播指数”演变而来,目前包含两个评价指标:一是“全网收视指数”,二是“社交媒体影响力指数”。前者的数据主要来源于国内11家视频网站(包括优酷、土豆、爱奇艺、腾讯视频、搜狐视频、乐视网、56网、华数TV、芒果TV、风行网和凤凰视频)对某档视频节目的转载、播放与下载数量,后者的数据主要来源于新浪微博和微信对某档视频节目的提及次数、转发次数、评论次数与阅读浏览量。

泽传媒“全网传播指数”由中国传媒大学广播电视研究中心与人民网舆情监测室联合发布,该评价体系也是目前国内最权威、最全面的电视网络视频评估体系之一。泽传媒在“全网传播指数”的数据采集上,已经初步覆盖了传统抽样调查(依据抽样调查的数据进行统计)、搜索引擎评估(依据搜索引擎结果进行统计)、视频网站评估(依据节目在视频网站上的播放量数据进行统计)和社交媒体评估(依据微博、微信、贴吧等社交媒体的传播数据进行统计)四种渠道。

(三)美兰德的“电视节目网络传播影响力评价体系”

电视节目网络传播影响力评价体系,由美兰德市场调查公司和中央电视台发展研究中心联合推出,其基础是美兰德公司独立研发的“中国电视媒体网络传播监测与研究”项目。美兰德电视节目网络传播影响力评价体系,重点强调了电视节目在电视屏幕之外,特别是互联网平台上的传播效果。

所谓“网络传播影响力”,就是指某档电视节目或与之相关的话题,在视听网站、社区、论坛、微博、微信、博客等网络平台上引起的反响与受关注程度,具体评价指标采用“T3+2”的体系来表示。“‘T3’指的是网媒关注度、网民评议度及视频点击量,‘2’指的是将网民评议度细分为网民美誉度及微博提及量两个细分指标。”②

对于该评价体系的意义,研究普遍认为,传统的收视率调查是采用抽样统计,本质

① 郑维东.不存在所谓“全媒体收视率”[J].广告大观(综合版),2014(7):130.

② 周旭,程耀东.社交电视大数据分析应用及发展[J].电视研究,2014(5):66-68.

是少数代表多数，而在网络传播评价系统中，是通过利用 IT 技术对开放式网页进行抓取并与封闭式网站达成战略合作的方式，不存在样本以偏概全或者被污染等问题，并且随着 IT 技术手段的提高，抓取到的数据将更加准确、详细。

这一观点也得到了该评价体系合作伙伴中央电视台的认可，时任台长胡占凡曾表示："央视已经着手建立起基于网页的效果监测体系，将来，移动客户端的数据也要逐步纳入这个体系，使之更加客观地反映产品和节目的价值。"[①]2015 年时，该评价体系已涵盖国内所有上星电视频道的新闻及综艺类栏目——这两类栏目也是网络电视台新闻及综艺类节目的主要来源，除此之外，该评价体系还覆盖了国内 2,500 多部影视剧和 600 多部专题纪录片。

（四）CSM"微博电视指数"

央视-索福瑞媒介调查公司发布的"微博电视指数"，由该公司和新浪微博事业部联合推出。"微博电视指数"评价体系，以新浪微博平台上有关电视节目的讨论为统计基础，重点考察电视节目在微博平台上的口碑影响力和用户覆盖情况。经过大数据运算和关键词的系统优化之后，"微博电视指数"会计算出相关电视节目在微博平台上的阅读量、提及人数和提及次数，并同时给出微博平台上讨论该档电视节目的人群特征。

随着评价体系的不断提升和完善，"微博电视指数"还纳入了对商业视频网站节目、影视制作公司节目的评估。对于"微博电视指数"评价体系，从与世界标准的接轨，以及跨屏多终端评估这两个角度来看，"微博电视指数"的推出对中国广播电视节目传播效果评价体系的完善、发展，无疑具有正面意义。

（五）中科院"网络电视热度指数"

除了以上几个评价体系之外，中科院高能物理研究所计算中心"网络与分布式计算实验室"在大数据开放平台基础上，推出的网络电视"热度指数"，也是可以用来衡量网络视频传播效果的评价体系之一。

该评价体系主要依托对网络论坛、视频网站和微博平台海量数据的实时采集、监测展开，"热度指数"由热议指数（社交网络）、热搜指数（搜索引擎）和热播指数（视频网站）三个指标构成，可以综合反映某档视频节目在互动次数、搜索次数、播放次数上的表现，并据此得出该档视频节目在互联网传播平台上的影响力。目前，该机构已与

① 胡占凡.电视新闻人的"中国梦"[J].电视研究，2013(8)：4-7.

中国网络电视台展开合作,为其提供基于互联网传播平台的大数据搜集、存储与分析服务。

(六)视听产业媒介融合度评价体系建设

视听产业重心从单一广电媒体向互联网企业的扩展,从传统价值链模式向价值网模式的转型,使其产业结构呈现出剧烈变化。无论是位处产业链前端的内容生产,还是位处产业链下游的接收终端与受众市场,传媒产业与通信产业、互联网信息产业之间的跨行业发展趋势都日趋明朗。这要求视听产业建设必须立足于纵向打通和横向融合的视角,对自己的媒介融合实践进行检测和评估,这一评估至少应该包括以下几个层面:技术融合、业务融合、市场融合和制度融合。除这些基本层面之外,还有建立于这四项融合基础之上的监管机构的融合。在这五项融合指标的评估中,技术融合是前提,业务融合和市场融合是重点,制度融合和机构融合是关键。

技术融合主要用来评估传统广电、互联网和电信业三者之间的技术共享与扩散程度,构成媒介融合跨行业发展的技术前提,只有技术融合达到了一定的程度,后继各层面的融合才能持续跟进,并为最终形成跨网大数据业务体系奠定基础。技术融合的评估主要通过相关行业间专利数据的共享和互渗进行测算,如三方在各自下一代网络的建设与改造上,应该充分考虑到三网未来衔接、兼容、通用的可能,并在技术方案的制定与实施上予以整体统筹;不同厂家在生产终端设备时也应该遵循统一的制式标准,以方便不同行业的机构和单位在业务市场上实现融通。

业务融合与市场融合主要用来反映广播电视媒体、互联网企业和电信公司之间业务产品的交叉类似程度及融合流通程度,即同一类型产品(包含服务)在不同网络通道及平台上的传播、流转与应用程度。对三网融合和媒介融合而言,业务融合和市场融合的最重要标准就是广播电视媒体、互联网企业和电信公司在市场需求和产品供给上的融通程度,具体到数据指标上则可以通过企业、公司或媒体机构在三方市场上的产品销售及服务数据来测算。如在家庭网络接入产品的服务上,行业运营商就可以用共同的融合技术标准,向下游设备制造厂商定制通用型家庭联网产品,这样既可以降低因产品制式不同带来的市场标准混乱和融合阻力,也可以为内容业务在不同网络终端上的顺利流通创造条件。

制度融合和机构融合牵涉政府的行政管理、制度设计和机构改革等环节,对三网融合和媒介融合的发展影响至关重要,但恰恰是在这一方面,目前还很难总结出量化的方法或指标对其进行测算研究,通常只能以定性识别的质化方法对其影响力进行预分析,普遍存在着因政策不确定性而带来的分析结果偏离现象。相比政策、制度上的极大不确定性和由此产生的预估风险，机构间的融合评估风险则要相对小一些，因为加速推进行业机构间的融合，实施大部门制改革是已经确定并付诸实践的中央决策，剩余的仅是时间和内部机制的协调、理顺问题。

对以技术融合、市场融合、业务融合和机构融合为核心表征的产业融合的测量方法，主要有网络分析法、熵指数法和赫芬达尔指数法。网络分析法主要通过企业、媒体所处的社会网络结构的变化，来对整个行业的融合情况进行判断和研究。在这种评估方法中，每一个企业或媒体机构都是网络结构中的一个节点，每一个节点的角色变化（如重组、并购等）都会在网络中被传导扩散，引起一系列的连锁反应，从而使得整个网络结构发生变化，并最终影响到整个行业的产业结构。这种评估方法容易从整体上感知产业结构的变化情况，但不容易对融合的效果进行精准评估，且数据收集处理庞大繁杂，存在时效上的滞后性。

熵指数法主要用来衡量企业或媒体机构经营业务的多元化程度，熵在物理上的意义是用来表示能量在空间中的均匀分布程度。1979 年时杰奎明（Jacquemin）和贝瑞（Berry）进一步将企业经营业务的多元化细分为行业内的多元化和行业间的多元化。该评价方法用 DT（Total Diversification）表示企业经营业务的总体多元化程度，其熵指数表达式为：

$$DT = \sum_{i}^{n} P_i L_n(\frac{1}{P_i})$$

其中，Pi 表示企业或媒体机构在所进入的四位码行业①中获得的收入占总收入的比率，n 表示企业或媒体机构进入的行业的总数。企业（或媒体机构）经营业务和进入行业愈为多元，DT 值愈大；反之，如果企业（或媒体机构）只是专业化经营，没有跨行业经营业务量产生，则 DT 值为 0。在这一评估指标中，DT 值会随着企业（或媒体机构）所涉及行业数目的增加而增加，一定程度上反映了媒体跨行业融合的程度。

赫芬达尔指数法（Herfindahl-Hirschman Index，简称 HI 指数法）是用来衡量产业多元化的另一个常见的评估体系。1998 年，产业经济学家甘巴尔代拉（Gambardella）和托里西（Torrisi）采用赫芬达尔指数度量电子信息产业中企业不同业务的融合程度，对技术融合、技术融合与业务融合之间的关系、技术融合与产业融合对企业绩效的影响等进行研究，划分出了与 HI 指数相对应的五个区间（如表 10-1），分别代表低度融

① 四位码行业指《国民经济行业分类与代码》表中涵盖范围最小的行业代码，往上还有三位码和二位码。二位码为行业大类，三位码为行业中类，四位码为行业细类。如 63-电信、广播电视和卫星传输服务，631-电信，6312-移动电信服务。

合到高度融合的五个阶位①,由此,使 HI 指数成为衡量产业融合程度的一个重要方法。其表达式为:

$$HI = \sum_{i=1}^{m} \left(\frac{X_i}{X}\right)^2$$

在这一表达式中,HI 指数是所有变量(Xi)占总量(X)比例的平方和,其意义也随着变量 X 指代对象的不同而不同。如果用 X 表示媒介融合的市场总规模,Xi 表示企业或媒体机构在广电、互联网和电信业任一行业中的业务分布规模,则 HI 指数可以表示企业或媒体机构在以上三个领域中的业务多元化程度。以表 10-1 所示区间值为判断标准,则 HI 值越大,意味着某企业或媒体与广电、互联网和电信业的单一黏合程度越高,跨行业发展的多元化程度就越弱;相反,则表示某企业或媒体业务在广电、互联网和电信业间的业务分布较为均匀和多元化,三行业间的融合互通程度较高。

表 10-1 不同 HI 指数区间代表的融合程度

HI 指数区间	0.2—0.36	0.36—0.52	0.52—0.68	0.68—0.84	0.84—1.0
融合程度	高度融合	中高度融合	中度融合	中低度融合	低度融合

赫芬达尔指数作为评价媒介融合推进程度及建设绩效的客观指标,不仅可以更为真实地反映媒体在建设过程中的表现,也可以迅速地反映其中的大企业、大机构在业务市场上的份额变化及影响程度。相比熵指数法和网络分析法,赫芬达尔指数评价法在全面、深入反映媒介融合的建设绩效上,要更为准确和灵活。

① Gambardella, Alfonso, Torrisi, Salvatore. Does technological convergence imply convergence in markets? Evidence from the electronics industry [J]. Research Policy, 1998, 27(5): 445-463.

第十一章　价值网视阈下体育传播的社交化实践

网络视听与移动互联网重组了人类信息社会，也改变了传统体育的传播方式。2000年悉尼奥运会时，互联网技术第一次出现在体育报道中，美国国家广播公司NBC开办的视频网站NBCOlympics.com，以静态图片的方式首次向美国8,800万网民报道了奥运消息。2004年雅典奥运会上，图文在线和视频同步直播变为现实，奥运会第一次实现与互联网技术的真正对接。2008年的北京奥运会，则被普遍认为是数字体育时代的开端，在数字化浪潮和网民规模迅速增长的背景下，奥运会实现了网络传播和传统广播电视传播同步联动的全民普及。与以上三届奥运会相比，伦敦奥运会和我国第十一届全运会不仅开创了体育传播史上的多个“科技第一”，也面临了一个更加繁华热闹的视听泛媒体时代。除了传统广电媒体和视频网站依旧强势之外，社交媒体的蒸蒸日上，以及移动互联网、3D技术、微传播的兴起，也让百年奥运体育传播站在了新时代的起点上。

一、十一届全运会：数字化时代的体育传播模板

十一届全运会不仅开创了全运会史上的多个“科技第一”，而且以其立体化的信息传播网络建构，拓展、完善了信息数字化背景下中国体育新闻报道的运作模式。在“数字全运”的赛场上，以移动信息技术为支撑，手持电视成为全运会新闻报道中最具特色的风景线。即时、同步、移动触发的传播优势，让习惯于坐在电视机前收看精彩赛事的观众，享受到了更为主动、更为便捷、更为时尚的视频资讯服务。与此同时，网络媒体也在十一届全运会的新闻报道中，充分发挥了自身的经验优势，挖潜增效积极组建战略联盟，在内容瓶颈处发力，实现了网络体育传播向资源共享、信息原创方向的过渡。

(一)新媒体技术对体育传播的全面介入

如果说2008年北京奥运会是新媒体全面转播体育赛事的历史元年,那么第十一届全运会,则是验证新媒体体育传播空间究竟有多大的实践契机。2008年北京奥运会,新媒体首次作为奥运会独立传播机构,与传统媒体一起承担了奥运会的赛事传播工作,并以其出色表现完成了奥运精神的宣传工作。从这个意义上来说,移动视听新媒体在奥运会之后的全运会上表现如何,将在很大程度上成为决定其能否承担起中国体育赛事传播转型任务的关键。

从实践过程看,不管第十一届全运会在体育发展史上的最终意义如何,但其所开创的多个"科技第一",无疑成为全运会史上最大的亮点之一。与往届全运会相比,十一届全运会在场馆通信系统建设中创造了六个第一:第一次建设了专供记者使用的媒体村通信系统,第一次将信息系统建设覆盖到举办省所有地市的全部比赛场馆和重要训练场馆,第一次实现了对所有场馆的无线局域网覆盖,第一次编写了《信息系统总体规划方案》并用于指导信息系统建设工作,第一次引入了全程质量监理机制,第一次搭建了测试实验室,对赛场信息系统进行仿真测试。在立体化的传播系统打造中,"数字全运"成为赛会最具特色的一道风景线。

数字化、移动化技术的全面发展使新媒体突破了传播的介质壁垒与网络局限,创造出了更加新颖多样的立体化传播体系。中国移动TD-SCDMA技术、中国电信CDMA2000技术、中国联通WCDMA技术,三者互相叠加,将全运会打造成了一场基于移动传播的、视听效果空前的体育传播盛宴。

运用我国自主创新、具有自主知识产权的TD-SCDMA技术,中国移动为全运会提供了包括指挥调度与信息服务平台、无线视频同传、无线宽带上网、全运手机报、位置服务等在内的40项移动信息化服务项目,不但提高了全运会的科技含量,也实现了全运会信息获取和传播的"移动化、宽带化、多媒体化"历史性跨越。比如无线视频同传业务,就可以辅助赛会组织者和媒体机构,将马拉松、帆船、自行车等户外比赛视频画面实时回传到控制中心或电视台。通过专门部署的即拍即传WLAN网络,在场馆现场报道赛事的媒体工作人员即可在摄影记者工作区域,将拍摄到的照片第一时间快速传输给位于媒体看台、媒体工作间的图片编辑总部,一张十几兆的照片只需几秒就可传输完毕,从而大大提高了全运会新闻报道的速度与议程反应能力。而观众则可以通过场馆的大屏幕或电视收看到同步进行的比赛实况,充分彰显了十一届全运会的科技亮点。

另外,公众还可以随时随地地通过中国移动手机登录十一届全运会官方网站,收看焦点赛事的图文直播、赛场明星直播访谈与最新的全运会奖牌榜发布等,实现与全运会的“零距离”亲密接触。山东联通也充分发挥了全业务运营优势,借鉴奥运通信服务经验,通过固话与移动和宽带网的全面互补,将信息化技术全面融入赛会传播的各个方面,如在火炬点火起跑仪式上,吴邦国亲手点燃全运会主火炬的画面就通过联通 WCDMA 网络,以图文和音视频直播报道的方式传遍祖国各地。

除手机运营商所打出的移动技术牌之外,全运会信息系统也利用移动技术服务于赛事传播。十一届全运会 IBC 项目是赛事信息共享服务系统,承担了本届全运会 33 个大项、360 个小项的电视转播以及新闻、专题等形式的电视节目制作任务,为本届全运会提供了包括体育赛事收录/场记/节目资料上下载、节目编辑制作/配音、赛事资料共享管理、赛事信息分发等诸多功能在内的广播电视信息共享服务。一直以来,突破传统电视媒介和相关技术的局限,实现体育赛事直播的随时随地移动收看,都是广电传媒行业的梦想之一,而此届全运会上 IBC 系统的首次使用,则让这一梦想变成了现实。通过新媒体发布平台的实时放送,互联网、手机等客户通过宽带网络或 CMMB,即可流畅地实时收看赛事直播,直播时移业务在传统媒体和 iStream 新媒体技术的沟通互补中完美融合。

(二)手持电视业务对体育传播的视听支持

通过手持电视收看全运会赛事直播,是第十一届全运会媒体传播中的最大亮点。手持电视是中国自主创新的移动多媒体技术的应用成果,利用这一技术,可以让过去带有电子显示屏的各种便携数码产品,变成一部多媒体电视终端。手持电视全国运营商中广传播公司向全运会捐赠了千台手持电视终端,手持电视的 CMMB 信号覆盖了 17 个城市所有的比赛场馆,这也是全运会历史上首次利用多媒体广播电视技术进行赛事直播和全信息服务。

手持电视顺应了新媒体发展的人性化趋势,更加关注受众感受,体现出以下传播特点:一是即时性传播。手持电视首次实现了全运史上的小屏幕移动电视直播,突破了守在家中看电视的习惯与束缚,在时间和空间上给予观众更大的自由度和方便性。利用这一技术,可以让过去带有电子显示屏的各种便携数码产品,如手机、GPS、MP4、平板电脑等变成一部多媒体电视终端,便于随身携带,只要有一部接收终端,受众就可以无障碍地随时随地观看赛事节目。

二是全信息服务。2008 年奥运会上手持电视已经初显魅力,但与服务奥运会相比,手持电视为十一届全运会提供的服务内容更加丰富。一部手持电视就可以获得有关全运会的海量信息,包括 17 个城市分会场的上百个场馆介绍、各场馆比赛赛程、42

大项比赛项目介绍、全运会知识、历届全运会回顾、全运会名将风采、十一届全运会奖牌榜等。不仅如此,与全运会相关的生活服务信息,包括举办省省内各城市天气、旅游景点、酒店、餐饮、购物休闲场所和交通服务等信息,都囊括在手持电视服务中。一部手持电视可以容纳海量信息,几乎是一部百科全书。

(三)网络媒体在十一届全运会中的创新与成长

在所有的新媒体形式中,网络视听媒体依旧起着不可替代的信息传播作用。在第十一届全运会中,网络视听媒体报道在显示自己强大的报道实力的同时,也在创新和突破上走得更加稳健,这具体表现在以下几个方面:一是规模宏大,内容丰富。如央视网作为第十一届全运会官方互联网/移动平台转播机构,致力于大规模报道全运会,把成功报道北京 2008 年奥运会的经验运用到第十一届全运会报道中,取得了很大的成效。在报道中,央视网参照奥运标准进行多终端、多语种播出,推出全运会视频平台、资讯平台、互动平台和服务平台四大平台。它尤其突出互动,开设“24 小时播不停”资讯频道、“金牌第一报”快速弹出框、“全运会收视指南”“山东风情专区”“我在现场”“全民话全运”“网民侃全运”等特色栏目专区。并且,央视网还发挥台网联动优势,将品牌优势和媒介融合进程紧紧扣合,充分显现了它作为国内主流网络媒体的新闻报道实力。

二是技术先进,运作模式成熟。参与全运会报道的网络视听媒体都争相运用新技术,以期在这场媒体大战中分得一杯羹。作为本届全运会的合作伙伴,搜狐网的体育播报把顶尖互联网技术服务作为突破点,凭借 PXP 技术,提供全运会视频直播,打造全运会视频直播平台,建立权威详尽的数据库,向打造“最快速最全面的全运会视频报道”努力冲刺。运用顶尖互联网技术服务全运会报道,再加上互动产品强大丰富(名家名博),各大商业门户网站的赛事报道运作模式也越来越规范。

三是组建战略联盟。由国内 64 家主流网络媒体参与的,全运会历史上第一个网络报道联盟——“十一运会全国网络媒体联盟”的成立,为全运会建立起了采访报道的联动合作机制,这也意味着网络媒体向注重内容的原创性和共享性上跨进了一大步。该联盟在全运会的采访报道中,不但将共享各自的新闻资源、协同调配采编力量,而且还将共同参与全运会的策划报道和议程设置工作,组建最强大的全运会网络媒体采访力量,提供优质、高效、丰富、立体化的互联网全运报道内容,让更多的网民体味全运、感受全运精神,参与全运、分享全运。

四是在“内容瓶颈”处发力。在国内,网络媒体采访都会面临一个重大难题:商业网站没有采访权,也很难建立起自己的专职记者队伍。也因此,网站所传播的新闻内容也只能是转载传统媒体的内容,极大束缚了新媒体的发展速度和信息独创性。在奥运会报道中,商业视频网站和主流新闻媒体网站合作,提醒人们,新媒体完全可以作为行动参与者,在与主流媒体网站的共建共享中,发挥出更大的新闻服务作用。

此外,全运会网络媒体报道还把传统的"接受者"变为"报道者"。举办地党报山东日报社下属网站大众网,专门成立全运会网民记者报道团,让网民全程参与到全运会的新闻报道活动中来。大众网总编辑、总经理潘子江在全运会报道团启动仪式上认为,互联网媒体的发展,离不开网民记者的参与,网民记者在传播领域也将起到越来越重要的作用。全运会是佐证新媒体发展的一次重大历史机遇,二者的互动为此后百年奥运会的社交化视听传播打下了基础。

二、The Socialympics:社交媒体时代的奥运传播

2012 年伦敦奥运会被称为"the Socialympics",Facebook、Twitter、腾讯微博、新浪微博等社交媒体的广泛介入,改变了奥运会传播的舆论形成生态,也推动了奥运会观众的身份转变,并同时逼迫着传统媒体回应趋势,变革方略。这种改变颠覆了传统媒体在体育传播中的话语垄断权,在激烈的舆论竞争时代,伦敦奥运会为社交媒体时代的体育传播建立起了"分享传播"的基本概念和报道模式。

(一)技术 & 媒体 & 创意:融合中提升观众体验

百年奥运见证着人类社会追求"更高、更快、更强"的梦想和精神,也见证着人类在科技探索上的日新月异。1948 年伦敦举办第 14 届奥运会时,曾经开启了奥运传播第一次通过电视媒介进入普通市民家中的新时代;2012 年伦敦第三次举办奥运会(第一次是 1908 年第 4 届夏季奥运会)时,历史再次让这个城市站立在奥运传播与现代传媒相结合的新起点上。

2012 年伦敦奥运会注定会再次成为奥运传播史上的一个"第一"。这个"第一"不仅在于奥运会吸引了史上最多的体育观众(50 亿人),更在于其第一次把 3D 技术融入了开幕式表演,第一次面向全球观众实现了 3D 同步直播,第一次让全球观众在现场和千万里外体验到了身处情境之中的逼真感受。由数虎(Digital Tiger)公司制作的 3D 影像,配合"伦敦碗"体育场(Olympic Stadium for London)内演员的表演,将英国乡村的田园风光如诗如画般呈现,3D 影片和现场表演的完美对接使观众穿越山河、田野和牧场,沉醉在苏格兰、威尔士和北爱尔兰迷人的乡村画卷中,配合剧情的演绎,强烈的视觉冲击力带给电视机前的观众以前所未有的奥运会开幕式体验。在强调体验

经济的新传媒时代,3D 技术的出现与介入,给日渐式微的影视二维传播带来了新的突破可能与创新空间。它标志着奥运传播从此进入一个以 3D 技术和全息传播为主的时代。

不仅如此,负责奥运会直播工作的奥运会转播服务公司(OBS)还首次投入 33 台 3D 摄像机,为田径、体操、游泳和跳水等全球关注度较高的比赛专门制作了高清 3D 影像,面向全球持权转播商提供直播服务。作为主转播商的英国广播公司 BBC 也首次试验 3D 比赛直播,并联合日本广播协会 NHK 和国际奥委会共同制作播出了部分超高清(超高清的画面清晰度是高清电视的 16 倍,同时提供最佳音响效果,是电视媒体实现播放更新的主要形式之一)赛事画面。在保证赛事逼真、全息传播的基础上,体育解说员的作用受到格外重视,为了让解说员获得比网络和社交媒体更快捷、更准确的赛事信息,跑在社交媒体的前面,伦敦奥运会还首次启用了解说员信息系统(CIS),保证比赛结果在最短的时间内汇集、传递到解说员那里,其速度甚至可以保证在现场观众欢呼声响起之前就让解说员准确播报出比赛结果,真正在第一时刻向全球观众发布消息。

(二)围观 & 参与 & 传播:社交媒体彰显力量

与 2008 年的北京奥运会相比,伦敦奥运会仅就媒体层面而言,最引人关注的变化还不是 3D 画面和超高清技术的运用,而是以 Facebook、Twitter、腾讯微博、新浪微博为代表的社交媒体的广泛介入。2008 年时,北京奥运会虽开创了"数字奥运"的先河,但彼时的 Facebook 才创办 4 年,Twitter 刚创办两年,它们所蕴藏的巨大潜力和信息即时传播功能还没能搅动媒体山河。仅仅四年,Facebook 活跃用户已由 1 亿增加到了 9 亿,Twitter 用户也由 600 万增加到 1.4 亿,在北京奥运会后才正式上线的新浪微博和腾讯微博更是一路将用户数量推涌到了 3 亿和 4 亿的庞大规模。日均发布微博 1 亿条,人均在线时长 1 小时,日均活跃用户 8,200 万的生动现实①,使 2012 年伦敦奥运会成为"the Socialympics"(Social Media Olympics,社交奥运会)②的开创者。

1."社交奥运"时代的开启

自 1894 年现代奥运会创办至 2012 年伦敦奥运会举办,110 多年的奥运发展史见证了人类从电报、电话、广播电视,到移动通信、互联网、融合多媒体通信的一次次进步。如果说 2008 年的北京奥运会使博客和网络视频成为可与传统广播电视相媲美的

---

① 阳森.新浪微博用户数超 3 亿[N].新京报,2012-05-16(B12).

② PFANNER E. Social media is the message for Olympics[N].International Herald Tribune (New York edition),2012-07-02(B2).

奥运会主要传播途径的话，那么 2012 年的伦敦奥运会，则以社交媒体的大量参与、互动为标志，引领了一种新型媒体时代大型国际体育赛事报道的时尚潮流。就像伦敦奥组委传播事务主管杰基-布洛克 · 多伊尔表示的那样："一切都变了……每个人都可以用社交媒体这种前所未有的方式来关注奥运会。"

社交媒体在全球爆炸式的增长，改变了世界舆论形成的媒体生态，也拉近了受众与奥运会的参与距离。自觉不自觉间，习惯了与传统媒体合作的国际奥委会也在因应着这种趋势，调整着自己的节奏和步伐。在 2012 年伦敦奥运会的筹办过程中，奥委会特别在互联网上开通了"奥运会运动员中心"（Olympic Athletes' Hub）的网络社区，旨在为运动员和粉丝实现实时互动与聊天提供更为便捷、周到的服务。

通过这个社区，散居全球各地的体育迷们可以更快更方便地寻找到运动员的 Twitter 和 Facebook 账号。"我们处于一个连接和分享新时代的开端，得益于社交媒体平台和技术的发展，2012 伦敦奥运会将成为首届对话型奥运。"①与这一积极回应相伴随的则是，国际奥委会在 Twitter 和 Facebook 首次开通了自己的官方账号和页面，将受众关心的体育明星、比赛项目、奥运代表队及转播商等内容，一一展示、汇拢。

2.社交媒体上的奥运传播与话题营销

社交媒体，特别是微博平台在伦敦奥运会中展现的力量和速度，使人们再次相信，在信息呈现越来越碎片化的今天，媒体重生的力量依然在于汇拢和集中，依然在于互动和沟通，依然在于即时和便捷。这是一个无论对于任何媒体形式，都颠扑不破的真理。伦敦奥运会开幕式期间，仅 Twitter 用户就发送了 966 万条消息，超过 2008 年北京奥运会全程发布的消息总和。观赛、游戏、互动，与青年人生活、工作、学习紧密贴合的社交网络，如一个浓缩的大社区般，将奥运关注者汇集在一起，组成了一场盛大的全球嘉年华。

对于国内社交媒体而言，开幕式、孙杨夺冠、林丹夺冠和刘翔负伤风波，成为中国微博用户访问量创造高峰的几个关键点。孙杨 7 月 29 日凌晨夺冠后更新的新浪微博（@我做到了，我成功了！感谢大家的支持！），转发和评论数迅速超过 35 万条，粉丝数当日突破 860 万。

拥有 35 位金牌、21 位银牌、14 位铜牌得主账号的腾讯微博在奥运会期间发布奥运消息 2.3 亿条。刘翔跨栏负伤后发布的首条微博（@手术很顺利！感谢大家的关爱！我很享受这些年来努力的过程！更享受拼搏的过程！这也源于我对跨栏的至爱！

① PFANNER E. Social media is the message for Olympics[N]. International Herald Tribune (New York edition), 2012-07-02(B2).

努力康复恢复！来日方长！加油！），转发量超过 200 万，创下微博历史上 24 小时内最高互动纪录，从而也缔造了伦敦奥运会期间的最大声量事件。

四大门户网站伦敦奥运会期间流量排名及相关数据比较（见图 11-1 至图 11-4）：

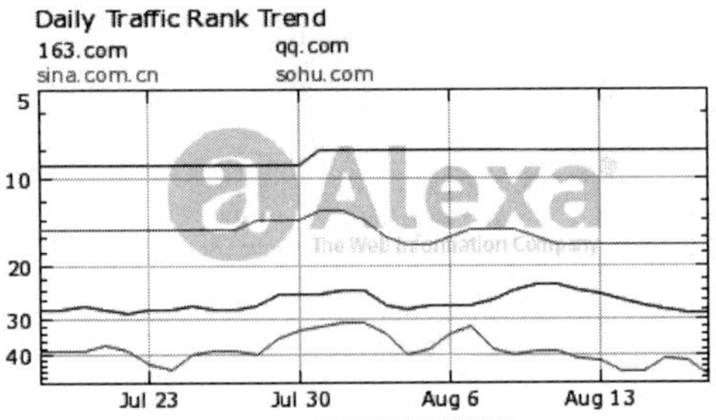

图 11-1　网站日流量排名

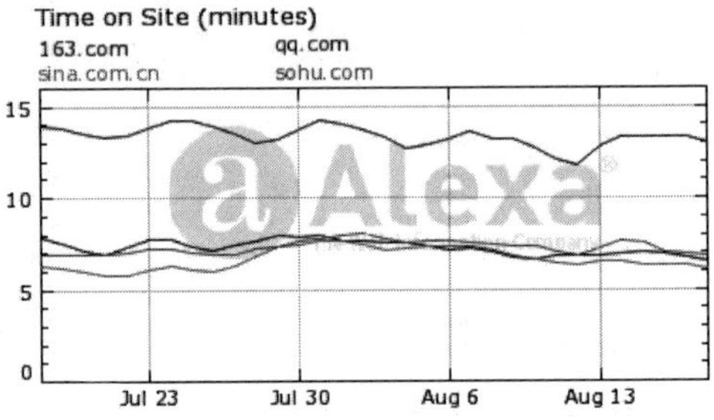

图 11-2　网站浏览时长

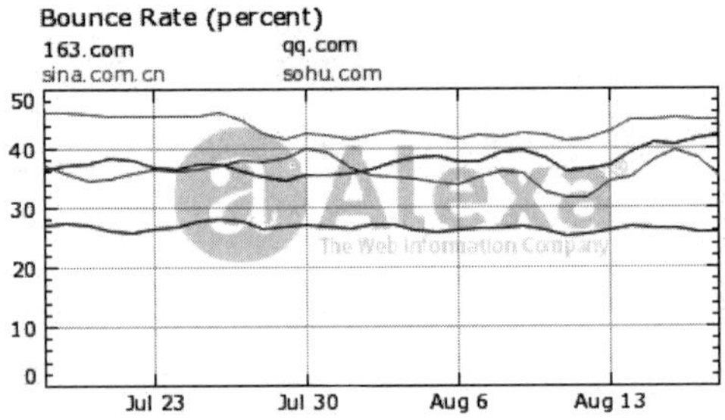

图 11-3　网站蹦失率

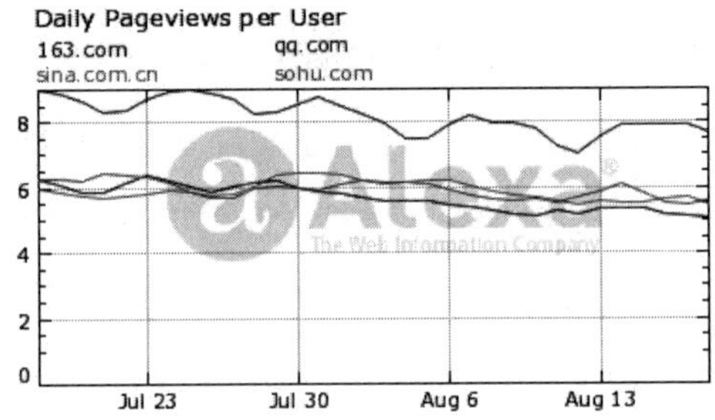

图 11-4　网站单用户日浏览页面次数

此外，腾讯微博进行的 29 位奥运冠军“微访谈”、奥运选手“微播报”也引发超过 5, 500 万条的互动。据笔者在 Alexa 网站进行的比较统计，奥运会期间腾讯在全球的关注度超越国内其他网站，创造了中国门户网站在奥运会期间的传播峰值（见图 11-1 至图 11-4）。

除此之外，开心网的“边奥运边开心”主题活动在伦敦奥运会期间，参与的用户数也达到了创纪录的 800 万人，辐射人群 2, 000 万人。截至奥运会结束，作为中国奥委会和中国体育代表团唯一互联网官方合作伙伴，新浪微博奥运话题讨论量超过 3.9 亿次，平台信息推送超过 20 亿次，均创下门户网站微博事件营销的新纪录。

3.移动互联网助跑“社交奥运”

与社交媒体的积极介入相伴随，借助手机和移动互联网了解奥运会信息成为伦敦奥运会传播中的另一个突出特征。据统计，开赛第二天手机腾讯网奥运频道的日流量就已突破 2 亿，新浪奥运视频七天内播放达到 2.26 亿次。在传统媒体囿于技术和运行机制体制显得时效迟滞的时候,建立在数字移动互联网基础上的快速、便捷以及主动、友好等用户体验,已经让移动社交传播的力量超越个人电脑端和电视机,成为用户获取奥运资讯最方捷、最高效的手段。

作为东道国主转播商的英国广播公司也在奥运会期间大量使用了手机媒体进行赛事报道,“奥运这种大型赛事的报道是非常碎片化和多样性的”,“由于移动终端是用户的贴身之物,最适合用来整合现代人越来越多的碎片化时间”①。24 小时不间断的信息播报,对赛程和比赛结果的实时提醒以及从受众出发的用户定制功能,使“社交奥运”在手机终端上显示出蓬勃的增长势头。

零点研究咨询发布的“2012 伦敦奥运媒体调研”报告指出,65.12%的用户是通过手机获得奥运信息的,这其中通过安装新闻客户端了解信息的又占了 81.3%。零点调查报告称:使用手机更方便、手机资讯更快捷,是用户选择使用手机获取奥运信息的主要原因。易观国际的调查数据同样支持了这一看法。相比手机网站、微博或短信、手机报等形式,手机新闻客户端已经成为通过移动端获取奥运资讯的首选平台。②

麦肯锡发布的《中国数字消费者报告》称,中国拥有全球最活跃的社交媒体用户群,有超过 91%的受访者表示最近 6 个月曾登入社交媒体,远高于日本的 30%、美国的 67%和韩国的 70%。如果说以前媒体的作用还主要在于帮助受众获得更多更及时的奥运信息的话,那么在移动互联网兴起的“指尖媒体”时代,受众已经越来越快、越来越多地摆脱了这种受拘束的被动地位,真正转变为奥运传播和事件营销中的有力节点。

4.“社交奥运”时代传统媒体还可以做些什么

对于社交网络在奥运会上的崛起,传统媒体显然有着自己的“竞合”策略和应对方式。美国国家广播公司 NBC 主动与 Facebook 和 Twitter 合作,首次将网上奥运会直播与社交媒体的即时互动进行优势捆绑,在传统媒体还占据奥运会转播权垄断地位的时候,它就开始布局社交媒体并探索着与之融合共赢的可能性。事实上,美国皮尤调查中心的数据表明,对于奥运会这样盛大的事件而言,美国七成以上的民众选择的仍然是具有奥运转播盛誉的 NBC 公司,把社交媒体作为了解奥运信息最重要渠道的民众不超过 20%。在奥运会传播中,对 NBC 而言,社交媒体目前的价值只是帮助其完善议题设置和提高互动功能,还远不足以改变彼此间的角色地位与任务分配,但 NBC 无疑已经意识到了一个新的媒体时代即将崛起,它以主动适应和寻求合作的态度,表明

① 吕静.“网”围奥运[N].中国经营报,2012 -07-30(T12).

② 张洁.六成多用户通过移动终端获取奥运资讯[N].中国证券报,2012-08-08(A12).

了自己在新传媒时代的观念和立场。

而在国内，包括新浪微博在内的众多网络社区、平台也与独家转播商中国网络电视台展开了程度深浅不同的合作，在自创话题、自制节目的同时，借助其转播的垄断性内容资源，丰富着自己的运作平台，以吸引更多的用户关注。只不过与 NBC 主动向 Facebook 和 Twitter 寻求合作不同，在中国，社交媒体变成了更为主动的一方——这或许也从一个侧面反映了中美传统媒体在应对社交媒体上的不同心理与行动策略。当我们的媒体无法做到谋定机先、局定事前的时候，临时抱佛脚的遗憾与失策才会层出不穷，而新旧媒体的此进彼退才会在事后变得更加令人叹惋。

在这一点上，我们的传统主流媒体甚至比国际奥委会表现得更为后知后觉。2010 年时，为应对社交媒体日益壮大的声势，国际奥委会就已制定并发布了《社交媒体、博客和互联网使用指南》的第二个版本，其中明确把注册媒体使用社交媒体作为报道平台的规范内容："出于真实报道的目的，注册媒体可以尽可能自由地使用社交媒体平台。"伦敦奥运会使用的"指南"已是再次修改后的第三版，在鼓励观众使用社交媒体互动交流的同时，有序约束其对传统媒体转播权和个人隐私权的侵犯，成为新版指南重点强调的内容。诸如使用社交媒体发表意见者必须以"第一人称、日记体的方式"，"不允许发表对赛事报道和对其他参与者的评论，或泄露机密与他人的隐私"等，均表明了这一立场。

在疏堵并举的同时，面对社交媒体，奥运会主办者也表现出了对社交媒体本能的不信任感和警惕性。在奥委会看来，社交媒体是一种潮流，与体育比赛的融合不可避免，可是社交媒体同时也是一种对传统体育赛事转播秩序的挑战，挑战不仅来自道德观念上的冲击，也来自媒体理念上的新旧博弈。美国《国际先驱论坛报》在 2012 年伦敦奥运会期间披露了数则 Twitter 上的争端：包括瑞士足球运动员米歇尔·摩根对韩国选手的种族主义攻击、英国 17 岁男孩对跳水选手戴维·莫利夺金失利后的侮辱性评论，以及英国记者盖伊·亚当斯讽刺 NBC 延迟奥运会开幕式直播而被封 Twitter 账号的争议等。① 这些都表明了传统奥运会转播秩序在社交媒体时代所遭遇的尴尬、挑战与困惑。对于如何将可能的社交奥运"数字炸弹"变为推动奥运会传播策略改变的契机，国际奥委会似乎想得还不够完善和深远，但门户既然已经打开，就不应该因担心和害怕而重新关闭。这一点，或许 NBC 公司的开放、融合与对接举措，才更值得我们的传统媒体去借鉴、效法和施行。

① PFANNER E. Tweeting up controversy in socialympics [EB/OL]. (2012-08-01) [2019-07-08]. https://www.nytimes.com/2012/08/01/technology/01iht-tweet01.html.

（三）独特 & 新颖 & 自制：网络媒体成长迅速

对于奥运会传播而言，在线视频崛起于 2008 年的北京奥运会，经过四年的发展，截止到 2012 年时，国内在线视频的月度有效浏览时长已经达到了 24.5 亿小时，相比 2011 年同期增长了 74.6%，首次成为浏览时长排名第一的中国互联网应用。① 这也使得视频网站在 2012 年伦敦奥运会转播中再次将节目的制作和播出作为提升网站影响力的重要手段。在伦敦奥运会期间，根据笔者在 Alexa 网站进行的 2012 年 7 月 20 日至 2012 年 8 月 16 日全球网站访问排名统计，拥有奥运会比赛视频点播权的搜狐、网易、新浪、腾讯等国内四大门户网站，都成为用户使用较为频繁的网络媒体。

CNTV、凤凰视频、土豆 & 优酷、爱奇艺伦敦奥运会期间流量排名及相关数据比较（见图 11-5 至图 11-8）：

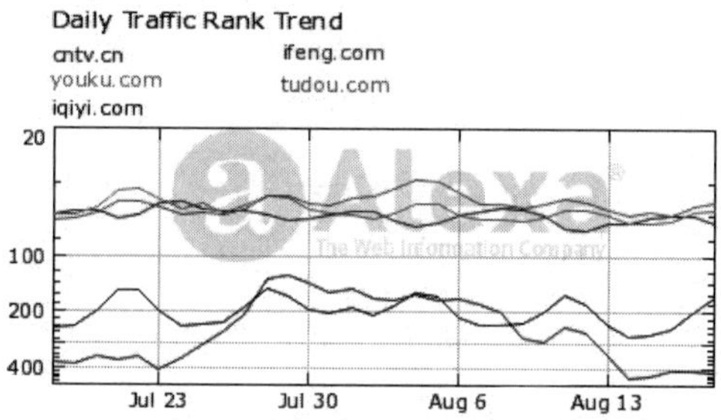

图 11-5 网站日流量排名图

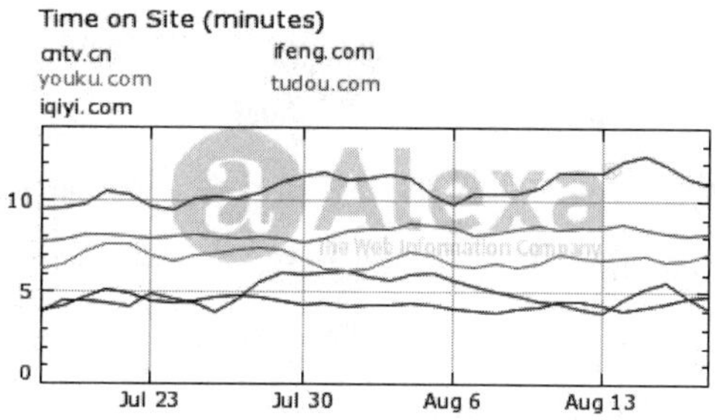

图 11-6 网站浏览时长

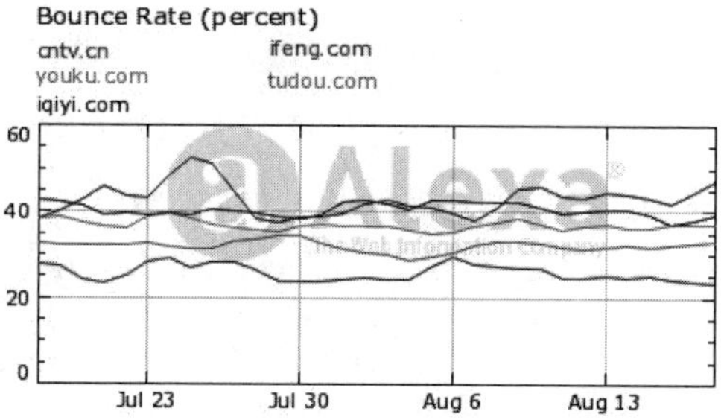

图 11-7 网站蹦失率

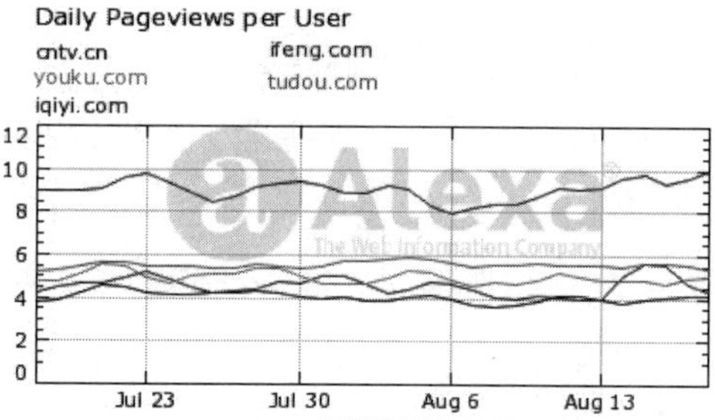

图 11-8 网站单用户日浏览页面次数

1.国内四大门户网站奥运传播力比较

根据清华大学媒介调查实验室在线调研的数据，在国内四大门户网站中，腾讯视

① 艾瑞咨询.2011—2012 中国在线视频行业年度监测报告[EB/OL].(2012-06-01)[2019-07-08].http://report.iresearch.cn/report/201206/1735.shtml.

频在四大指标上均领先于其他网站：26.9%的用户以腾讯视频作为收看奥运视频的最主要平台；26.1%的用户认为腾讯视频是内容最丰富的奥运视频网站；24.2%的用户认为腾讯视频是奥运原创节目最精彩的视频网站；26.6%的用户认为腾讯视频是奥运冠军访谈最多的视频网站。这一结果与笔者通过 Alexa 网站对四大门户网站监测的数据基本一致。

①从网站访问排名上看，自 7 月下旬伦敦奥运会召开到 8 月中旬闭幕，四大门户网站的访问排名在全球均处于前 50 强，且在统计时限内奥运会期间的表现为最好，均出现当期访问排名的最高点和次高点（见图 11-1）。其中腾讯排名最靠前，挤进全球前 10 强，且在奥运会正式开幕后的关注度略有提升（约晋升 1 个名次）。根据统计，奥运会期间腾讯视频日均播放量突破 2 亿次。[①]

②在用户访问时长上，腾讯表现最好，访问时长保持在 12—15 分钟之间，新浪、搜狐、网易的表现基本一致，集中在 5—8 分钟之间（见图 11-2）。

③从蹦失率[②]（Bounce Rate，即用户浏览第一个页面后就离开的访问次数占总访问次数的比例）上来看，新浪的数值最高，集中在 40%—48%之间，这也意味着四成以上的访问者浏览第一次后就会离开；腾讯的数值最低，保持在 25%—29%之间，搜狐、网易居中，集中在 30%—40%之间（见图 11-3）。从单线表现的历史对比来看，搜狐、新浪在奥运会期间的蹦失率均有明显下降，这意味着搜狐、新浪在奥运期间的编排策略与其之前相比有所改善。

事实上，作为较早发展在线视频业务的门户网站，搜狐在 2012 年伦敦奥运会期间，不但斥巨资购买了中央电视台的奥运会开闭幕式和全部赛事的点播权，还购买了央视体育频道特别制作的《奥运风云会》《全景奥运会》《张斌话规则》《奥运者说》等栏目的视频播放权。这些购买得来的视频和搜狐投入重金、调动明星资源自制的《西游伦敦记》《奥运早新闻》《奥运背后的故事》《解码奥运会》《狐侃奥运会》等奥运专题节目，使得搜狐网在奥运会期间的用户黏度有所上升，蹦失率有所下降。新浪的体育频道则在奥运会召开前进行了全新改版，适时制作播出了自制视频《奥运三剑客》《奥运大郭饭》《冠军面对面》等节目，使其体育视频点播量及用户黏度也有明显上升。

其余两大门户网站，腾讯没有明显变化，其用户黏度一直保持在相对稳定且较高的水平（表现在蹦失率曲线上为负相关，数据一直在较低线行走）。据统计，奥运会期间腾讯视频日均播放量已突破 2 亿次。从统计结果来看，网易在奥运会期间的蹦失率

---

① 王军.奥运颠覆门户格局 腾讯微博 35 位金牌得主完胜[EB/OL].(2012-08-15)[2019-07-08].https://sports.qq.com/a/20120815/000044.htm.

② 蹦失率作为网站分析中最重要的指标之一，可以直接体现出用户对网站的忠诚度，在数值上呈负相关关系。

反而有所上升，蹦失率高点时达到 40%，这意味着在四大门户网站的奥运节目制作与编排上，网易前后自相比较，成效最弱。

④从单用户日浏览页面次数来看，腾讯最高，集中在每人每天 8 次上下，搜狐、新浪、网易相差不大，基本都保持在 6 次左右（见图 11-4）。

事实上，为了做到访问时长、访问量、访问次数等指标上的领先，腾讯视频在奥运会期间不仅购买了央视 1 套、5 套、7 套和中国网络电视台（CNTV）5,600 小时比赛视频的全部转播授权，还投入了 500 多人的专门报道团队，每天完成视频和图文信息 600 多条，实现了 24 小时不间断直播。

作为为伦敦奥运会量身制作的系列节目，“中国茶馆”不仅囊括了 39 位奥运会新科冠军，还约请到了 15 对运动员的父母，汇拢到了凤凰卫视主持人梁文道、著名作家麦家等文化名人，极大地拓展了腾讯奥运视频的广度与深度。在满足受众从不同视角观看奥运会的多样需求上，腾讯奥运报道视频还有意将外媒观点带入其中，并即时灵活地与微博网友互动，把奥运话题变成社会话题，从而使其在四大门户网站的激烈竞争中独占鳌头，成为此次奥运转播中最大的网络赢家。由此似乎也昭示了国内网络视频发展的另外一个新趋势，即在成本有限的前提下，由出资外买为主的发展战略，逐步转向网站自制内容与外购内容并重的发展路径。而这也同时意味着，电视媒体的收视空间将被讲究个性、独家的网络视频进一步挤压。

2.CNTV、凤凰视频、土豆 & 优酷、爱奇艺奥运传播表现比较

奥运传播期间，原本质量粗糙的网站自制视频也在伦敦奥运会期间获得了质量提升的契机。为了取得更好的传播影响力，以四大门户网站为代表，在线视频网站纷纷和各地电视台寻求合作，努力提高自己的视频质量和技术水平，创造了网络媒体和电视媒体的另类“台网联动”的景观。

与四大门户网站的全线出击相比，相对单纯得多的土豆、优酷、爱奇艺等专业视频网站，在奥运会前后的表现相对稳定。Alexa 网站的监测数据也表明，它们无论是在访问量排名、访问时长、蹦失率，还是在单用户日浏览次数上均未发生大的波动。这大约也与三大专业视频网站注重娱乐节目和影视剧资源的开发这一定位相关，它们并不太强调参与奥运会传播市场上的激烈竞争，统计数据也表明奥运会比赛对它们的传播影响也确实较小。与以上三家形成对比的则是依托背后母公司凤凰卫视系列台和中央电视台发展起来的凤凰视频、CNTV，它们在奥运会举办前后的表现都有一定波动，并形成有趣对照。

①从网站在奥运会前后的访问量排名来看，凤凰视频表现较 CNTV 平稳，基本维持在 80 名上下，CNTV 则从 400 名线附近大幅跃升到 250—130 名之间。这一表现从

反面证明奥运会转播权垄断地位对 CNTV 的重要性(见图 11-5),奥运会转播是其得以在国际网站访问排名中提升位次的重要途径和平台,央视-索福瑞媒介公司在赛后调查的统计数据①也印证了这一点。

②在用户浏览时长上,凤凰视频和 CNTV 在奥运会开幕后均出现增长,前者从 10 分钟以下增长到 10—13 分钟,后者由 5 分钟以下增长到 5—7 分钟(见图 11-6)。

③在用户蹦失率上,CNTV 在奥运会开幕后有一个明显的低谷期,这一时期与中国队在奥运会赛场上的夺金高潮基本吻合,这表明虽经过多年不懈努力,CNTV 的忠实用户群仍然主要局限在国内,跨国传播能力依然弱小。凤凰视频蹦失率走势与 CNTV 一致,但其数值均比 CNTV 低上 15 个百分点左右(见图 11-7)。

④从单用户日访问次数来看,CNTV、凤凰视频与土豆、优酷、爱奇艺的走势曲线前后相比,均较平稳,没有出现过高或过低的情况,这其中凤凰视频表现出的曲线区间要明显高于内地的几家视频网站(见图 11-8),再结合蹦失率表现,可以得出一个基本判断,即:

在五家专业视频网站中,凤凰视频用户的忠诚度最高,他们的访问行为基本不受奥运会的影响;CNTV 的用户忠诚度较低,受奥运会的影响也最大。这也同时说明 CNTV 在日常传播中的影响力和黏合度需要进一步强化提升,传播策略和网站设置有较大调整空间。其余三家排在凤凰视频和 CNTV 之间,相对来说更靠近后者。在蹦失率表现上土豆要好过优酷,优酷强过爱奇艺。再结合图 11-1 至图 11-4 四大门户网站的奥运传播表现来看,中国九家网站中 CNTV 和爱奇艺的访问流量排名全球最低,如果再考虑到爱奇艺的定位,那么即使在奥运传播最喧闹的时刻,CNTV 的访问表现在所有网站访问排名中也几乎是最靠后的一个。

尽管在伦敦奥运会赛场上,网络媒体和社交媒体表现突出,但传统电视媒体依然是影响奥运会转播的重要力量。美国皮尤调查中心的数据表明,对于奥运会这样盛大的事件而言,72%的美国民众仍然选择通过电视转播节目了解奥运会动向,仅有 17%的美国民众只选择社交媒体作为了解奥运会信息的渠道。中国情况与此类似,拥有伦敦奥运会独家电视转播权的中央电视台仍然占据主导地位,其收视份额高达 36.41%,比奥运会前的前 7 个月提升了 5.53%,涨幅达 17.92%,在中心城市这一指标甚至接近 40%,增幅达到 9.21%。②

---

① 央视网.伦敦奥运会转播 央视实现全媒体覆盖[EB/OL].(2012-08-15)[2019-07-08].http://1118.cctv.com/20120815/108280.shtml.

② 央视网.伦敦奥运会转播 央视实现全媒体覆盖[EB/OL].(2012-08-15)[2019-07-08].http://1118.cctv.com/20120815/108280.shtml.

为了完善奥运视频采集，中央电视台还在境外建立了完整外场制作播出系统，采用全高清、全文件、全网络化采集、制作、播出、存储和传输技术，与总部远程共享奥运素材，共计完成主控传输直播 5, 180 小时。

与电视媒体相配合，作为中央电视台赛事视频互联网和移动平台的分销机构，CNTV 全程网上直播了伦敦奥运会赛事，这也是全球网媒中唯一一家全程直播伦敦奥运会完整赛事的网络视频媒体。网台联动的协同机制、“一云多屏”的全媒体覆盖（从电脑屏、移动终端屏及电视屏这三屏上实现各个终端应用间的同步及互动），使 CNTV 在整个奥运会转播期间整体覆盖用户规模达到 4.85 亿人，综合表现创下当年的最好成绩（见图 11-5 至图 11-8）。

英国广播公司（BBC）作为东道国主转播商，在伦敦奥运会期间也组建了庞大的报道团队，进行了约 2, 500 小时的奥运会直播。另外，BBC 还开通了 24 个高清 OTT TV 频道（Over The Top TV，指基于开放互联网的视频服务，终端涵盖电视机、电脑、机顶盒、平板电脑、智能手机等）转播奥运会赛事，这也成为 BBC 补充和拓展传统电视传播的另一个重要领域。跨平台、全覆盖的方式不但使 BBC 在开幕式前后在英国本土拿下了 2, 690 万观众的高收视成绩，同时也创下了英国 1998 年以来的电视收视纪录。

第十二章　网络视听价值网时代的人文精神及其重建

人类学家本尼迪克特·安德森提出过一个著名的论断,他认为即便对于一个最小的国家而言,其成员也没有相互见面或认识的充分机会,国家需要依靠存在于每个社会成员心目中的"共享的形象"①来维系。而电视就是建构这个"共享形象"的最有力的文化推手,它是仪式的组织者、建构者,也是仪式的维护者和宣传者。作为社会生活的观察者和记录人,电视就如中世纪的游吟诗人一般,承担着"1.明示文化成员对现实环境的共识;2.鼓励暗示个别成员对文化中强势价值系统的支持;3.歌颂传布个别成员在外地(其他世界)的丰功伟绩;4.肯定该文化放诸四海皆准的普遍适用性;5.揭示文化自我意义与新环境之间的失谐之处;6.说服众人相信其文化能保证个人身份及认同;7.借以上种种管道传输文化成员的归属感"②的角色与功能。但在传统媒体和网络媒体新旧交替、迭代发展的情况下,传统电视媒体的这一功能正被网络视听及其构建的庞大产业体系消解。

对于不同的收视个体而言,网络视听不再是一个可以播送"共同"东西的通道,而只是一个满足个性需要的工具。收视者个体再也无法和其他收视人群在"异地—共时"的气氛中分享"集体观看"的体验,虚拟的共时空建构活动也遭遇了许多挑战。对于常常处于离散状态中的受众个体而言,建立于群体社会和共识基础上的传统电视的"仪式"景观和社会文化聚合功能,在网络视听时代孕育、触发的条件亟须重建。

一、新媒体作为媒介革命的生态呈现

麦克卢汉曾在20世纪60年代阐释电子媒介的发展及其影响时说:"借助电力和自动化,分割过程的技术突然与人际对话融为一体了。人们突然成为游徙不定的知识

① 卡仑.媒体与权力[M].史安斌,董关鹏,译.北京:清华大学出版社,2006:33-34.

② 费斯克,哈特利.解读电视[M].郑明椿,译.台北:远流出版公司,1993:65.

采集者,这一游徙性前所未有,人的博学多识也亘古未有,从割裂的专门化程序中解放出来的自由也空前未有……媒介使我们的中枢神经系统在全球范围内延伸,使我们顷刻之间与人类的一切经验互相关联。”①在这样的传播情境下,不同的传播平台,不同的受众群体,不同的传播领域和学科范围,甚至不同的媒体管理部门,正逐步跨过原本壁垒分明的阈限界定,为人类搭建起一个触角无限延伸、资讯海量集纳、信息互动共享、环境彼此共生的“后传媒时代”。而网络视听及其形成的传播体系,无疑是这其中最典型的代表之一。

新媒体是一个不断发展且具有争议性的概念②,在一部分研究者看来,新媒体就是指一组数字信息,一种实现了“所有人对所有人传播”的信息流,一种融合了人际传播和大众传播特点的信息呈现方式。这部分研究者认为,作为一个概念来界定,新媒体和传统的广播、电视、电影等媒体概念架构模式不同,它已经不再可能是任何一种特殊意义上的媒体形式。持这一观点的代表人物和主要机构有美国新媒体艺术家列维·曼诺维奇(Lev Manovich)、锡拉丘兹大学(Syracuse University)新媒体教授凡·克劳思贝(Vin Crosbie)和美国新科技杂志《连线》(*WIRED*)等。

与这种观点相对应,另一部分研究者则认为新媒体概念仍然只是对传统媒体概念的补充和延伸,而不是对原有概念界定机制的背离与颠覆。这部分研究者在吸收上述观点思想成分的基础上,顺延了传统的媒体实体性概念架构模式,从外延和内涵两个向度上分别形成自己的新媒体界定。如清华大学新媒体传播研究中心主任熊澄宇、BlogBus.com 副总裁兼首席运营官魏武挥、微软电视产品规划经理/联合网视技术总监郑治、凤凰新媒体总编辑吴征、上海文广新闻传媒集团副总裁张大钟、博客中国发起人/互联网实验室董事长方兴东、中国传媒大学教授宫承波、上海交通大学教授蒋宏/徐剑、中国人民大学教授匡文波等,他们均依据上述思路,各自对新媒体的概念做出了界定。

尽管时至今日新媒体在理论界定上仍然存在种种争议,但其作为媒介革命在信息传播领域引发巨大变革,却是不争的社会事实。这首先体现在新媒体在信息传播过程中,所具有的超媒体性和超时空性。新媒体打破了传统媒体单一线性的传播模式,充分借助碎片化、偶发性的非线性排列组织形式,建构起了内容信息随机触发式的“网状—链式”传播系统。在无线网络和数字音视频技术高速发展的带动下,新媒体突破

---

① 麦克卢汉.理解媒介——论人的延伸[M].何道宽,译.北京:商务印书馆,2004:438-439.

② 1967 年,美国哥伦比亚广播电视网技术研究所所长戈尔德马克(P. Goldmark)在 EVR(Electronic Video Recording 电子录像)商品开发报告中首次使用了“新媒体(New Media)”概念,用以指代和传统印刷媒介不同的,基于电波和图像传输技术的广播、电视、电影等新兴传播媒介。

了信息传播在地域范围上的局限,实现了"零距离""零时滞"和跨媒体的超时空同步传输效果。

其次,在信息内容上,新媒体突破了原有信息模式的实体化束缚,实现了传播的高虚拟性和高互动性。新媒体内容由于以"比特"(Byte,即字节,最小的数字化信息存储单位)为基本单位进行排列、组合和存储,从而使传播过程的参与者通过对比特排列组合顺序的修改,方便、快捷地变更甚至拼凑出事实上并不存在的音视频及文本、图片等内容。在制造出一个逼真却又虚幻的世界的同时,受众通过文本信息中的链接指引,在即时的互动交流中方便地实现了对文本信息的选择浏览、组织管理和存储备用等操控作业。

再次,新媒体在 P2P 技术基础上,还顺利实现了对信息内容的高共享性和高个性化传播。传播者可以依据信息传输网络上的 IP 地址、手机号码、邮箱地址或即时通信账号等,向一个或几个受众发出精准的信息内容,而受众也同样可以借此向信息传播者发出个性化的定制与检索要求。所有的用户,在信息传播的网络节点上,都可以实现各自所拥有信息的即时交换与传播,也都可以根据自己的喜好对诸如博客、播客(Podcast,即个人音视频网络广播)、维客(Wiki,即基于互联网技术的允许多人协作完成某一文本内容的技术工具和信息传播媒体)等自媒体内容进行个性化的修改与标识。

最后,在信息内容的议程设置上,新媒体偶发性和碎片化的特征还合力形成了新媒体连续的议程设置(continuous agenda-setting)功能。传统媒体除了特别重大的报道之外,很少对一个议程进行连续的设置,新媒体却不同,它借助"网状—链式"的传播特征自觉不自觉地形成了对每一个事件和消息的连续式议程设置功能。利用每一个传播节点在跨平台上的互动,新媒体将相关内容聚合在同一个议程之下,对内容和其影响力形成了多维度凝结、多层次提升与多次性并置,从而也达到了媒介议程设置前所未有的穿透性传播效果。在新媒体 UGC 运行模式下,受众在新媒体中的参与性得到了最大限度的尊重与拓展,他们超越了传统媒体信息制作者和传播者对内容的垄断,在新媒体信息传播过程中以"原生态的内容制作"取代了"专业性的内容制作",以较少中间语言加工特征的传播方式直接反映着自己的思想。如果用户不参与新媒体的运作,或者说在其内容领域不贡献、不作为,那么基于网络传播的许多新媒体样态就将变成空壳。

随着技术手段的持续发展,依据摩尔定律(Gordon Moore's Law)①和吉尔德定律

---

① Intel 公司创始人戈登·摩尔 1965 年根据大量数据统计得出的计算机发展理论,认为计算机能力与时间呈现出指数式上升趋势,即集成电路容纳的晶体管数目和性能每隔 18—24 个月提升一倍,但价格却会同时下降一半;也就是说,每一美元所能买到的电脑性能,每隔 18—24 个月将会翻两番。

(George Gilder's Law)[①],新媒体传播的参与者和传播带宽都将呈现出倍数增长或指数式上升趋势,越来越多的人会在传输网速愈来愈快的数据传送链上,成为信息的传播者和接收者,需要受众参与的新媒体形式,也都将随之得到极大的丰富与提高。社会人际交往中的"六度空间理论"(Six Degrees of Separation)[②],在新媒体信息时代,实现起来也将变得更为简单和便捷。当整个世界被更为紧密地联系在一起的时候,新媒体形塑社会的力量也将空前增强(见图 12-1[③])。根据麦特卡夫的节点平方原则(Robert

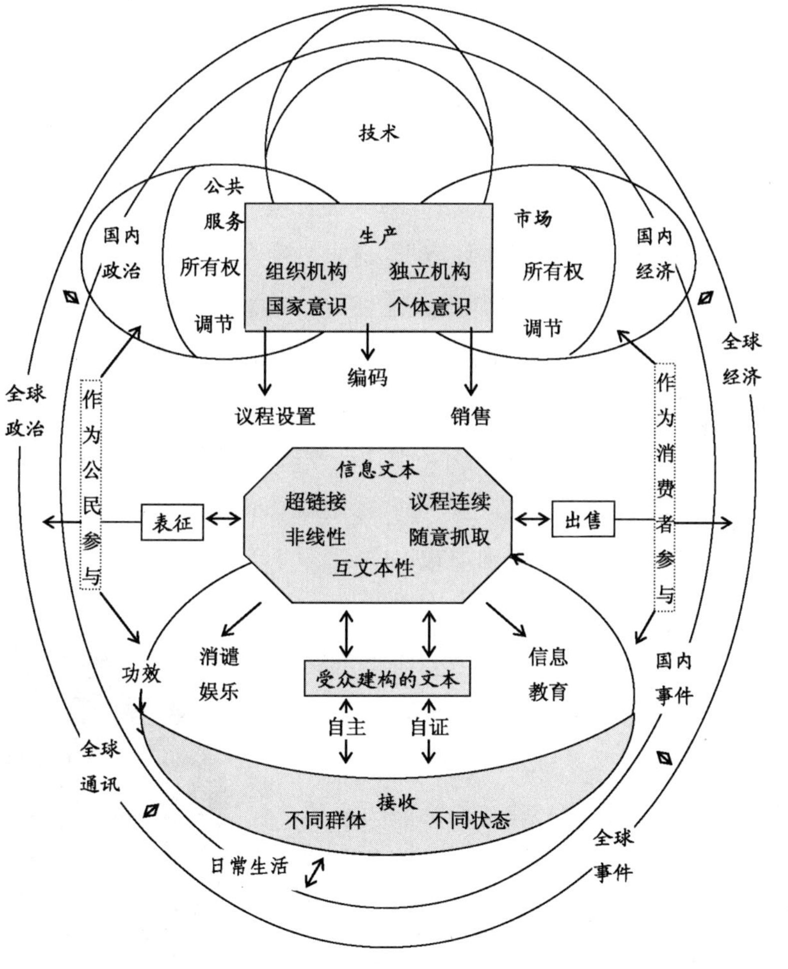

图 12-1　新媒体运行生态图

---

① 美国未来学家、经济学家乔治·吉尔德 20 世纪 90 年代提出网络带宽发展预测,认为在未来 25 年内,主干网带宽每 6 个月将增加一倍,增速为摩尔定律 CPU 增速的 3 倍。

② 哈佛大学社会心理学教授斯坦利·米尔格兰姆 1967 年提出的人际联系网理论,认为世界上任何两个陌生人都可以通过六个人建立起联系。

③ 本图参考《电视手册》(HOLLAND P. The television handbook [M]. 2nd ed. London; New York: Routledge, 2000: 12)中提出的因变量制成。

Metcalfe's Principle)，如果把新媒体传播网络上每一个发出声音的位置都看成是一个话语节点（BBS 也好，Microblog 也好，MSN 也好，WeChat 也好，或者其他形式也好）的话，那么新媒体在社会文明领域所造成的传播价值和社会影响，将会是这些节点数的平方。因此，新媒体对人类文明生态所将造成的影响，无疑将是规模空前的巨大调整甚至改写。

二、新媒体作为科技革命的哲学审思

在数字和互联网技术的带动下，借助网络社会和巨大的经济发展潜力，新媒体以信息传播形态的变革为标志，不仅引发着媒介与信息传播领域的巨大变革，同时也在以潜移默化的方式改变、重组着人类原有的社会环境和文化生态，波及并影响着人们的思考方式与认知逻辑。在新媒体环境下，通过数字化、超链接、交互式传播，信息节点如神经元般向世界无限延伸，知识的创造性过程也被"集体地共同地延伸至整个社会"，并逐渐向"意识的技术模拟阶段"①过渡。在新型的传播关系中，传统的"广播"模式被任意的信息"拉取"模式所取代，电子商务、网上邮件、VOD 点播、MSN 即时通信和 RSS 信息聚合，取代（至少是部分取代）了传统的实务谈判、邮政传递、信息检索和节目服务等日常规则，并进而将这种模式渗透到人们的社会交往和日常活动中去，不知不觉地整合进人们的逻辑结构图式当中，普及上升成为人们习以为常的思维方式和行为准则。

在"文化—环境范式"（见图 12-2）形成的结构体系中，人既是生活在物理环境之中的灵长，也是生活在文化符号建构的意义系统之中的文明单子。文化与环境的相互作用，形成了意义系统的历史传承链条，也建构了知识谱系稳固的生产方式，但新媒体传播系统却借助技术的力量，将这种与原生环境相互作用的知识生产与历史延续方式做了改写。当一部手机或电脑，再加上有线或无线的网络连接，顷刻就可以完成一个大千世界的建构的时候；当整个社会成员对这一切场景和生活方式习以为常的时候，新媒体的科技性力量已无处不在地统驭了世界。传统的文化规约和实体情景的历史延承在以新媒体传播为座架的现代

图 12-2　文化—环境范式

① MARSHALL M. Understanding media [M]. 2nd ed. New York: McGraw Hill Company, 1964: 53-54.

文明体系里，承受着来自科技工具理性的价值挑战与理念改写。在自给自足的符号空间和虚拟交往世界里，新媒体推拒了自我省思的过程，也丧失了历史延承的场合，它让传播者和接收者享受着超越于现实情景之上的爱恨与欢愉。

在此情境下，与其说新媒体是传播方式和信息知识的巨大解放，毋宁说新媒体是操作工业对探索研究理性的空前侵袭。"当科技的体系化理性建立起一座城堡，而且宣称了主权之后，这使得在科技之外的任何事物与组件，都无可理解，也不需要理解。"[①]媒体生态批评家尼尔·波兹曼曾把人类社会的科技发展分为工具使用(tool-using)阶段、科技制形成(technocracies)阶段和科技复相体的塑造阶段(technopoly)三个时期。在他看来，工具使用阶段中的科技进步与工具应用，还只是为了解决物质上特定且急迫的问题，如用风力、水力取代人力、畜力，以及用于建筑与艺术、仪式、宗教等相关的象征世界(大教堂、纪念碑、城堡……)。此时的科技发明以其表现形式的完整性和文化模式的尊严性，还能做到与整个社会文化情境及其历史延承性的深度融合，并为其所规约和指导，从而很好地服膺于人文理性的统摄。[②]

可是到了第二阶段的科技制形成时期，科技的进步与工具的发明已开始挣脱文化情境的制约，不再屈从于人文精神的统领和号召——"在一定程度上，任何事与物都开始向以工具发明为导向的科技发展让步，整个社会与象征世界变得越来越仰赖于工具性科技的发展，而不是再将其统合于既有的文化体系之内。工具理性与科技发展向原有的深具历史传承性的文化体系发动着挑战和攻击，迫使既有的传统、社会公德、神话、政治、仪式和宗教等，不得不为着自己的生命延续而挺身战斗"[③]。

如果说在这个阶段，传统的价值理念和文化秩序还可以与科技工具理性分庭抗礼的话，那么随着工业革命的进行和现代化洗礼的基本完成，传统的价值理念和文化秩序已被逼迫退守至社会的狭小一角，以工具理性和科技进步为主导的世界文明新秩序和价值伦理，跃变为主宰现代社会文化模式的绝对主人。科技制文化模式垄断了整个文明世界的理念与形象塑造，文化世界、科技发展与经济资本整合重构，以工具理性为社会文明"座架(Gentell)"的科技复相体世界无可避免地来临。

在科技复相体阶段，科技不再仅仅是一种促进效率提升的工具介体，而是演变成了当代文明世界文化蕴涵的设置体。在这个"座架"的支撑与支配下，内涵于自然世界的能量被解蔽开发出来，改变其形态，转化其能量，辐射并配发于人类社会。经过科

---

① 叶启政.社会理论的本土化建构[M].北京:北京大学出版社,2006:309.

② POSTMAN N. Technopoly: the surrender of culture to technology [M]. New York: Alfred A. Knopf, 1992:23.

③ POSTMAN N. Technopoly: the surrender of culture to technology [M]. New York: Alfred A. Knopf, 1992:28.

技洗礼过的自然,以一种貌似被人类所掌控和持有的方式,呈现着自己的能量和“可用”①。然而在这个过程中,科技和自然所呈现出来的面貌及其本身所具有的力量和状态,却从来都不是人类可以自由把握的制造品。科技本身所具有的结构强制性(structual imperatives)特质“占用”了人,而人却无法再以单纯的意志和知识来控制科技的发展与走向。作为现代科技的两个基本展现方式,限制与强求俨然已成为现代社会中人们无以逃脱的环境,处处影响并深度介入人们的日常生活。

新媒体就是在这一座架下,由数字和网络技术合力催生出来的又一个神话。如法国思想家保罗·维希里欧(Paul Virilio)所指出的那样,现代科学正形成一种技术科学,随着技术性本质的进一步发挥,操作工具和探索研究的界限进一步被混淆。二者的交互作用,已经让科技形成了一个能够“自我组织、自我衍生、自我指涉且自我再制”②的庞大体系。毫无疑问,以技术发展为支撑的新媒体也正成为这一表现形式的代表。

“任何一种形式的传播总是随着技术变革而演变,而传播领域的技术变革又总是会引发一系列深刻的社会变化。”③由传统文化和历史场景积淀延续而下的省思和规约力量,在科技专家所限定的尺度下,不是遭遇着被俘与篡改的挑战,就是接受着被裹挟与驱逐的历史命运。新媒体技术在今天所触及的,已不再仅仅局限于穿越物质与自然世界工具性关系的层面之上,而是直逼着人与人、人与社会、人与自己之间关系的核心层面。然而,在与经济体系紧密结合的情况下,新媒体科技与新媒体文化所形成的内在世界和结构理路对于大多数使用者来讲,却都已经内化为知其然而不知其所以然的欣然赏赐。在人们普遍缺乏对自我存在的省思能力及对社会历史场景的识别习惯时,科技已经被人们深深指认为带给人类丰富物质世界和幸福生活的源头,唯科技至上的意识形态被顶礼膜拜,人类文明中的终极价值和源起神话,被科技新兴的命运之神所解构、异化和取代。

三、媒介议程设置方式和条件的改变

网络视听科技的快速发展及其在互动性上的高度完善,还形成了连续的新闻议程设置(continuous agenda-setting)功能,建构起了意见生产机制的新型模式。新媒体借助“网状—链式”的传播特征,形成了对每一个事件和消息的“跟踪—连续式”议程设

① 海德格尔.海德格尔选集(下)[M].孙周兴,译.上海:上海三联书店,1996:936-937.
② 叶启政.社会理论的本土化建构[M].北京:北京大学出版社,2006:308-310.
③ 格里菲斯.数字电视战略:商业挑战与机遇[M].罗伟兰,译.北京:中国传媒大学出版社,2006:1.

置效果。利用每一个传播节点在跨平台上的互动,新媒体将相关内容聚合在同一个议程之下。在新媒体 UGC 的运行模式下,受众在新媒体中的参与性得到最大程度的尊重与拓展,受众超越了传统媒体信息制作者和传播者对内容的垄断,以较少中间语言加工特征的传播方式直接介入新闻话语的传播过程,表达着自己的思想和观点。在此模式下,借助技术和信息的力量,新媒体似乎可以为社会大众孕育出一个"直接享有电子民主的年代"。但在这里有两个问题却无法回答:"一是所有的人都有机会使用这些技术吗? 还是仅仅有一部分人可以? 二是技术真的落实了,我们是不是就都知道怎么去使用它们呢?"①

(一)新媒体技术造成的"知沟"落差

新媒体所提供的信息交流、意见生产和反馈机制是以对技术的熟知和对其作用的了解作为前提的,与一厢情愿的平等主义前景相比,主宰整个新媒体世界的事实上并不是为数最多的普通用户,而是数量极少的技术精英。从整体上看,中国的工业化过程还远未终结,以科技作为社会发展动力基因源的思维逻辑也不可能在瞬间发生转变,在此模式下所形成的,被哈贝马斯称为"专家统制(technocracy)"的现象,也不可能在短期内逆转。

以专家主义为表征的专家统制现象,最重要的内涵就是将科技的创造、修饰和诠释权,收归为少数专家所有,特别是经由他们所组成的专业团体(诸如大学或研究机构中的各个专业学科、各类专业性的学会)所垄断。专家统制高度体系化的专业技术知识和实践运作机构,使得其所外衍的社会效应,变得让人难以抗拒,也难以颠覆,一般人只有默默接受。美国商业部电讯与信息局在《被互联网遗忘的角落:一次有关美国城乡信息穷人的调查报告》中所提出的"数码沟"概念,已经成为被普遍认可的事实。

在新技术传播条件下,它们正引发着信息劣势阶层的产生和新的社会不公。② 受众能够平等地传播和"接收"信息(何况事实上也并不平等),并不意味着能够平等地"接受"信息这个事实。不同的教育水平和人文素养、不同的兴趣爱好和使用动机,都会让人使用新媒体的目的、程度、自主性、切入点和辨识力各不相同,而只有在各种微观的兴趣及能力元素都比较相近的人群或社区里,信息的传播、接受才可能顺利完成,数码沟的差距也才可能逐步缩小直至填平。

---

① 帕夫里克.新媒体技术:文化和商业前景[M].周勇,译.北京:清华大学出版社,2005:287.

② 祝建华.数码沟指数之操作定义的初步检验[C]//吴信训.21 世纪新闻传播研究.汕头:汕头大学出版社,2001:203-211.

而毋庸置疑的是,在新媒体时代,具有吸纳性知识结构和相关知识积累的人,相比普通民众更容易成为信息传播领域的专家,他们的知识优势建构了他们在新媒体世界里的主宰地位。如果说传统媒介时代的意见生产暨传达机制是单向输出、话语权被严格掌控在媒体一方的话,那么在新媒体时代只不过是让话语权转渡给了资本、技术和专业精英而已。如史蒂文森所诠释的那样,躲在"超级信息高速公路"和互联网技术发展背后的主要结构性力量仍然是经济,而经济势力也同样决定了大众主流文化的"浅表性"特征。[①]

在人们普遍缺乏自我审思习惯和整个社会文化体制缺乏同步协调的情况下,新媒体建构平等通道的努力可能只是一个虚幻的神话,而很难成为真切的现实场景。从这个角度来看,所谓新媒体的平等化功能在很大程度上,也仍然只是传统媒体的拓宽与延伸而已。研究者在对英国的新媒体使用状况进行调查后,认为"新媒体并没有很好地为政治和民主服务"。因为种种证据表明,"在最初的热情过后,参与网上社区的人数逐渐下降,而社区内少数精英逐渐成为核心,主宰了社区的议程"[②]。这也说明新媒体本身和任何技术或工具一样,并不会为平等参与模式的构建提供自发的土壤和技术支持,人们对其参与的层级和领域所存在着的社会性差别,并不能仅靠新媒体的传播力量便能得到扭转。说到底,新媒体的出现只是为我们提供了一个更加多元化和碎片化的意见论坛,而不是提供了一个判断是非的裁判所。

(二)网络媒介议程设置的意见偏向

从媒介内部运作的过程来看,在传统媒介那里,引领和控制社会舆论进程的一个重要手段是为公众设置媒介议程,并以此架构公众的认知空间和参与热点——尽管很多时候,这些议程并不真正就是当前社会的主要问题和受众最需要了解和关心的问题,许多报道也并不总能与真实生活很好地一一对应,新媒体同样保留了这一点。事实上,由于新媒体起步期在传播内容上的欠缺,其最常用的手段往往就是和传统媒体进行内容上的合作和议程设置上的联动,在思维定式和结构布排上自觉不自觉地向其效仿并看齐,从而不可避免地要带上传统媒体的价值观念与意志倾向。

这一现象,随着新旧媒体融合步伐的加快和监管机制的逐步完善,还会逐渐在引导中得到强化。但值得思考的一个问题是,如何在延续传统媒体的价值观和创新新媒体内容表达方式间找到平衡点?如果新媒体所传递的内容、表达的方式只是复制传统

---

① 伯顿.媒体与社会:批判的视角[M].史安斌,等译.北京:清华大学出版社,2007:235.

② 伯顿.媒体与社会:批判的视角[M].史安斌,等译.北京:清华大学出版社,2007:237.

媒体已经用过的,那么对于完善新媒体的意见表达、扩散和提升主流价值观在网络上的影响力,这样的议程设置默契恐怕很难产生作用。

另外,更值得关注的问题是:当受众真的可以随意拉取信息的时候,实际上他已经在潜意识中为自己设定了一个不易觉察的议程框架——这其中,当然是快意地删除掉了他本人所有不感兴趣的内容。但问题的关键在于,受众本身不感兴趣的内容,却未必就是事实上不重要或不应该关心的内容。

受众在传统接受模式下因信息"偶遇"而产生的社会公共事务参与性,在这种信息拉取模式下被大大降低,甚至几近于零。当阅读什么内容的权力完全交到受众手中时,由于缺乏整体观念和全局意识而引发的小群体思维模式,就会将受众逐步引导到群体意识极端化发展的路子上去,小群体思维方式固有的偏向或者偏见就会呈现出指数式放大趋势,并最终导向激进主义。在这样的条件下,一旦小群体思维出现、形成并得到传播,那么言论市场将被割裂,而割裂的结果就是大众社会的共识被破坏,全面深化改革的进程被延搁或悬置。

人们不可能单纯利用传播技术的发展制造出历史的偶然性,新媒体必然要重复与现代性有关的一切特点。尽管新媒体有可能促进平等交流和削弱科层化建制的鸿沟,但同时也存在着扩大社群集团分化和信息社会参与能力落差的危险。严重的无政府状态或者存在缺陷的技术官僚统治的加强,都并非社会进步乐见的现象,相反,往往潜藏巨大的社会风险。

在新媒体和网络技术时代,"下层阶级"已变为一个需要重新定义和检讨的词语,如媒介批评家格雷姆·伯顿所说的那样:"在网络时代,这一概念是指那些无法获得新技术——从而也无法获得改善政治的和物质生活的机会——的人群。"①"这个时代的突出特征是工具高度完善而目标极度混乱,技术不会塑造价值,技术也不会产生理想……"②无论新媒体的发展是否为社会文明进步提供了想象空间,都需要我们清醒地认识到:美好生活的实现,需要依赖于每一个社会成员的诚信、勤勉和自律,需要依赖于每一个社会成员的不懈努力,而不是单纯的技术变革或媒体革命。

"没有视觉的局限,就没有心灵的形象;没有某种盲目,就不会有可以持守的表象。"③新媒体精确制导式的传播世界,不但将基于不确定传播的实在世界划分为精确的信息格子,而且借助有线或无线的传输网络为人们构筑起了一道道屏障和围墙。无论是社会制度,还是心理状态,因应新生秩序进行规范与调整,打破"蜗居人生"和"社

---

① 伯顿.媒体与社会:批判的视角[M].史安斌,等译.北京:清华大学出版社,2007:238.

② 李永刚.互联网络与民主的前景[M]//陈卫星.网络传播与社会发展.北京:北京广播学院出版社,2001:111.

③ VIRILIO P. The vision machine [M]. Indianapolis, Indiana: Indiana University Press, 1994: 4.

区纷争”日趋流行的状态,都是新媒体发展过程中必须直面的问题。

或许在这一点上,批评家曼纽尔·卡斯特的观点才最具有历史的辩证性和通过实践检验的可能性,他否定了对新媒体二元对立的直线式理解模式,从更为细微的层面和维度,探究了新媒体与民主社会之间的演进关系。在他看来,新媒体技术一方面加强了文化资本、社会等级和差异结构之间的关系,另一方面也为社会运动提供了更为广阔的展示舞台。① 新的媒介平台使得边缘观点、边缘人群和边缘生活,拥有了和社会主流公众更多的接触机会,也为双方找寻到了增进了解和去除误会的新的意见表达机制和讨论平台。而这,或许才是新媒体带给社会发展进程的真正礼物。

四、新媒体作为社会景观的伦理困惑

“任何科技形式都负载有一定的文化—历史性,而这个文化—历史性正是我们必须予以正视的对象。”②美国加州大学电影与传播学系教授马克·波斯特曾把人类社会的信息交流方式划分为三个阶段:口语传播、印刷交流和电子媒介交换。人类的信息交流方式由于电子手段的出现和进步,而演变为虚拟化的形式,交流过程中的去中心化、分散化和多元化成为一种发展趋势。这种趋势的产生不但深深影响着人们作为主体的建构方式、主体与世界关系的建构方式,同时也影响着整个社会文明的运行形态,产生并积蓄着深刻的伦理学意义。③

正如麦克卢汉所说的那样,“一切传播媒介都在彻底地改造我们,它们在私人生活、政治、经济、美学、心理、道德、伦理和社会各方面的影响是如此普遍深入,以致我们的一切都与之接触,受其影响为其改变”④。新媒体构造并呈现的现实世界,已经成为当代生活中人们无以逃脱的现实环境,深深影响并重构着人们的交往伦理和日常生活,形塑着此岸贯通彼岸的思想氛围与文化景观。

新媒体将文本世界转构为现实世界的虚拟化特征,割断了传统意义上的伦理形成链条,使人们日益成为从现实伦理世界实体中走脱出来的“漫游的单子”⑤,个体存在的伦理确认也随之开始听命于虚拟世界的召唤与建构,而不再是现实场景下伦理精神的磨砺与聚合。通过社会教育、生活习养以及多年文化积淀才得以形成的“伦理风

---

① 卡斯特.认同的力量[M].曹荣湘,译.北京:社会科学文献出版社,2006:411-419.
② 叶启政.社会理论的本土化建构[M].北京:北京大学出版社,2006:332.
③ 波斯特.信息方式[M].范静哗,译.北京:商务印书馆,2000:12-21.
④ 李彬.传播学引论[M].北京:新华出版社,1993:161-162.
⑤ 樊浩.电子信息方式下的伦理世界[J].中国社会科学,2007(2):78-89.

尚”在新媒体“自由、平等”的辉映下,被解构、重塑为变动不居的“伦理时尚”,相对恒定的传统伦理世界在失去原有的建构模式和生活语境后,演变为似沙的流动风景。以新媒体技术为支撑的媒介发展,在“分组细化”和“整合统一”的双向路上使公共性和私人性之间的沟壑愈趋明显,趋于自我个性的传播让共同的话题和历史书写日益减少;由共同观看和大众传播所形成的庆典与仪式,在新媒体时代被零落的碎片拼贴和随意调侃所取代。文化作为“人类突破异化(alienation)的罗网以获得自由来证成自我的一种极其自然的表现形式”[①],本是历史传承和未来发展相接榫的文明支点,但在新媒体形塑的文化景观和技术工具理性构筑的环境里,却已被扭曲为失忆的文明碎片。

“在这样一个强调以流行风尚的方式来消费象征符号的格局里,整个历史场景变成是:人们必须把串起大片个别事件的整体‘事情’意义让渡给片面的单独事件,也把整体人格的认同让渡给不时浮动的暂时差异。”[②]“时间的直线性和连续性的本质使民族能够想象它自身作为集合体系穿越历史的过程,而这种本质正在被一种即时和瞬间传递的全球性时间所取代。”[③]在直线组合式的意义生产系统和循序渐进的认知逻辑被超链接跨媒体的传播符号所代替时,历史经验不再是沉实厚重的时间与空间体认,而是时空的随意布排和感知方式的倒乱组接。

世界传播学先驱、德国心理学家库尔德·勒温(Kurt Lewin)在格式塔心理学路线[④]下,曾对人类的心理和行为现象提出过“场理论”的观点。在他看来,人的行为(或生活空间)就是人和环境之间交互作用的函数,它会随着个体和环境两个因素的变化而变化,即“B=f(P·E)”公式(f 表示函数,P 表示生命个体,E 则表示外在环境)。[⑤]无论在什么社会形态当中,基于历史传承和社群文化的共识体认,都是形成一个国家与民族伦理内涵和精神聚合的必备条件。但在新媒体传播环境下,由于个体化作为思想意识的社会形塑作用,由于其所具有的“反集体”意味对整个社会运转结构理路的渗透,维系社会整合的共识体认,在某个程度上实际已经出现了被架空的可能。

人性对世界的本能反应是叙述性的,“每个人都有一个故事……从个人历史到国族历史、从电视到电影,叙述性一直统治着我们认识世界的官能。但是新媒体将数据

---

① 叶启政.社会理论的本土化建构[M].北京:北京大学出版社,2006:332.

② 叶启政.社会理论的本土化建构[M].北京:北京大学出版社,2006:363.

③ 斯蒂文森.媒介的转型[M].顾宜凡,等译.北京:北京大学出版社,2006:159.

④ 即完形心理学,1912 年发源于德国,该理论主张在观察现象的经验时要保持现象的本来面目和整体观念,反对将其析解为独立封闭的原子构造主义式的单个感觉元素,同时它也反对完全以物为本、不涉及心理感受的纯客观分析,即著名的“非心非物”主张。

⑤ 黄希庭.心理学导论[M].北京:人民教育出版社,1991:146.

库形式引入，其流程是并置的而非线性的。数据库的结构方式将世界还原成相关或不相关的并列群星……”[①]在这样的叙述语境下，建构在共有生活经验、历史经验之上的图腾和稳定的民族想象，被新媒体信息世界和传播技术篡改为与自我身份无大关联的异质化身份认同碎片。“我们的感情瞬息万变，难以捉摸；意志相互冲突，难以取舍；理智恍惚不定，难以抉择；世界、生活、自我都在走马灯般地乱转，不再能被有效地把握。”[②]新媒体社会整合力度的降低，使人类品行逐渐向“平凡均质化”看齐，并造就了“例行的均值”与“例外的超越”的价值倒乱现象。

新媒体时代的受众一边提倡着新的生活方式，一边自闭地使自我与其他文化团体保持距离，常态下的自我行动萎缩为纸上谈兵式的空泛议论。以视听取代行动、坐着介入生活的“极地惰性”蔓延滋长，新媒体在人们的交往世界里以“无重量”的互动方式，逃避着其作为行动主体的公共责任和参与职能。“我们就如何消费和娱乐可以谈得头头是道，但却看不见全球贫困问题的残酷现实。”[③]

新媒体结构本身形成了一种自我衍生性质明显的体系与格式，并日益成为占据统制性位置的新生霸权形态。传统社会以“生产/消费”和“工作/休闲”为两分范畴的生活场景，被新媒体磨平并模糊化，在消费社会的大背景下，新媒体的生产制作在消费领域中也成为一种象征符号。“很明显的，一旦生产的内容已经不再局限于具体的物自身，而是以物（或只是图像与文字）为介体之背后所试图呈现的象征符号，这样的生产形式所指向的，基本上即是人的互动与透过互动而经营的种种关系的本身了。”[④]在此场景下，新媒体交往中的所谓互动，实际上已经成为被经济化的对象，而其符号背后的文化意义也同样被纳入其中。

新媒体形塑出了一个以流行风尚为基调的结构形态，在这个生活形态里，“所有的事物（务）变成只是以一种相互关联，但却又是流动不居的方式来表现着”。我们津津乐道于新媒体的技术改善时，更不应该忽视与之相伴生的想象力退化、创造性欠缺、标准主义盛行等杂乱丛生的思想流行病。面对行动力孱弱和灵性人格萎弱的现实，“假如人文精神是使得科技具备更自由、更富弹性之表现空间的契机的话，那么，情形应当是以人文来携带与引导科技，而不是让科技无限地压盖着人文”[⑤]。

---

① 孙绍谊.市场转型中的影像重组：新媒体与文化批评［C］//孟建.冲突・和谐：全球化与亚洲影视.上海：复旦大学出版社，2003：45.

② 王晓明，张宏，等.旷野上的废墟——文学和人文精神的危机［C］//王晓明.人文精神寻思录.上海：文汇出版社，1996：16.

③ 斯蒂文森.媒介的转型——全球化、道德和伦理［M］.顾宜凡，等译.北京：北京大学出版社，2006：232.

④ 叶启政.社会理论的本土化建构［M］.北京：北京大学出版社，2006：343.

⑤ 叶启政.社会理论的本土化建构［M］.北京：北京大学出版社，2006：319.

五、重建新媒体人文精神的思路和法则

重构新媒体运行中的人文精神，拯救新媒体科技所造就的人文困境危机，重新认识人文精神在科技社会发展过程中的重要作用，是当下视听新媒体建设中必须强调的内容。人文精神是什么？陈思和先生说：人文精神就是“一种人之所以为人的精神，一种对于人类发展前景的真诚和关怀，一种作为知识分子对自身所能承担的社会责任与专业岗位如何结合的总体思考”①。然而，在当下社会中最流行的一个现象也恰恰就是作为群体的知识分子的人格流失和责任放弃。建构新媒体发展中的人文精神，首先就应当从知识分子的责任重拾入手。

如果说文化是社会发展过程中的精神与灵魂，那么以知识分子群体为代表的阶层则是整个社会文化思想与精神状态的镜鉴与标识。当新媒体科技带动着讯息符码和缺乏深厚度的新媒体消费行为进驻生活中的时候，知识分子群体就成为历史精神和文明长城的最后避难所和守护人。中国优秀的知识分子群体曾在历史发展过程中，长期形成并代代传承了读书人的家国意识和社会身份认知，在对自我角色的认定和意义追寻中，恪守并践行着作为思考者、观察者所具有的批判意识和求知精神。他们以深沉的家国意识和忧患情怀关注社会、关怀人生，以感人的入世精神坚守着自己的道德角色和历史使命。但在急遽的社会变革和科技革命氛围的统摄下，这种精神得以传承的历史条件和社会土壤发生了很大变化，并直接影响到了知识分子群体的生存状态和精神状态。

特别是在与商业和资本的共谋中，不少学者将学统和道统裁剪成可随意拼凑的幕布，整个社会的符号营造和氛围编织也从此走上缺乏文化气势的路子。知识分子所行使的职责也由对人文精神的坚守，转变为对饱含经济意义之工具性效率与效益的追逐。新媒体带来的文化生态的变革和精神领域的动荡，在缺乏传统知识分子阶层监督、批评的社会语境里，几无障碍地蔓延前行，将平凡均质化和庸碌俗常化演变、播散为整个社会的集体性潮流。

可是如果一个社会缺乏具备着厚度与深度的优质美感的话，那么这个社会的精神状态就岌岌可危了。我们的社会在转型，媒体也在转型，但也“唯其转型”，才更需要有一种清明的理性、一种批判的声音，社会和文化的转型不是地球的自转，社会转向何

① 陈思和.关于“人文精神”讨论的两封信——致坂井洋史[C]//王晓明.人文精神寻思录.上海：文汇出版社，1996：148.

处,文化成为何态,都与人的努力程度和路径选择分不开。知识分子的良知和胆识,在社会和文化转型期,显得尤其必要。自救于己方能施救于人,寻找人文精神,是从反省和自救开始的。一旦知识分子的工作不再满足于不停地追逐和诠释流行文化现象,而是批判反思并付诸社会人文实践,那么均质化的社会现实才可能避免,而新媒体人文精神的建构也才可能得以付诸实践并最终实现。

就传播者和受众个人而言,人文精神的建构则需要通过对现行教育运行机制及其内涵的反思与调整来实现。在现行的高等教育体系中,尤其是在国内一流大学的运行体系里,缺乏专业人文素养训练的理工背景出身的管理者占据了多数决策者的职位。他们的教育理念、知识结构和时代成长印迹,决定了整个现行高等教育体制偏重于科技工具理性思维而忽视人文终极关怀的运行理念。当缺乏历史感的技术中心主义观念单极突飞猛进时,传统教育运行机制中所强调的统谐感和非功利化思想,也不得不随之成为被淘汰废弃的过时风景。

假设传统教育理念中所强调的统谐感代表的是一种矜持、稳健和成熟的话,那么现代工具理性指导下的功利性教育理念已经成为与之背道而驰的商业风景。虽然现代科技教育理念以其永恒的创新意识使得这个世界显得永远年轻,进取心与可塑性逐浪高涨,但却也同时使人类文明中原有的平衡机制与协调进程受到了严重的扰乱和威胁,在变动不居中,人们像一片缺乏稳固根基的浮萍一般,在浮躁中匆忙前行,以致逐渐忘了人类心灵出发时的起航处与目的地。

最为重要的是,当由这种教育理念培养出来的科技观侵入人类源起神话的建构层面时,人类文明源起状态时的丰富想象与天人合一的理念也被重新结构。破解当代教育体制下的人文迷思,努力整合艺术与科技之间的界限,对新媒体科技创造者和应用者进行以历史、艺术、语言为基础的科技史观再教育,无疑是当下必须首先解决的问题之一。或许也只有当我们把一味向外的实践认知,对物质、能量、信息的无尽索取,真正转变为反躬自省地自我审视然后反哺之后,我们才可能真正建立起自由自觉的个体意识,并最终控制甚至消除新媒体科技野性发展所带来的种种弊端。

对于新媒体的发展来说,人文精神的提出和建构,不必也不可能取消或淹没商业社会的价值测度,它只是意味着给出另一种文化纬度,指明另一层可能的生存空间。人文精神的存在将会和商业的存在构成社会文明与经济发展过程中必要的平衡,防止人沦为纯粹的经济动物,沿着金钱和物欲的坡道越滚越快。“可以说,商业社会愈是发达,这种平衡的需求愈强烈,两者之间的摆幅将标示出人们精神空间的宽度。”①

---

① 南帆.问与答:人文精神·文化基因·文学批评[C]//王晓明.人文精神寻思录.上海:文汇出版社,1996:241.

新媒体作为转型经济的代表，在激活中国风险资本、启动民间投资和改变资本与劳动力之间的关系上做出了贡献，但市场却必须“嵌入”社会之中统协运作才行。媒体不应仅仅是一种拥有物理性意义并由此形成经济意义的信息传播介质和通道，还应当是涵盖了经济形象、技术形象和社会形象等多重要素的文化综合体（见图 12-3[①]）。新媒体作为公共文化事业的一部分，必须在市场经济中扮演积极的角色，完全依赖于市场自发调节的“脱嵌”的商业经济不可能完美发展。[②] 对于新媒体来说，它也只有把市场重新“嵌入”社会伦理关系和人文主义氛围之中，才会形成均衡发展的局面，才会促进资本市场的良性发展与成熟。这既应该成为新媒体经济社会市场运作的法理原则，也应该成为新媒体发展商业规划的指导思想。

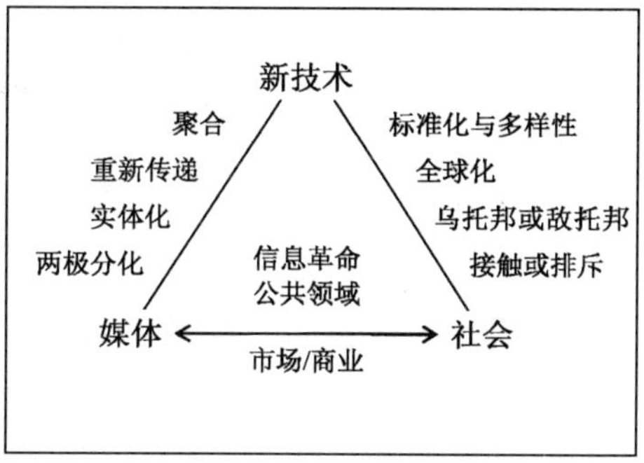

图 12-3　技术、媒体与社会

六、网络视听产业的社会批评机制建设

行之有效的批评，应该具备最基本的三种运作机制，即发现机制、超越机制和整合机制。[③] 发现机制作为批评活动的逻辑起点，在批评展开之前就必须解决切入角度、思维构架与定位批评对象的问题，另外还包括了预设批评活动展开的进程与步骤等问题。超越机制作为批评活动的展开，则需要完成对批评问题的深描、对事实与资料的梳理与归纳，并由此提炼、升华出批评的逻辑结论，由个体案例或孤立事实推理出普遍性理论，完成“思想群的产生和思想的‘增值’”，换句话说也就是发现黑格尔所说的“多于感觉材料的内容”。整合机制作为批评活动循环往复的纽带，则需要连通整个批评机制运作的各个环节，并用理论图式或实践框架将升华的思想最终落实为可见的

---

① 伯顿.媒体与社会：批判的视角［M］.史安斌，等译.北京：清华大学出版社，2007：215.

② 王绍光.大转型：1980 年代以来的中国双向运动［J］.中国社会科学，2008（1）：129-148.

③ 董运庭.论文艺批评方法的运作机制［J］.四川师范大学学报（哲社版），1997（3）：56-62.

物质成果。对于网络视听产业批评来说,无论它其中的哪一个方面,都还存在发展不够完善、不够成熟的问题。

(一)强化行业协会的批评联通机制及作用

在中国现有的网络视听产业批评运行模式中,行业协会和网络社群的独立作用还得不到普遍重视和开发,包括中国互联网协会、中国互联网上网服务行业协会、中国网络视听节目服务协会、中国青少年新媒体协会等行业协会在内,大多数行业协会还是作为政府部门的体制内延伸存在,与一线网民接触的机会及与网民直接协调沟通的能力普遍欠缺。

在这一运行机制下操作的各行业协会,不但很容易陷入与自身利益相关的纠缠中,削弱其作为独立评价机构的客观公正性,而且还会使其批评实践和理论建设走上缺乏"网络地气"的发展道路上去。而且,就行业协会建设本身而言,不管是在常规体制建设,还是在人员的配备与资金的筹措上,它都还不具备与其使命相当的学术地位与社会影响。

强调行业协会的独立作用与协商机制,最终目的是为了促进网络视听批评秩序的改善和批评目的的完美实现。在这一过程中,与独立性相伴生的,是对网络视听产业批评体系中行业协会联通作用的强调。联通不是依附,也不是买卖与勾结,它是建基于平等条件上的对话与沟通。说到底,就是要行业协会承担起为业界、学界和其他社会批评群体,提供话语协商与意见交流平台的职责。

批评家王一川在《通向询构批评》一文中,提出了当代批评理论的一个可能走向,即在经历了"1978 至 1989 年的启蒙论转向""1990 至 1999 年的专业论转向"和"2000 年至今的素养论转向"三个批评阶段后,当下批评者的批评运作模式也应该与之俱进,做出相应的调整与改进,这种调整改进后的新批评模式即"询构"式批评。所谓询构式批评,即建立在素养论基础上的,以质询、建构、濡染和养成为核心内容的批评模式。其出发点是质疑与剖解产业神话,重心则是在质疑与破解中寻找、建构一种新的理性精神,并以此为立足点,将沉迷于学院批评和耽于新闻性批评的两种力量进行拆解和互补,由此再推及最广大的受众,提升整个社会的批评与思考能力。①

抛开文中所提及的专业隔膜,王一川所主张的这一新的批评模式及思路,恰是指导中国网络视听产业批评走出阻滞与隔膜现状的途径之一。而这其中,打破批评者之间相互隔绝的最佳契机与平台,则需要依托行业协会的对话与协调作用,为分属不同

---

① 王一川.通向询构批评——当前文学批评的一种取向[J].当代文坛,2009(1):4-8.

批评群落的批评主体建构起更为健全、灵活、顺畅的批评运作对话通道。

在坚持独立品格的前提下，行业协会可以以超脱利益在场者的身份和观察视角，介入网络视听产业批评实践运作的发现、超越与整合机制。在此前提下，为政府机构、学院研讨和社会评论所各自强调的批评视角，都可以在新的批评平台上得到合理观照。无论是基于监管立场、人文立场、产业立场，还是其他立场的批评意见，都可以在新平台上，通过对话与协商获得更为广泛、深入的理解，甚至是达成基于行业发展的共识。

在"询构"批评时代，行业协会不仅要成为面对本领域实践真诚发言的批评先锋，而且也要成为面对社会公众积极发言的行业引导者和提升者。在这一点上，无论是中国网络视听节目服务协会还是国内其他行业协会，显然都还有很长的路要走。

（二）建设以行业管理部门为依托的批评生产力转化平台

批评的理想状态，不仅在于保证和实现不同批评群落间对话与沟通机制的畅通，同时更在于将批评的成果最终转化为现实生产力，能够对网络视听产业的制播现实及其发展产生影响或推动作用。如果说强调行业协会的联通性建设，解决的还是批评意见生产过程中各批评群体间对抗性矛盾的话，那么从最后程序上采取措施促进批评意见向实践领域转化，解决的则是带有更根本性的问题。它涉及网络视听产业批评自身价值功能实现的完满与否，也在更高层次上决定着网络视听批评的社会影响力及其对行业实践所产生的触动作用。

在所有的批评建议中，能够对行业实践产生最大和最直接影响的莫过于来自行业主管机构的批评。由于行政上的隶属关系以及权力体系上的科层化建构制度，来自这些批评者的声音往往会最先得到行业实践者的关注与回应，并会在最短的时间内转化为行业实践框架。这一框架对于绝大部分视听平台而言，是一种无须证明的行为底线——这条底线或建基于公共道德，或建基于舆论导向，或建基于法规制度，不管其建基根源来自何处，却都无一例外地因背后伴随着的行政惩罚措施，而能够形成对批评对象的快速规范与制约。

强调批评中的行政规制力量，不仅在中国如此，在批评体系更为发达、繁荣的美国也同样如此。批评者也往往不得不借助行政手段的强制性，来实现自己影响媒体实践的批评目的。尤其是来自纯学院派的批评声音，要想做到被平台运营商所重视，对行业实践产生影响，都是不容易的，能直接被从业者所采纳的概率很小。学院批评要想对行业实践施加影响，就必须借助行业运作中的管理体制及其背后的行政力量，将批评意见反馈给行业管理机构或平台运营商的高层管理者，再借助体系内部的行政建制力量,作用于一线实践者。当批评本身失去可以佐证自身价值的通道时,批评本身也就在很大程度上沦为了一场空泛的言辞游戏。

(三)重视公民团体和媒介素养教育在网络视听批评中的作用

在网络视听批评机制的建构中,公民团体所起的作用也应该引起足够的重视,这不仅因为它是构成网络视听批评生态体系的力量之一,而且是因为它在提高社会公众的网络媒介素养、促生受众批评性思维上具有不可替代的重要作用。

在美国,来自公民团体的监督与行政管理、协会约束和学院批评等各方力量,在媒介批评生态体系的立体化建构中具有同等重要的地位和作用。“为同巨型媒介相抗衡,美国公众成立起了各种专门组织,通过组织的积极活动来开展媒介批评,如著名的‘媒介准确性’组织(Accuracy in Media,AIM)和‘新闻报道公正与准确’协会(Fairness and Accuracy in Reporting,FAIR)。”“除此之外,美国目前盛行的单一问题利益团体(single-issue interest groups)也都被卷入媒介批评之中”,如美国家庭协会等公众组织。[①]在普及电视机构运作常识、提升公众媒介素养方面,这些公民团体都起着不容忽视的作用,他们往往会根据自己的日常生活实践和切身经验,针对媒体机构的不当行为提出“公众意见”,向制播机构施加压力,并积极谋求政府的支持,推动媒介环境的改善和政府调控政策的出台。

或许正是基于这种因素,美国媒体才把这些来自民间的公众团体,称之为“压力团体”。压力团体的存在,不仅增强了电视机构在节目制播时的自我审查意识,而且从批评体系的立体化建构方面,为拓展美国媒介批评的社会影响力提供了助力。

公民团体作为社会结构体系中的“第三部门”,由于其独立身份,相比行业协会,更加远离产业内的特定利益圈层。它在强制性上区别于行业机构,在营利性上区别于企业平台,并以其特殊的“第三者”身份承担着补足政府公益服务不足、矫正企业不良价值观的使命。对于一个稳健的社会运行体系来讲,公民团体的最大意义不在于从理论层面上建立一个新的认识体系,而在于从实践层面上,以切实的组织机制解决政府和企业运作失灵或秩序紊乱情形下,社会公众利益需求得不到满足的状况。

以志愿求公益,既是公民团体从事社会活动的基本出发点,也是其得以在高度发达的社会运行生态中生存、发展的重要前提。公民团体同传统的带有政党性质的社会组织不同,它所维护和争取的是局限于社会公益范畴内的生活方式及其权利,如环保组织、消费者权益保护协会、反屏幕暴力组织等。从实质上来讲,公民团体所从事的活

---

① 谢静.美国的新闻媒介批评[M].北京:中国人民大学出版社,2009:30.

动，就是以团体的公益活动来促进整个社会文明素养提升与社区文明面貌改善。在网络视听生态批评体系中，媒介素养教育活动就是典型的公民团体公益活动表现形式之一。

所谓媒介素养，就是指“人们面对各种信息时的选择能力、理解能力、质疑能力、评价能力、创造和制作能力以及思辨的反应能力”①。从根本上来说，包括学校教育体系在内的各种传媒教育活动，其基本使命之一就是全面提高社会公众的媒介素养，以使团体成员和社会公众，在传媒无所不在的时代，能够面对媒体传播的信息获得批判鉴赏的素质与能力。

媒介素养教育的对象为所有与现代传媒接触的人，这些现代传媒的具体种类包括了电影、电视、广播、报纸、书刊、网络等一切现代传播形式。现代媒介素养教育的任务，“就是要以社会化普及的教育方式，来帮助人们建立起认识传媒的系统方法，形成理智对待传媒，维护自身合理权益的价值观”②。

以英国媒介素养教育为例，英国的媒介素养教育对视听媒介展开的批评性研究集中于以下几个方面：一是影像解构，通过介绍视听媒介的传播特点，引导公众认识和了解视觉传播的特质，并在与其他媒介形式的对比中，剖解影像的符号特征，为公众接受视听节目“去魅”。二是对媒介观看方式进行分析和介绍，通过对观看过程的分析，教给公众以视听分析及批评的具体方法。三是在综合性议题上，从整个社会文本出发，检视媒介视听传播中的各类型节目及其成规维护和各种各样的技术与文化前提，教导公众从宏观的社会视角出发，认知媒介文本的构成。通过这一系列的熏染，公民团体所提倡的媒介素养教育活动，就会在不知不觉中从社会文化层面构建起一道深具批评精神的网络，使每个接受过熏陶的社会成员，都在日常观看行为中形成潜意识的鉴别辨识心理。

在我国香港地区，由于公民团体组织的发达，媒介素养教育活动已成为推进媒介批评生态体系立体化建构中的重要力量。据不完全统计，2001 年时香港地区已经有超过 70 家公益机构投入公民媒介素养教育活动中，这其中既包括了宗教团体、青少年服务机构、传媒教育协会，也包括了部分中小学校和一些社区中心。与此相应，一些香港高校和研究院所，也与社会上的公益团体相呼应，积极参与媒介素养教育的推广与普及活动。由于这些专门化教学研究机构在专业知识和人力资源上所具有的优势，它们的介入不但极大地提高了香港社会媒介素养教育活动的专业性与有效性，而且形成

① 美国媒介素养研究中心 1992 年对“媒介素养”所下的定义。

② 李岩.媒介批评：立场·范畴·命题·方式[M].杭州：浙江大学出版社，2005：240.

了广泛的示范效应,带动了越来越多热心于公益媒介素养教育活动的传统机构介入其中。

相比于以培养专业媒体从业人员为主要旨归的内地高校传媒教育体系而言,香港高校中的传媒教育课程设置及其实际操作,“目的显然不是为了造就媒介的专业人员或者精英”,确切地说,它们只是在“造就对媒介拥有明确思想和自主意识的阅听人”①。这种媒介教育体系,相比于内地高校中普遍存在着的传媒教育职业化倾向,毋宁说更像是一种素质教育,它所追求的是社会知识的普及与媒体价值观念的进步,而非简单的职业技能的提升。

与国外和中国香港地区相比,中国内地的传媒教育体系对媒介素养教育活动的关注起步较晚。作为用来“直接或间接地审视价值与目标”的学问,媒介素养在中国传媒教育体系的专业化浪潮中一度处于严重被忽视的地位,近年来才随着网络视听技术及其商业化平台的普及走入中小学教育体系中。2018 年 12 月,教育部、中宣部联合印发了《关于加强中小学影视教育的指导意见》(教基〔2018〕24 号),提出要把影视教育作为中小学德育、美育等工作的重要内容,纳入学校教育教学计划,并要将影视教育目标考核结果作为学校教育工作考核评价的重要内容。

对于生活于网络视听环境中的广大网民而言,推广和普及媒介素养教育,其意义已经不仅仅局限于媒体行业内部的生态格局调整,而是涉及了整个社会文化观念的转型与进步。无论是从构建抵制网络视听节目低俗化风潮的狭小视角来讲,还是从促进批评知识体系的社会普及方面来讲,加大和提升媒介素养教育活动的力度与影响,引导媒介素养教育活动向更为全面深入的方向发展,都已成为完善中国网络视听批评体系不可分割的重要组成部分。

---

① 李岩.媒介批评:立场·范畴·命题·方式[M].杭州:浙江大学出版社,2005:241.

参考文献

中文文献：

1.蔡文之.网络传播革命：权力与规制[M].上海：上海人民出版社,2011.

2.丁学良.辩论“中国模式”[M].北京：社会科学文献出版社,2011.

3.董爽.基于价值网的电信商业模式研究[M].北京：中国邮电大学出版社,2010.

4.冯波.传媒社会学[M].北京：北京师范大学出版社,2009.

5.傅玉辉.大媒体产业：从媒介融合到产业融合[M].北京：中国广播电视出版社,2008.

6.高天亮.基于价值网理论的商业模式研究[M].广州：世界图书出版广东有限公司,2011.

7.高宣扬.布尔迪厄的社会理论[M].上海：同济大学出版社,2004.

8.苟娟琼.虚拟服务价值网的建模与动态整合[M].北京：北京交通大学出版社,2010.

9.谷虹.信息平台论——三网融合背景下信息平台的构建、运营、竞争与规制研究[M].北京：清华大学出版社,2012.

10.国家广电总局研究发展中心.发达国家广播影视管理体制和管理手段研究[M].北京：中国传媒大学出版社,2007.

11.郭玉锦、王欢.网络社会学[M].北京：中国人民大学出版社,2010.

12.何威.网众传播：一种关于数字媒体、网络化用户和中国社会的新范式[M].北京：清华大学出版社,2011.

13.胡正荣，戴元光.新媒体与当代中国社会[C].上海：上海交通大学出版社,2012.

14.胡智锋.中国影视文化创意产业发展创新研究[M].北京：中国传媒大学出版社,2014.

15.黄升民.内容银行：数字内容产业的核心[M].北京：清华大学出版社,2013.

16.黄升民.数字传播技术与传媒产业发展研究[M].北京:经济科学出版社,2012.

17.贾哲敏.互联网时代的政治传播:政府、公众与行动过程[M].北京:人民出版社,2017.

18.蒋晓丽.网络新闻编辑学[M].北京:高等教育出版社,2012.

19.柯颖.模块化、产业价值网与发展战略[M].北京:经济科学出版社,2018.

20.李岚.电视产业评估体系与方法[M].北京:华夏出版社,2004.

21.李良荣.中国新闻改革 30 年[M].武汉:武汉大学出版社,2008.

22.李怡.中国信息产业集群发展研究[M].上海:上海社会科学出版社,2010.

23.梁晓声.中国社会各阶层分析[M].北京:文化艺术出版社,2011.

24.梁晓涛、汪文斌.网络视频[M].武汉:武汉大学出版社,2013.

25.刘习良.中国电视史[M].北京:中国广播电视出版社,2007.

26.陆地,高菲.新媒体的强制性传播研究[M].北京:人民出版社,2010.

27.陆小华.新媒体观——信息化生存时代的思维方式[M].北京:清华大学出版社,2008.

28.马云驰.互联网的文化与伦理价值 [M].北京:中国民主法制出版社,2011.

29.牟锐.中国信息产业发展模式研究[M].北京:中国经济出版社,2010.

30.欧阳宏生.电视传播核心价值论[M].北京:北京大学出版社,2010.

31.庞井君.中国视听新媒体发展报告(2011)[M].北京:社会科学文献出版社,2011.

32.庞井君.中国视听新媒体发展报告(2013)[M].北京:社会科学文献出版社,2013.

33.彭兰.数字传播技术应用[M].北京:北京师范大学出版社,2012.

34.彭芸.汇流时代的电视产业及观众[M].台北:五南图书出版公司,2004.

35.谭天.新媒体茶座[M].广州:暨南大学出版社,2014.

36.唐建英.博弈与平衡:网络音视频服务的规制研究[M].北京:中国广播电视出版社,2011.

37.唐绪军.中国新媒体发展报告(2014)[M].北京:社会科学文献出版社,2014.

38.陶长琪.基于融合的信息产业自主创新与产业成长的协同机制[M].北京:中国人民大学出版社,2010.

39.王菲.媒介大融合:数字新媒体时代下的媒介融合论[M].广州:南方日报出版社,2007.

40.王熙元.创意产业增值价值链与互联网+融合发展研究［M］.上海：东华大学出版社，2017.

41.肖弦奔，杨成.手机电视：产业融合的移动革命［M］.北京：人民邮电出版社，2008.

42.谢新洲.手机媒体：新媒体中的新革命［M］.北京：华夏出版社，2010.

43.杨君佐.网络信息经济治理模式研究［M］.北京：电子工业出版社，2011.

44.易绍华.电视的活路：数字化背景下电视媒体的网络化生存研究［M］.厦门：厦门大学出版社，2010.

45.余长春.服务模块化价值网治理机制对价值创造的影响机理［M］.北京：经济管理出版社，2017.

46.尉迟坚.价值魔方［M］.北京：北京交通大学出版社，2017.

47.喻国明.传媒变革力——传媒转型的行动路线图［C］.广州：南方日报出版社，2009.

48.于萍.价值系统形成与演变机理［C］.北京：中国社会科学出版社，2013.

49.袁青燕.价值网竞争优势［M］.北京：经济管理出版社，2015.

50.张向宏.互联网新技术在媒体传播中的应用［M］.北京：清华大学出版社，2010.

51.章小初.移动互联网时代的价值创造［M］.北京：科学出版社，2014.

52.张新华.价值网视角下的数字出版商业模式创新研究［M］.北京：知识产权出版社有限责任公司，2018.

53.赵大伟.互联网思维独孤九剑［M］.北京：机械工业出版社，2015.

54.赵刚.区块链［M］.北京：电子工业出版社，2016.

55.赵莉，钱维多，等.互动传播的思维［M］.北京：中国轻工业出版社，2007.

56.赵子忠，赵敬.对话：中国网络电视［M］.北京：中国传媒大学出版社，2011.

57.中共中央宣传部.习近平总书记系列重要讲话读本［C］.北京：学习出版社，2014.

58.钟瑛.网络传播管理研究［M］.北京：中国社会科学出版社，2014.

59.周天勇.中国行政体制改革三十年［M］.上海：上海人民出版社，2008.

外文译著：

1.哈贝马斯.作为“意识形态”的技术与科学［M］.李黎，郭官义，译.上海：学林出版社，1999.

2.麦克卢汉.理解媒介——论人的延伸［M］.何道宽，译.北京：商务印书馆.2000.

3.安德森.想象的共同体[M].吴睿人,译.上海:上海人民出版社,2003.

4.胡伯曼.万维网的定律:透视网络信息生态中的模式与机制[M].李晓明,译.北京:北京大学出版社,2009.

5.波维特.价值网:打破供应链、挖掘隐利润[M].仲伟俊,译.北京:人民邮电出版社,2001.

6.柯克帕特里克.Facebook 效应[M].沈路,梁军,等译.北京:华文出版社,2011.

7.格雷厄姆,达顿.另一个地球:互联网+社会[M].胡泳,等译.北京:电子工业出版社,2015.

8.桑斯坦.网络共和国:网络社会中的民主问题[M].黄维明,译.上海:上海人民出版社,2003.

9.霍斯金斯,迈克法蒂耶,等.全球电视和电影:产业经济学导论[M].刘丰海,张慧宇,译.北京:新华出版社,2004.

10 拉斯韦尔.社会传播的结构与功能[M].何道宽,译.北京:中国传媒大学出版社,2013.

11.勃兰特,罗斯基.伟大的中国经济转型[M].方颖,赵扬,等译.上海:格致出版社,2009.

12.波斯特.第二媒介时代[M].范静哗,译.南京:南京大学出版社,2000.

13.卡斯特.网络社会:跨文化的视角[M].周凯,译.北京:社会科学文献出版社,2009.

14.卡雷西尔弗.价值链[M].潘勇,宋涛,译.北京:经济管理出版社,2011.

15.尼葛洛庞帝.数字化生存[M].胡泳,范海燕,译.海口:海南出版社,1996.

16.克里斯塔基斯,富勒.大连接:社会网络是如何形成的以及对人类现实行为的影响[M].简学,译.北京:中国人民大学出版社,2013.

17.库恩.科学革命的结构[M].李宝恒,纪树立,译.上海:上海科学技术出版社,1980.

18.帕夫利克.新闻业与新媒介[M].张军芳,译.北京:新华出版社,2005.

19.菲斯克.电视文化[M].祁阿红,张鲲,译.北京:商务印书馆.2005.

20.派恩,吉尔摩.体验经济时代[M].夏业良,鲁炜,译.台北:经济新潮出版社,2008.

21.查德威克.互联网政治学:国家、公民与新传播技术[M].任孟山,译.北京:华夏出版社,2010.

22.格里菲斯.数字电视战略:商业挑战与机遇[M].罗伟兰,译.北京:中国传媒大学出版社,2006.

23.哈耶克.个人主义与经济秩序[M].邓正来,译.北京:生活·读书·新知三联书店,2003.

24.伯顿.媒体与社会:批判的视角[M].史安斌,译.北京:清华大学出版社,2007.

25.斯丹迪奇.从莎草纸到互联网:社交媒体2000年[M].林华,译.北京:中信出版社,2015.

26.舍恩伯格,库克耶.大数据时代:生活、工作与思维的大变革[M].盛杨燕,周涛,译.杭州:浙江人民出版社,2013.

27.藤竹晓.电视社会学[M].蔡林海,译.合肥:安徽文艺出版社,1987.

外文文献:

1.ALLEN R C, HILL A. The television studies reader[M]. London; New York: Routledge, 2004.

2. BODDY W. Interactive television and advertising form in contemporary U. S. television[M]//SPIGEL L, OLSSON J.Television after TV: essays on a medium in transition. Durham: Duke University Press, 2004.

3.BODDY Wi. New media and popular imagination[M]. NewYork: Oxford University Press, 2004.

4.BURGESS J, GREEN J. YouTube: online video and participatory culture[M]. Cambridge: Polity, 2009.

5.CALDWELL J T. Theories of the new media: a historical perspective[M]. London: The Athlone Press, 2000.

6. GAWLINSKI M. Interactive television production [M]. Oxford; Boston: Focal Press, 2003.

7.HIDENORI T. The post-mobile society: from the smart/Mobile to second offline (ontological explorations)[M]. Abingdon & New York: Routledge, 2016.

8. HOLLAND P. The television handbook [M]. 2nd Ed. London; New York: Routledge, 2000.

9.KILLEBREW K. Managing media convergence: pathways to journalistic cooperation [M]. Wiley: Wiley-Blackwell, 2004.

10.KRAFT N J B, ADLER P B, GODOY O. Community assembly, coexistence and the environmental filtering metaphor[J].Functional ecology, 2015, 29(5): 592-599.

11.NOAM E M, GROEBEL J,GERBARG D. Internet television[M]. Mahwah, N.J.: Lawrence Erlbaum, 2004.

12. SIMPSON W, HOWARD G.IPTV and internet video: new markets in television broadcasting[M].2nd. LinkBurlington, MA: Focal Press, 2009.

13. JING Y, OSBORNE S P.Public service innovations in China[M]. Singapore: Springer, 2017.

后　记

本书是作者2016年度承担的河北省社会科学基金项目"'互联网+'语境下网络IP视听产业价值网理论研究"的结题成果,项目编号:HB16XW002。

互联网是一个社会信息大平台,网络视听是亿万网民获得信息、交流信息的重要途径,网络视听的好坏,影响着网民的思维方式,也对他们的价值观念产生着重要影响。特别是在媒介融合、网络融合、网生代受众崛起的背景下,细致考察和分析网络视听与以往广电传播、影视传播的区别,勾勒网络视听当下的价值网运行体系,研究其结构和机制,梳理其业态,探讨其生态,是十分必要的。

另外,网络视听集休闲娱乐、"趣缘"社交、"粉丝"经济和文化消费功能于一体,是现实社会和网络空间中各种文化、资本和力量参与较深、博弈也最为激烈的领域之一。习近平总书记在2016年4月出席网络安全和信息化工作座谈会时强调:"很多网民称自己为'草根',那网络就是现在的一个'草野'。网民来自老百姓,老百姓上了网,民意也就上了网。群众在哪儿,我们的领导干部就要到哪儿去,不然怎么联系群众呢?""善于运用网络了解民意、开展工作,是新形势下领导干部做好工作的基本功。"[①]这很好地点明了新时代研究网络视听的重要性。

"一切划时代的体系的真正的内容都是由于产生这些体系的那个时期的需要而形成起来的。"对于一个复合场域的分析,不可能采取单打一的方式,那极易挂一漏万、见木不见林。法国社会学家布尔迪厄认为,场域应当是所有社会科学研究的操作焦点,对网络视听的研究,也需从其作为社会场域的复合结构和特征入手,分析相关因素和力量对网络视听发展、转型及治理的复杂影响,特别是传统广电和商业视频网站在其中的核心地位和纽带作用。

本著作就是在此想法的基础上陆续推进的。如果从2007年攻读博士学位算起,我接触这一领域已经12年,如果从接触互联网视听节目开始算起,则已经超过15年。

---

① 习近平.习近平谈治国理政:第二卷[M].北京:外文出版社,2017:336.

这 10 多年，广电媒体从传播手段到节目内容，网络视听从播出平台到节目样态，都发生了巨大变化。其中最明显的，当然是移动互联网和手机传播带来的巨大冲击。

15 年前，当我在新浪博客开通自己的空间，写下第一篇博文的时候，我想象不到 15 年后我不再光顾那里的样子。那里曾经是我最为留恋的精神花园。从某种程度上说，我们是夹在电视机和手机屏幕中间的一代。前，无缘得见电视的源头，后，无法缔结与互联网的真正姻缘。但我们既是中国互联网发展的见证人，也是中国电视黄金年代的亲历者。可能也恰恰因为如此，我们对两者都能以移民者的姿态，相对客观公允地观察、评价其得失。

本书能够顺利完成，还要感谢袁琳、汤天甜及研究生李晴、周夏宇、邢艳和闫晓萌。她们参与了部分章节初稿的撰写和材料的整理工作。

另外，还要向中国传媒大学出版社的姜颖昳女士、张莉莉女士和魏征先生表示感谢。他们的专业和敬业一向是我最为推崇的品质。

杨状振

2019 年 10 月 18 日

图书在版编目(CIP)数据

网络视听生态治理研究：以价值网为视阈 / 杨状振著. --北京：中国传媒大学出版社，2019.12
ISBN 978-7-5657-2640-8

Ⅰ.①网… Ⅱ.①杨… Ⅲ.①互联网络-视听传播-研究 Ⅳ.①G206.2-39

中国版本图书馆 CIP 数据核字(2019)第 265344 号

网络视听生态治理研究：以价值网为视阈

WANGLUO SHITING SHENGTAI ZHILI YANJIU;YI JIAZHIWANG WEI SHIYU

著　　者 杨状振
责任编辑 张莉莉
封面设计 拓美设计
责任印制 李志鹏

出版发行 中国传媒大学出版社
社　　址 北京市朝阳区定福庄东街 1 号　　邮编:100024
电　　话 86-10-65450528 或 65450532　　传真:010-65779405
网　　址 http://cucp.cuc.edu.cn
经　　销 全国新华书店

印　　刷 北京玺诚印务有限公司
开　　本 787mm×1092mm　1/16
印　　张 13
字　　数 250 千字
版　　次 2019 年 12 月第 1 版
印　　次 2019 年 12 月第 1 次印刷

书　　号 ISBN 978-7-5657-2640-8/G · 2640　　**定　价** 40.00 元